유니티
물리 기반
셰이더 개발

유니티
물리 기반
셰이더 개발

기본 개념부터
커스텀 라이팅 시스템 구현까지

클라우디아 도피오슬래시 지음

최동훈 옮김

i!i
에이콘

| 지은이 소개 |

클라우디아 도피오슬래시^{Claudia Doppioslash}

게임 개발자이자 함수형 프로그래머다. 주요 관심사는 게임 개발과 함수형 프로그래밍으로 지금까지 둘 다 완벽히 소화하고 있다. ShaderCat.com에서 셰이더 개발, 그래픽스 프로그래밍, DCC 스크립팅(블렌더 및 Houdini용)에 대해 작성하고 있다.

프로그래밍 콘퍼런스에서 연사로 활동하고 있으며 플루럴사이트^{Pluralsight}의 저자 중 한 명이다(여기에서 그녀의 유니티 커스텀 셰이더 개발 과정을 찾아보자). 쉬는 시간에 게임 AI 연구 주제에 대해 심도 있게 생각하기도 하고, 멋진 예술가가 되는 것을 시도하기도 하고, 일본어를 배우기도 하고, 고양이를 칭찬하기도 한다. 그리고 3개 국어(Zenéize - 제노바 방언, 이탈리아어, 영어)를 유창하게 구사하고 일본어도 조금 할 줄 안다.

그녀에게 인사하고 싶다면 @doppiolash나 @shadercat으로 트윗을 보내면 된다. 홈페이지는 www.doppioslash.com이다.

| 감사의 말 |

한 명의 저자가 책 한 권을 온전히 완성한다는 것은 정말 쉽지 않다. 대개 여러 사람이 이 과정을 함께 한다. 이 책의 원고 일부분은 관련된 여러 사람과 함께 진행했고 일부분은 마감 날짜에 임박해 저자 혼자 반 강제적으로 끌려가듯 진행한 것 같다. 마땅히 감사해야 할 모든 분들의 이름을 적고자 한다.

줄리안 피셔 julian-fisher.com 는 이 책에 들어가는 모든 작화를 제작해 줬다. 책의 첫인상을 결정하는 결코 만만치 않은 작업을 뛰어나게 해줬다.

코디네이팅 에디터 플라치 메타 Prachi Mehta, 저자가 마감을 지키지 못하는 상황에서도 전설적인 침착함을 가지고 지켜봐줘서 감사했다.

기술 감수자 드루엥 무케르지 Druhin Mukherjee, 엄격하기도 하지만 힘을 북돋아주는 그의 피드백에 감사한다.

어큐지션 에디터 프라밀라 발란 Pramila Balan 과 셀레스틴 수레쉬 존 Celestin Suresh John, 집필에 몰입할 수 있게 해줘서 감사하다.

니코 오루 Nico Orru 는 엄청나게 깐깐한 눈으로 원고를 상세하게 봐준 점 그리고 그래픽스 파이프라인에 대한 그의 지식을 통해 이 책에 실수, 비정확성, 나쁜 원고가 들어갈 여지를 막아줘서 감사하다.

안나 리모도라 Anna Limodoro 는 필요했던 도움을 줬고 격려와 조언에 감사한다.

2년 동안 물리 기반 셰이더 개발을 학습할 수 있는 기회를 제공해준 스타쉽의 제이슨 천 Jason Chown 과 클레멘슨 원저링 Clemes Wangering 에게 감사한다.

이 책의 실수가 눈에 띈다면 저자의 부족한 부분이므로 너그럽게 봐주시길 바란다.

| 옮긴이 소개 |

최동훈(sapsaldog@gmail.com)

실무 경력 10년차 개발자, 프로그래밍 강사, IT 서적 번역가다. 과거에는 모바일 위주로 개발했으나 현재는 주식회사 핀플레이에서 근무 중이다.

많은 게임 개발자가 셰이더라는 단어를 신성시하는 것 같다. 나도 처음 셰이더를 배우려고 했을 때 셰이더에 대한 지식을 접하기 매우 어려웠으며(적어도 내가 셰이더에 대한 지식을 찾아 다닐 때는 그랬다) 셰이더와 관련된 추상적이고 괴상한 이야기를 많이 들었다. 어떤 사람들은 셰이더 개발은 천재들만 할 수 있다고도 말한다. 본래 사람은 자신이 잘 모르는 분야에 대해서는 두려워하고 경외시하는 것 같다. 잘 모르는 분야라도 막상 부딪히고, 익숙해지려고 노력하다 보면 대부분 생각보다 단순한 원리로 알 수 있는 경우가 많다. 셰이더도 마찬가지라고 생각한다.

이 책은 요즘 인기있는 유니티의 셰이더를 다룬다. 여기에서 나온 예제는 유니티 2018. 2. 13f1에서 직접 테스트를 완료했다. 내용을 따라하다 보면, 유니티에서 셰이딩 프로그래밍을 어떤 식으로 진행하는지에 대한 감이 잡힐 것이다. 이 책이 예전 나와 같은 개발자들이 셰이더를 빠르고 간결하게 이해하는 데 필요한 지도가 됐으면 하는 바람으로 번역했다. 이 책이 독자 여러분들에게 꼭 도움이 됐으면 한다.

| 차례 |

1부   유니티 셰이더 소개

3장 그래픽스 파이프라인   71

2부   물리 기반 셰이딩

| 들어가며 |

여러분이 유니티 혹은 물리 기반 셰이딩에 관심이 있어서 이 책을 펼쳤을 것이라 생각한다.

Shadertoy 웹 사이트가 증명하듯이 셰이더는 멋지다. 그리고 유니티는 셰이더를 작성하는 방법을 배우는 좋은 도구다. 지난 몇 년간 트리플 A급 게임이 증명하듯이 물리 기반 셰이딩 역시 멋지다. 그리고 유니티는 렌더러를 작성하지 않고도 그것에 발을 담그는 편리한 방법이다.

이 책은 유니티를 활용해 셰이더를 개발하는 방법과 물리 기반 셰이딩 두 분야를 온전히 학습하는 데 많은 도움을 줄 것이다.

▌이 책의 대상

유니티 경험이 있지만 셰이더 코딩 경험은 거의 없거나 전혀 없는 독자를 대상으로 한다. 어느 정도 프로그래밍 경험이 있다면 코드를 다루는 것부터 배울 필요가 없기 때문에 도움이 될 것이다.

독자 중 일부는 물리 기반 셰이딩 원리 혹은 노드 기반 인터페이스가 아닌 셰이더 프로그래밍 코드를 작성하는 법을 배우고자 하는 테크니컬 아티스트일 수도 있다. 또 일부는 셰이더 프로그래밍을 시작하는 방법을 배우고 싶거나 물리 기반 셰이딩 관련 몇 가지 기술들을 구현하고자 하는 프로그래머일 수도 있다.

이 책은 두 경우 모두 적합하다. 책에 일부 수학이 등장함을 인지하길 바란다. 하지만 필수적으로 수학을 이해해야 하는 것은 아니다. 수학을 이해하지 않고 넘긴다고 해도 마지막 장까지 학습하는 데 문제는 없다.

▌ 독자가 배울 것

다음은 이 책에서 다루는 주제들이다.

- 유니티 셰이더 개발
- 그래픽스 파이프 라인
- 언릿 셰이더 작성
- 서피스 셰이더 작성
- 물리 기반 셰이딩 이론
- 커스텀 라이팅 모델 연구 방법
- 유니티에서의 커스텀 라이팅 모델을 기반으로 물리 기반 셰이더 작성 방법
- 커스텀 라이팅 모델에서 기술의 상태
- 유니티 표준 셰이더 기능에 커스텀 라이팅 모델 구현 주입 방법
- 반투명과 같은 고급 기술 구현 방법
- 셰이더 디버깅
- 아티스트이 사용하기 편한 셰이더 작성에 대한 조언
- 끝임없는 렌더링 진화 과정을 따라잡는 방법

▌ 이 책을 보기 위해 필요한 것

5.6에서 2017.2 사이 버전의 유니티가 동작하는 PC가 필요하다. 최적 버전 범위 밖

이거나 더 높은 버전에서는 코드가 깨질 수도 있다. 너무 옛날 버전(유니티 5 이전)에서는 확실히 코드가 깨질 것이다.

▌ 이 책의 구성

이 책은 3부와 18장으로 구성돼 있다. 순차적으로 읽는다고 가정하고 집필했지만 이미 알고 있는 부분은 넘어가도 괜찮다.

어느 정도 셰이더 경험이 있고 유니티의 특정 지식을 찾고 있다면, 1장을 대충 훑고 바로 5장으로 넘어가는 것을 추천한다. 이미 그래픽스 프로그래밍에 능숙하고 물리 기반 셰이딩에만 관심이 있다면, 1장을 대충 훑고 8장으로 넘어가는 것을 추천한다.

만약 단 한 줄의 셰이더 코드도 작성한 적이 없고 노드 에디터 사용에 익숙한 테크니컬 아티스트라면, 이 책을 순서대로 읽되 유니티에서 셰이더 코드를 작성하는 방법이 나오는 2장을 특히 집중해서 읽을 것을 추천한다.

1부. 유니티 셰이더 소개

1부는 독자를 셰이더 초보에서 그래픽스 프로그래밍의 중요 개념 지식 및 비물리 기반 셰이더 작성에 대한 지식을 갖춘 사람으로 만들어 줄 것이다.

1장. 셰이더의 동작 방법

렌더링과 그래픽스 프로그래밍의 기본 개념을 다룬다. 셰이더가 무엇인지, 그래픽스 파이프라인의 동작, 렌더링 프로세스, 빛의 성질, 셰이더 및 렌더러 타입에 대한 전체적인 지식을 얻을 수 있다.

2장. 첫 번째 유니티 셰이더

첫 번째 유니티 셰이더를 작성해 볼 것이다. 프로젝트 설정, 씬 제작, 문법, 유니티 셰이더를 구성하는 부품을 다룬다. 단순한 단색 언릿 셰이더를 작성할 것이다.

3장. 그래픽스 파이프라인

그래픽스 파이프라인이 어떻게 동작하는지, 그리고 그래픽스 파이프라인으로 셰이더의 다양한 부분을 어떻게 후킹하는지, 거기에 무슨 데이터가 전송되고 어떻게 처리되는지 데이터를 가지고 할 수 있는 것이 무엇인지를 설명한다.

4장. 좌표 공간 변환

그래픽스 파이프라인의 일부로 좌표 공간 개념은 필요하다. 하지만 자주 혼동하는 부분이다. 이 장은 그래픽스 파이프라인에서 일반적으로 쓰이는 각각의 좌표 공간을 보여주고 설명한다. 그리고 유니티가 제공하는 변환 도구에 대해서 설명한다.

5장. 첫 번째 라이팅 셰이더

몇 가지 일반적인 라이팅 콘셉트와 근사법(디퓨즈와 스펙큘러와 같은)을 소개한다. 그리고 이를 언릿 셰이더에 구현하는 방법에 대해서 설명한다. 이 장을 마치면 독자는 첫 번째 커스텀 라이팅 셰이더를 작성하게 되는 것이다.

6장. 스펙큘러 구현

5장에 이어서 스펙큘러 근사법을 구현해 5장의 디퓨즈를 완성한다. 또한 6장은 언릿 셰이더에 한 개 이상의 빛을 지원하는 방법과 셰이더랩 패스의 실용적인 사용에 대해 설명한다.

7장. 서피스 셰이더

지금까지 언릿 셰이더만을 사용했다. 왜냐하면 언릿 셰이더가 좀 더 직관적이고 그래픽스 파이프라인과 셰이더가 맞닿는 곳을 숨기지 않기 때문이다. 하지만 언릿 셰이더는 꽤나 불필요한 내용이 많을 수 있으므로 7장은 서피스 셰이더를 소개하고 서피스 셰이더가 어떻게 많은 양의 시간과 타이핑을 절약하는지에 대해서 설명한다.

앞의 두 장에서 구현했던 언릿 셰이더를 서피스 셰이더의 커스텀 라이팅 함수로 재구현할 것이다.

2부. 물리 기반 셰이딩

이론부터 구현까지 온전히 물리 기반 셰이딩에 집중한다. 이제 독자는 유니티 셰이더를 구현해봤으므로 렌더링이 어떻게 동작하는지 탄탄한 기초를 쌓았을 것이다. 따라서 독자는 물리 원리에 따른 셰이더 작성에만 완전히 집중할 수 있다.

8장. 물리 기반 셰이딩이란?

8장은 미세면 이론을 보여주고 1장에서 빛이 동작하는 방식을 설명하는 데 단순화한 몇 가지 이론을 바로잡는다. 프레넬 반사와 굴절률뿐만 아니라 빛을 측정하는 방법, 재질을 때리는 빛의 성질을 함수로 표현하는 방법을 살펴볼 것이다. 8장은 물리 기반 라이팅 모델에 필요한 것을 설명하고, 렌더링 방정식의 모든 부분을 설명한다.

9장. 물리 기반 셰이더 제작하기

물리 기반 셰이딩의 개념을 곧바로 실전에 적용하기 위해 7장에서 배운 커스텀 라이팅 서피스 셰이더를 가지고 물리 기반에 필요 조건들을 갖춘다.

10장. 후처리 효과

후처리는 HDR 렌더링에 필요한 부분이다. 물리 기반 셰이딩에 HDR 자체가 필요하다. 에셋 스토어를 통해 유니티가 제공하는 후처리 효과 스택은 강력하지만, 여전히 이해가 필요하며 종종 후처리 효과를 구현할 수 있어야 한다. 이것이 10장에서 다루는 내용이다. 또한 10장에서는 유니티 후처리 스택 버전 1과 버전 2의 개요를 포함하고 있다.

11장. BRDF 누가 누구인가?

일반적인 라이팅 함수들을 이름과 효과에 따라 알게 될 것이다. 11장에는 디즈니 연구소에서 커스텀 라이팅 함수를 개발하고 분석하기 위해 개발한 엄청난 프로그램, BRDF 익스플로러가 등장한다.

12장. BRDF 구현

이제는 몇 가지 물리 기반 라이팅 함수를 알게 됐다. 하나 혹은 둘 정도를 구현해 볼 차례다. 12장은 정보를 수집하고 물리 기반 BRDF를 구현하는 방법을 다룬다. 쿡토렌스 스펙큘러와 디즈니 BRDF 디퓨즈를 구현할 것이다.

13장. 표준 셰이더 후킹

이전 장에서 구현한 라이팅 함수를 유니티 표준 셰이더 인프스트럭처에 주입하는 방법을 설명한다. 이로써 거의 무료로 반사와 광역 조명 등을 제공할 것이다.

14장. 고급 기술 구현

BRDF를 구현하는 것과 관련된 모든 것을 마치고, 14장은 반투명과 같이 BRDF로 서술할 수 없는 빛 현상을 추가하는 방법을 설명한다. 또한 반사 프로브가 작동하는 복잡한 메커니즘을 설명한다.

3부. 셰이더 개발 조언

유니티의 커스텀 라이팅 시스템을 구현하는 필수적인 것들을 모두 배웠다. 3부에서는 커스텀 라이팅 시스템에 관한 기술인 디버깅, 좋은 코드 작성법, 독자가 아티스트가 만든 셰이더를 잘 쓰게 만드는 방법에 대해서 설명한다.

15장. 아티스트가 사용할 셰이더 만들기

프로그래머는 아티스트가 사용하기에 너무 복잡한 셰이더를 만드는 경우가 정말 많다. 심지어 프로그래머는 그런 사실조차도 깨달지 못하고 있다. 15장은 사람들이 저지르는 다섯 가지 셰이더 사용성에 관한 실수를 나열하고 몇 가지 해결책을 제시한다.

16장. 복잡성과 우버셰이더

13장 이후, 셰이더 시스템의 복잡성이 어떻게 생겼는지에 대해 어느 정도 다뤘다. 16장은 시스템이 왜 그렇게 돼 있고 왜 그것이 여전히 현재 셰이딩 언어에서 최고의 방법인지 설명한다.

17장. 셰이더가 정상 작동하지 않을 때

첫 번째 시도에서 작성한 셰이더가 제대로 구현되는 경우는 존재하지 않는다. 따라서 버그를 추적하는 방법과 문제를 찾아내는 방법을 배워야 한다. 17장은 셰이딩 프로파일링과 디버깅 및 이것들을 위한 다양한 도구에 대해서 이야기한다.

18장. 최신 트렌드 따라잡기

게임과 영화 산업은 결코 잠들지 않는다. 게임과 영화 산업은 해마다 진보를 거듭한다. 이 책을 읽은 이후에 독자는 SIGGRAPH 논문들을 곧바로 읽어가며 독자의 지식을 더 깊게 가져가는 데 유리한 위치에 있을 것이다. 18장은 렌더링과 셰이더 개발에 대한 최신 개발 기술과 어깨를 나란히 하는 다양한 방법을 나열한다.

1부

유니티 셰이더 소개

이번 파트는 능숙한 유니티 셰이더 개발자가 되기 위한 모든 것이 담겨 있다.

첫 번째 셰이더 작성부터 시작해 그래픽스 파이프라인의 각 단계별 역할을 알아보고 셰이더가 파이프라인에 어떻게 관여하는지 살펴볼 것이다. 일반적인 라이팅 접근법인 언릿^{Unlit} 셰이더, 서피스^{Surface} 셰이더를 작성하는 방법을 설명하고 빛의 성질에 대한 기본 개념 및 렌더링에 대해 설명할 것이다.

1장

셰이더 개발 과정

셰이더 개발은 게임 개발에 있어서 필수적인 흑마술[1] 같은 것이다. 아마도 셰이더에 대해서 이미 한 번쯤 들어 봤을 것이다. 특정 GPU에서만 발생하는 고치기 어려운 렌더링 이슈 때문에 우연히 셰이더를 접해본 독자도 있을 것이다. 아니면 건드려서는 안되는 일에 휘말려 장렬한 최후를 맞이하는 개발자 전설 괴담에서 "셰이더"라는 단어를 어렴풋이 들어 봤을 수도 있다.

두려워하지 않아도 된다. 이 책은 셰이더에 대한 미스테리를 파헤칠 것이다. 아주 멋진 라이팅 셰이더 및 효과를 개발하는 데 기초가 되는 것들을 배울 것이다. 또한 올

---

1 옮긴이 말: 저자는 블랙 아트(black art)로 표현했다.

바른 라이팅 셰이더를 이해하고 구현하는 데 필요한 수학적 추론을 배울 것이다. 독자는 트레이드 오프를 선택하는 능력을 배양하게 될 것이고 원하는 결과치를 크게 희생하지 않고도 좋은 성능을 내는 결과물을 만들 수 있을 것이다.

1장에서는 셰이더를 이해하는 데 필요한 기본적인 지식을 소개하며, 이해를 돕기 위해 과감히 추상화할 것이다. 1장 이후에는 여기서 소개하는 대부분의 개념들을 더 자세히 설명할 것이다. 독자들이 셰이더에 대한 지식이 전혀 없다고 가정하지만 유니티와 게임 개발에 대한 지식이 어느 정도 있다고 가정할 것이다.

▋ 셰이더란?

셰이더는 다음과 같이 정의할 수 있다.

- 최종 이미지가 우리 눈에 사실적으로 보이게 하기 위해 미시적 관점에서의 표면^{surface}에서 일어나는 일들을 코드화한 시뮬레이션이다.
- GPU에서 동작하는 코드 조각이다.

빛의 시뮬레이션으로서의 셰이더

첫 번째 정의를 이해하기 위해 그림 1-1의 세 가지 그림을 살펴보자. 이 그림들은 각기 다른 재질^{material}을 갖는 세 가지 표면이다. 우리의 뇌는 즉각적으로 반응해 각각의 사물이 무슨 재질로 돼 있는지 알아차릴 수 있다. 이러한 현상이 일어나는 이유는 사람의 뇌는 모든 재질과 빛이 상호작용하는 특징적인 패턴을 인식할 수 있기 때문이다. 라이팅 셰이더는 이러한 빛과의 상호작용을 흉내 낸다. 이러한 상호작용은 빛에 대한 물리적 성질을 활용하거나 아티스트들의 수많은 시도와 노력을 통해 밝혀진다.

그림 1-1 피부, 금속, 나무

실생활에서 표면은 원자로 구성돼 있다. 그리고 빛은 파동과 입자의 성격을 동시에 띈다. 이러한 빛, 표면, 우리의 눈 사이의 상호작용을 통해 표면이 어떻게 보여질지를 결정하게 된다.

특정한 방향에서 들어오는 빛은 표면을 때리고, 흡수되기도 하고, (다른 방향으로) 반사되기도 하고, (약간 다른 방향으로) 굴절되기도 하고, (다양한 방향으로) 뿔뿔이 흩어지기도 한다. 광선이 표면에 닿는 순간의 광선의 행동양식이 재질의 특정한 룩^{look}을 생성한다. 그림 1-2를 보자.

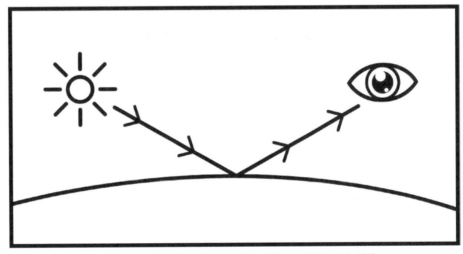
그림 1-2 표면을 때리는 광선과 우리의 눈 방향으로 튕겨져 나오는 광선

피부처럼 거시적 관점에서 표면이 부드러워 보일지라도 거기에는 미세한 면들이 존재해 다양한 방향으로 빛이 반사될 수 있다.

컴퓨터 구조적인 관점으로 볼 때 실제 세계를 시뮬레이션하기에는 컴퓨터의 계산 능력이 부족하다. 만약 우리가 실세계에서 원자를 포함한 모든 것들을 시뮬레이션한다면 무엇을 렌더링하던 간에 1년은 족히 넘게 걸릴 것이다. 대부분의 렌더링 대상에서 표면은 3D 모델로 표현하며 3D 모델은 기본적으로 3D 공간상의 특정 위치 좌표 값으로 돼 있다. 그리고 그 좌표들은 삼각형으로 그룹화돼 있으며, 다시 그것들이 모여서 3D 형체가 된다. 간단한 모델도 수천 가지의 정점으로 구성돼 있을 수 있다.

모델, 텍스처, 셰이더로 구성된 이러한 3D 씬은 픽셀로 구성된 2D 이미지로 렌더링된다. 각각의 면에 어떠한 텍스처들을 적용하고, 3D 모델의 정점마다 셰이더를 수행하고, 최종 이미지의 각각의 픽셀마다 수행하는 셰이더를 수행한다. 이것이 정점들의 위치를 최종 이미지의 적합한 2D 위치로 투영^{project}하는 과정이다. 그림 1-3을 참조하라.

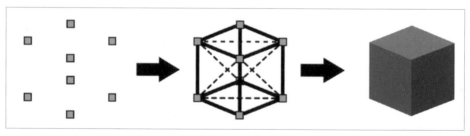

그림 1-3 점에서 삼각형으로, 그리고 음영이 가미된 모델

모델링을 얼마나 사실적으로 할 것인지에 관계없이 현실 세계를 그대로 모델링하는 것은 불가능하다.

셰이더 내에서 빛이 어떻게 움직이는지에 대한 수학적인 지식을 활용해 어느 정도 3D 모델이 실제하는 것처럼 보이게 할 수 있다. 수학적인 지식은 실제 수준만큼 표면을 정교하게 하지는 않지만 어느 정도 보정한다. 또한 이를 통해 씬이 충분히 빠르게 렌더링될 수 있게끔 해 충분한 초당 프레임(FPS)으로 게임이 동작할 수 있다. 게임에 적합한 FPS 수치는 30에서 60이고, 가상 현실 게임은 60이 넘어야 한다.

바로 이것이 물리적 기반의 렌더링에 대한 모든 것이다. 마치 표면에서의 빛의 다양한 행동 양식과 그러한 행동들을 대략적으로 흉내내는 수학적 모델에 대한 카탈로그다.

원근법을 활용한 렌더링

렌더링은 개념적으로 (그리고 수학적으로) 화가가 원근법을 사용해 캔버스에 그림을 그리는 과정과 매우 유사하다.

원근법 기술은 500년 이전인 이탈리아 르네상스 시대에 등장했다. 원근법의 수학적인 기반은 그보다 훨씬 이전인 유클리드 시절에 수립됐다. 이를 렌더링에 비유해보면 캔버스는 최종 이미지를 의미한다. 실물은 씬과 3D 모델이고 화가는 렌더러를 의미한다.

컴퓨터 그래픽스에서는 여러 가지 씬을 렌더링하는 방법이 존재한다. 그 중에는 연산량이 매우 큰 것도 있고, 상대적으로 적은 것도 있다. 빠른 종류(레스터라이저 기반)의 렌더링은 게임을 포함한 실시간 렌더링에 사용한다. 느린 종류(레이트레이싱 및 기타)의 렌더링은 한 프레임을 뽑는 데 몇 시간을 사용하는 것이 가능하기 때문에 3D 애니메이션 영화에서 일반적으로 사용한다.

빠른 종류 렌더러의 렌더링 과정은 다음과 같이 단순화할 수 있다.

먼저 씬의 모델 형태를 최종 이미지로 사영^{project}한다. 이를 화가의 시점에 비유해 "윤곽 스케치$^{sketching\ the\ outline}$" 단계라고 한다. 그리고 나서 셰이더에 구현한 빛과 관련된 계산을 수행해 윤곽선 내에 있는 픽셀들을 채운다. 이를 "색칠^{painting}" 단계라고 한다.

셰이더를 사용하지 않고도 이미지를 렌더링할 수도 있으며, 예전에는 실제로 그렇게

했다.

프로그래밍 가능한 그래픽스 파이프라인을 사용하기 이전에는 렌더링은 API 호출 (OpenGL과 DirectX3D와 같은 API)들로 수행됐다. 속도를 더 빠르게 하기 위해 이러한 API들은 미리 구성해 놓은 함수들을 제공했고 프로그래머들은 인자를 해당 API로 전달했다. 그것들은 하드웨어로 구현됐으며 수정이 불가능했다. 그것들을 고정 함수 렌더링 파이프라인fixed-function rendering pipeline이라고 했다.

렌더러를 더 유연하게 만들기 위해 프로그래밍 가능한 그래픽스 파이프라인이 등장했다. 그것을 가지고 프로그래머는 셰이더라는 조그마한 프로그램을 작성할 수 있었다. 셰이더는 GPU에서 실행되며, 고정 함수형의 기능들을 상당 부분 대체한다.

렌더링 과정

위에서 언급한 바와 같이 이런 종류의 렌더링은 개념적으로 두 단계로 나눌 수 있다.

- 윤곽선 단계
- 색칠 단계

윤곽선 단계에서는 모델의 정점들을 최종 이미지로 사영해 최종 이미지의 픽셀들이 어떠한 특정 삼각형에 속해 있는지 결정한다. 그리고 다른 모델이 카메라 시점을 기준으로 앞에 있는지 확인한다. 색칠 단계는 씬 데이터(빛, 텍스처, 및 관련 계산)를 통해 각 픽셀의 색깔을 계산한다. 첫 번째 단계에서는 정점들을 조작하고 두 번째 단계에서는 첫 번째 단계에서 받은 정보와 출력 픽셀 색깔을 조작한다.

GPU에서 동작하는 코드로서의 셰이더

위에서 언급한 바와 같이 모델에는 수천 가지 정점들이 존재할 수 있으며 렌더링된 이미지는 수십만 가지의 픽셀이 존재할 수 있다. 게임씬은 동작하고 있는 플랫폼에 따라 매우 복잡하게 변한다. 플레이스테이션 4 프로의 경우 최종 이미지의 해상도는

3840×2160픽셀(일반적으로 4k 해상도라고 한다)에 달하고 한 씬은 수십만 개 이상의 정점이 존재할 수 있다. 일반적으로 셰이더는 씬의 모든 정점마다 그리고 최종 이미지의 매 픽셀마다 실행된다. 실시간 렌더링 속도를 보장하기 위해서는 밀리 초 내에 매우 조그마한 프로그램을 수백만 번 실행할 수 있는 특수한 프로세서가 필요하다. 이러한 프로세서를 일반적으로 그래픽 프로세싱 유닛 혹은 GPU라고 한다.

셰이딩은 한 방향으로 흐르는 데이터 처리 과정이다. 이는 정점, 텍스처, 셰이더를 입력하고 끝단에서 출력된 색을 렌더링 대상인 2D 이미지에 입히는 것을 의미한다. 현재 처리하고 있는 정점 근방의 다른 정점에 대해서 굳이 알아야 할 필요는 없다. 또한 현재 계산하고 있는 픽셀 근방의 다른 픽셀들에 대해서 알아야 할 필요도 없다. 따라서 이들 셰이더는 각각 독립적으로 많은 수의 정점과 픽셀마다 동시에 수행된다.

셰이더 실행

그림 1-4는 간단한 씬이 어떻게 렌더링되는지 보여준다.

그림 1-4 색상값을 갖는 정점들로 구성한 정육면체를 포함하는 렌더링된 씬

이 씬에는 여덟 개의 정점이 있다. 그리고 1980×1080(풀HD 해상도) 이미지로 렌더링됐다. 렌더링 과정에는 정확히 어떤 일들이 벌어지는 것일까?

1. 씬의 정점 및 관련 데이터를 정점 셰이더로 전달한다.

2. 각 정점마다 정점 셰이더가 실행된다.

3. 정점 셰이더는 각 정점으로부터 출력 데이터 구조체를 생성한다. 출력 데이터 구조체에는 최종 이미지에서의 색깔과 정점의 위치 정보를 포함한다.

4. 정점들의 순열을 삼각형, 선, 점과 같이 원시 타입^{primitive}으로 조립한다. 이 책에서는 삼각형으로 가정할 것이다.

5. 레스터라이저는 원시 타입을 받아서 이를 픽셀들의 리스트로 변환한다. 삼각형 내에 존재하는 각각의 잠재 픽셀마다 구조체의 값들을 보간^{interpolate}하고 이를 픽셀 셰이더로 전달한다. 예를 들어 하나의 정점이 초록색이고 인접 정점이 빨간색이면 이 두 정점 사이의 픽셀들은 초록색에서 빨간색으로 변하는 그레디언트를 생성할 것이다. 이 레스터라이저는 GPU의 일부이며, 이를 커스터마이즈할 수는 없다.

6. 프레그먼트 셰이더는 모든 잠재 픽셀마다 실행된다. 프레그먼트 셰이더 내에서는 빛과 관련된 연산이 수행된다. 이 단계는 매우 흥미로울 것이다.

7. 만약 렌더러가 포워드 렌더러인 경우 매 광원마다 해당 빛 관련 데이터와 함께 프레그먼트 셰이더가 실행된다.

8. 각각의 잠재 픽셀(프레그먼트라고도 함)마다 카메라로부터 거리가 더 가까운 또다른 잠재 픽셀이 존재하는지 확인한다. 만약 존재하면 해당 프레그먼트는 버린다.

9. 모든 프레그먼트 셰이더 라이트가 함께 섞인다.

10. 모든 픽셀의 색깔이 렌더링 타깃에 입혀진다(스크린일 수도 있고 텍스처이거나 파일일 수도 있다).

그림 1-5에서 보이는 바와 같이 이 정육면체는 색 값이 존재하는 정점들을 가지고 있다. 음영 정육면체 내에 검정색에서 회색으로 변하는 그레디언트는 4번째 단계에

서 벌어지는 보간 작용의 결과다.

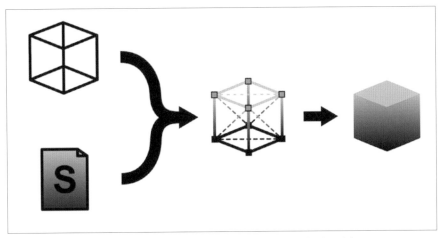

그림 1-5 렌더러에 씬 데이터 전송, 정점 처리 단계, 프레그먼트 처리

씬을 렌더링할 때 셰이더가 어떻게 실행되는지 전체적으로 살펴봤다. 이제는 지금까지 살펴봤던 몇 가지 기술적인 용어를 더 엄밀하게 정의할 것이다.

여러 가지 종류의 셰이더

이미 몇 가지 셰이더의 종류를 언급했었다. 다음은 이미 언급한 것과 더불어 몇 가지를 추가한 것이다.

- **정점 셰이더**: 모든 정점마다 수행됨
- **프레그먼트 셰이더**: 최종 픽셀이 될 만한 모든 후보 픽셀(프레그먼트라고 함)마다 수행됨
- **언릿**Unlit **셰이더**: 유니티에서만 해당함. 정점과 픽셀 셰이더를 한 파일로 묶은 셰이더
- **표면**Surface **셰이더**: 유니티에서만 해당함. 정점과 프레그먼트 셰이더 기능을 모두 포함한다. Cg 셰이딩 언어를 셰이더 랩ShaderLab 확장을 지원해 일반적으

로 라이팅 셰이더에서 사용하는 몇 가지 코드들을 자동화해준다.

- **이미지 효과 셰이더**: 유니티에서만 해당함. 블러^{Blur}, 블룸^{Bloom}, 피사계심도^{Depth} ^{of Filed}, 색조정^{Color grading} 등과 같은 효과를 적용하는 데 사용한다. 일반적으로 렌더러에서 가장 나중에 실행되는 셰이더다. 이는 씬의 기하학적인 렌더러에 적용되기 때문이다.

- **계산 셰이더**: 렌더링뿐만 아니라 정해지지 않은 연산을 수행한다. 예를 들면 물리 시뮬레이션이나 이미지 프로세싱, 레이트레이싱과 같이 일반적으로 많은 독립적인 작업으로 쉽게 쪼갤 수 있는 작업을 수행하는 것이다. 이 책에서는 상당 부분의 시간을 유니티 표면 셰이더에 할애했다. 하지만 이 계산 셰이더는 다루지 않을 것이다. 이것말고도 더 많은 종류의 셰이더들이 존재하지만 자주 사용하지 않기 때문에 언급하지 않을 것이다.

좌표 체계

셰이더 내에서 수행하는 모든 연산은 특정한 좌표 체계에서 이뤄진다. 카테시안 좌표 체계를 생각해보자. 한 점과 다른 점을 볼 때 대부분의 사람들이 이 좌표 체계에 따른다. 이는 2D 좌표 체계다. 반면 렌더링 계산을 하는 사람들의 대부분은 3D 좌표 체계를 사용한다. 다음은 관련 리스트다.

- **로컬(객체) 공간**: 모델이 렌더링될 상대적인 3D 좌표 시스템
- **월드 공간**: 전체 씬이 렌더링될 상대적인 3D 좌표 시스템
- **뷰(시야) 공간**: 관찰자(카메라) 시점의 상대적인 3D 좌표 시스템
- **절단^{Clip} 공간**: -1.0부터 1.0값을 갖는 3D 좌표 시스템
- **화면^{screen} 공간**: 렌더링이 될 대상(화면)의 상대적인 2D 좌표 시스템
- **탄젠트^{tangent} 공간**: 노멀 맵핑에 사용함

앞으로 자주 좌표 공간에 대해 언급할 것이다. 이를 직접적으로 다루는 시간이 비록 많지 않더라도 이를 주지하고 있는 것은 매우 중요하다. 어떤 계산에 어떤 좌표 공간

을 사용하는지 헷갈리기 매우 쉽기 때문에 각각의 좌표 공간이 무엇인지 파악하고
언제 유용한지 배워야 한다.

각각의 렌더링 파이프라인 단계는 이에 알맞은 계산을 수행하기 위해 한 좌표계에서
다른 좌표계로 전이된다. 올바른 좌표 체계를 선택하면 계산은 훨씬 단순해지고 연
산량 관점의 비용도 저렴해진다.

빛의 종류

자연에서는 모든 빛은 3D 표면에서 발산한다. 실생활 픽셀real-life pixel과 같은 것은 존
재하지 않는다.

렌더링 과정에서는 근사법을 사용해 필요 연산량을 줄인다. 하지만 이러한 근사법은
렌더링 결과물의 사실성fidelity을 제한할 수 있다. 유니티에서는 실제 빛을 3가지 종류
로 근사해 구분한다.

- 점 광원point light
- 방향 광원directional light
- **면 광원**area light: 베이킹 라이트 맵에만 적용

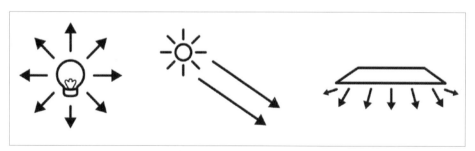

그림 1-6 점 광원, 방향 광원, 면 광원

점 광원

사방으로 광선을 발산하는 작은 광원인 야간 조명을 생각해보자. 하지만 이러한 광선은 멀리 나가지 못한다. 점 광원은 한계[fall off]가 존재한다. 즉, 특정 거리 이후에는 완전히 사라진다.

방향 광원

태양을 생각해보자. 태양은 점 광원이다. 그럼에도 불구하고 태양은 지구에서 아주 멀리 떨어져 있기 때문에 모든 광선은 평행으로 지구에 도달한다. 점 광원의 빛을 엄청 가까이 확대해보면, 거기에서 보이는 모든 광선들은 모두 평행일 것이다. 또한 광원의 한계치도 볼 수 없을 것이다. 이러한 관점에서 방향 광선은 무한히 뻗어 나간다.

면 광원

면 광원은 세 가지 광원 중에 물리적인 측면에서 가장 실제와 가까운 빛이다. 하지만 연산량 측면으로 봤을 때 더 비싸다. 빛을 발산하는 실제 객체는 입체적일 확률이 높다. 따라서 거기에는 면이 존재하기 마련이다. 하지만 이 복잡한 렌더링 계산 덕분에 연산량은 더욱 많아진다. 유니티는 실시간 면 광원을 지원하지 않는다. 오직 미리 마련해 놓은 베이킹 라이트맵을 통해 사용할 수 있다.

▌렌더링 방정식

라이팅 셰이더에서 구현하고자 하는 계산을 렌더링 방정식으로 표현할 수 있다.

$$L_0(x,\omega_0) = L_\varepsilon(x,\omega_0) + \int f(x,\omega_i \to \omega_0) \cdot L_i(x,\omega_i) \cdot (\omega_i \cdot n) dw$$

당황하지 말자! 별 다를 것 없는 공식이다. 이 시점에서 이 공식을 이해할 필요는 없지만 몸서리치지 않고 이 공식을 보는 것에 익숙해지면 좋을 것이다. 실제로 매우 유용한데 이는 필요한 모든 빛을 계산하는 것을 단 한 줄로 표현할 수 있다.

추후에 이 방정식에 대한 더 자세한 내용을 다룰 것이다. 여기에서는 이 식의 전체적인 의미, 즉 빛이 표면에 작용하는 특성을 살펴볼 것이다.

빛의 특성

우리가 보는 모든 것은 빛이 물체와 부딪친 후 눈 쪽으로 반사되기 때문에 눈으로 볼 수 있다.

어떻게 그리고 왜 이러한 반사가 생기는지 이해하는 것은 렌더링에 매우 중요하다. 표면에서 빛이 얼마나 많이 반사되고, 어느 방향으로 반사되는지는 많은 요인들이 존재한다.

- **빛이 들어오는 각도(반사)**: 입사각이 작을수록 반사각도 작다(그림 1-7 참조).

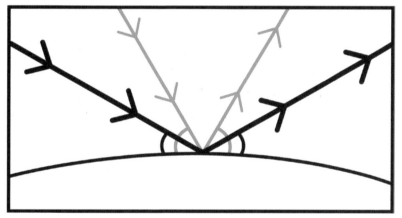

그림 1-7 각기 다른 방향에서 들어오는 광선과 동일한 각도로 반사되는 광선

- **표면의 색상(흡수)**: 광선 스펙트럼에는 가시 색상이 모두 들어 있다. 붉은 표면은 스펙트럼에서 붉은 부분을 반사하고 나머지 색상은 모두 흡수한다(그림 1-8 참조).

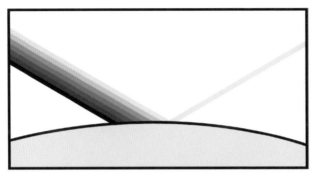

그림 1-8 표면은 빛의 스펙트럼에서 일부분을 흡수한다.

● **표면의 부드러운 정도와 거친 정도**: 미시 레벨로 표면을 관찰해보면 일반적으로 보는 것보다 더 거칠 수도 있다. 그리고 미세면은 빛을 여러 각도로 반사시킬 수 있다(그림 1-9 참조).

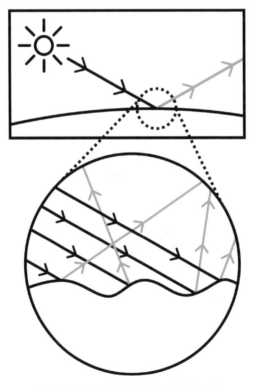

그림 1-9 미세 면에서 다른 각도로 반사되는 광선

- **반투명 레이어**: 흙탕물을 생각해보자. 흙탕물 아래에 있는 바닥은 마른 바닥보다 더 어둡게 보인다. 물의 표면은 일부 빛을 반사시키기 때문에 훨씬 더 적은 양의 빛이 바닥에 도달하기 때문이다(그림 1-10 참조).

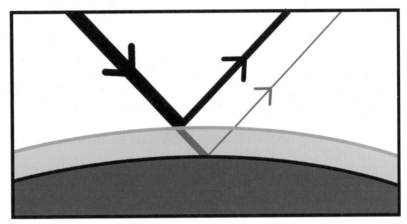

그림 1-10 흙탕물 및 그 아래에 있는 바닥과 부딪힌 광선

반사된 빛

한 표면에서 반사된 빛은 또 다시 다른 표면과 부딪힌다. 그리고 다시금 다른 쪽으로 반사될 것이다.

반사된 빛은 가지고 있는 에너지를 전부 소모할 때까지 계속 반사될 것이다. 이것을 전역 조명 시뮬레이션global illumination simulates이라고 한다.

표면에 바로 부딪힌 빛을 직사광direct light이라고 한다. 물체와 부딪혀서 다른 표면으로부터 반사된 빛을 간접광indirect light이라고 한다. 이를 명확하게 살펴보자. 그림 1-11과 1-12는 동일한 장면을 보여주고 있다. 그림 1-11에서는 오직 직사광만을 적용한 반면 그림 1-12는 간접광까지 렌더링한 것이다. 보는 바와 같이 차이점이 분명하다.

그림 1-11 직사광만 렌더링

그림 1-12 직사광과 간접광 렌더링

2010년 이전의 게임은 주변광^{ambient light}과 같은 매우 조잡한 수준의 광역 조명 근사를 사용했다. 이 주변광은 전체 씬에 오직 하나의 값으로 구성돼 있었다. 또한 광역 조명 모델을 흉내내기 위해 구면 조화 함수^{Spherical harmonics}를 사용했다. 이는 주변광보다는 정교하지만 연산량 측면에서 비용이 비쌌으며 수학적으로도 더 복잡했다.

렌더러 종류

렌더러에는 몇 가지 종류가 있다. 그리고 렌더러가 혼합된 혼합형 또한 다양하다. 게임 아트의 방향에 따라 어떤 특정 씬이 다른 씬에 비해 상대적으로 렌더링하는 데 많은 시간이 소요될 수 있다. 그러한 경우 더 많은 시간이 소요되는 부분을 최적화하기 위해 렌더러의 종류를 바꾸는 것을 고려할 수 있다.

포워드

이는 실시간 렌더러의 가장 첫 번째 종류다. 그래픽 API(OpenGL이나 다이렉트3D)에 내장돼 있기도 하다. 지금까지 이야기한 것들이 이러한 종류다. 씬의 정보가 렌더러에 전달되고 모든 폴리곤이 래스터화^{rasterized}된다. 그리고 각각의 빛마다 셰이딩의 경로가 존재한다.

디퍼드

광역 조명 없이 씬을 더 자연스럽게 렌더링하는 유일한 방법은 많은 수의 광원을 사용하는 것이다. 이는 PS3/Xbox360에서 주로 사용된 방법이다. 이미 알겠지만 포워드 렌더러에서의 추가적인 조명은 모든 픽셀에 추가적인 셰이더 경로가 필요함을 의미한다.

더 효과적인 퍼포먼스를 달성하기 위해 이 새로운 방식의 렌더러가 발명됐다. 이는 씬의 셰이딩을 마지막 순간까지 미뤄 놓는다. 이를 통해 셰이딩하고 있는 모델로 도달하지 않는 광원들을 무시할 수 있다. 이것이 퍼포먼스를 더 좋게 한다.

디퍼드 렌더러에는 반투명 객체를 적합하게 렌더링하는 것이 불가능한 점과 같은 몇 가지 문제점이 있다. 그리고 덜 유연하다. 왜냐하면 렌더러를 개발하는 동안 셰이딩 단계로 향하는 정보들을 그 전에 확정해야 하기 때문이다.

포워드+ (타일 포워드 셰이딩)

PS4와 Xbox 1세대에서 다양한 광역 조명 근사 모델이 가능해졌다. 이는 디퍼드 렌더러의 인기를 조금 식게 만들었다. 하나의 포워드와 디퍼드의 조합인 이 렌더러는 이미지를 타일들로 쪼개고 이를 포워드 렌더링 방식으로 셰이딩했다. 그리고 오직 현재 타일에 영향을 미치는 빛만 고려했다. 이 렌더러 방식은 현재 버전의 유니티에서는 사용이 불가능하다.

미래 렌더러

현재 많은 회사들은 각각의 게임에 알맞게 커스터마이즈할 수 있는 더 유연한 렌더러를 개발 중이다.

유니티는 이미 스크립트화 가능한 렌더러 루프를 연구하고 있다. 현재는 오직 포워드냐 디퍼드냐를 선택할 수밖에 없지만, 이는 렌더링 코드 자체를 작성이 가능하게 할 것이다. 이 새로운 기능은 현재 유니티 베타 버전에서 사용할 수 있다.

셰이더 시각 그래프

독자가 예전에 셰이더를 개발한 경험이 있었다면 그것은 아마도 노드 에디터를 통해 개발했을 것이다.

많은 게임엔진과 3D 모델링 소프트웨어 프로그램에서 시각적인 노드 인터페이스를 통해 셰이더를 개발할 수 있다. 그림 1-13은 언리얼의 셰이더 에디터다.

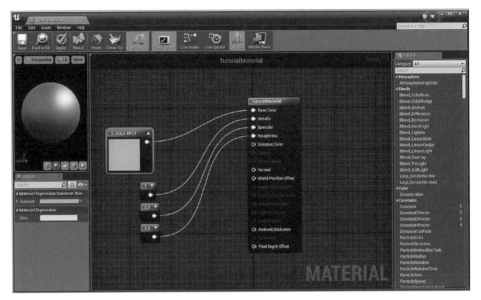

그림 1-13 언리얼의 셰이더 에디터

노드 인터페이스를 통해 직관적인 방법으로 셰이더를 개발할 수 있다. 유니티에서는
아직 지원하지 않는다(물론 ShaderForge나 다른 것들을 에셋 스토어를 통해 다운로드할
수 있다). 하지만 이런 수많은 장점이 있음에도 불구하고 노드 에디터를 가지고 커스
텀 라이팅 셰이더를 개발하는 일은 까다로울 수도 있다. 이러한 툴들은 코드를 자동
으로 생성하지만 그 코드들이 마냥 좋기만 한 것은 아니다. 그런 의미에서 셰이더포
지ShaderForge를 사용해 셰이더를 작성하더라도 셰이더 코드를 직접 손으로 작성하는
방법을 배우는 것은 가치 있는 일이다. 손수 셰이더 코드를 작성하는 방법을 배움으
로써 자동으로 생성된 코드를 수정해 더 나은 성능을 낼 수도 있고 버그를 고칠 수도
있으며 컴파일러 오류도 잡아낼 수 있다.

▌ 요약

1장에서는 프로그래머로 하여금 그래픽스 파이프라인을 커스터마이즈할 수 있게끔 도와주는 셰이더를 소개했다. 기존의 그래픽스 프로그래머는 씬데이터를 그래픽스 파이프라인에 전달할 수만 있었고, 그것도 오직 미리 정의된 파라미터만 전달할 수 있었다. 오늘날에는 유능한 사람들로 하여금 더 빠른 렌더링 코드를 작성할 수 있는 환경이 조성돼 있기 때문에 앞으로는 더 많은 커스터마이징이 가능하게 될 것이다.

셰이더는 GPU 위에서 돌아가는 코드다. 이를 가지고 다양한 표면에서 빛의 상호작용을 흉내 낼 수 있다. 또한 셰이더를 통해 블러, 테셀레이션^{tessellation}과 같은 이미지 효과들을 구현할 수도 있고 일반 연산도 할 수 있다. 이 책에서는 빛과의 상호작용 및 이미지 이펙트에 초점을 맞출 것이다.

셰이더를 작성하는 방법을 숙지하면 기존에 내장된 셰이더를 사용했을 때보다 훨씬 더 게임의 외형을 더 멋지게 만들 수 있을 것이다.

지금까지 셰이더 개발의 기본을 살펴봤다. 이것을 토대로 바로 실질적인 개발에 적용할 수 있을 것이다.

2장에서는 셰이더 개발 과정^{workflow}에 익숙해지는 시간을 갖고 최초의 유니티 셰이더를 개발하는 방법을 살펴 볼 것이다.

첫 유니티 셰이더

1장에서 실시간 라이팅 셰이더를 개발하는 데 필요한 많은 개념들을 익혔다. 2장에서는 유니티의 실질적인 셰이더 개발을 다룬다. 유니티를 설치하고(이미 설치했다면 하지 않아도 된다) 유니티에서 셰이더 개발을 단계별로 배울 것이다. 이를 위해 기본 프로젝트를 생성하고 간단한 셰이더를 작성할 것이다. 그런 후 1장에서 배운 내용들을 기반으로 실질적인 코드를 넣어 본다.

▌ 유니티 소개

셰이더 작성을 하려면 게임엔진 혹은 렌더러가 필요하다. 이 책에서는 유니티 게임

엔진을 렌더러로 사용할 것이다. 다른 게임엔진, 그래픽스 API, 다양한 종류의 3D 모델링 소프트웨어 프로그램(마야, 블렌더와 같은)을 사용해 셰이더를 작성할 수도 있다. 모두 동일한 원리를 적용할 수 있지만 이 책에서는 다루지 않는다. 유니티가 어떻게 동작하는지 알고 있고 설치법도 알고 있다면 이번 절을 그냥 넘겨도 좋다.

준비

이번 절에서는 유니티를 설정하고 PC에서 실행하는 절차를 배울 것이다.

1. 맥, 윈도우, 리눅스가 돌아가고 있는 PC가 필요하다.
2. 가장 최근 무료 버전 유니티를 http://www.unity3d.com/에서 다운로드한다(집필 당시의 유니티 버전은 2017.2다. 이 버전 이후의 신규 버전의 유니티에서는 이 책과의 호환성을 장담할 수 없다).[1]
3. 유니티를 설치한다.
4. 유니티를 사용하기 전에 계정 등록이 필요할 것이다.
5. 유니티를 시작한다.
6. 본인의 계정으로 로그인한다.
7. 신규 3D 프로젝트를 생성한다(그림 2-1 참조).

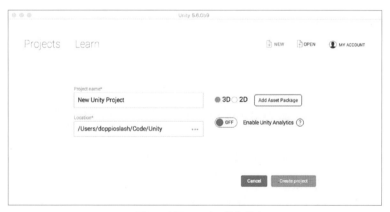

그림 2-1 신규 프로젝트 생성 화면

---

1 옮긴이의 말: 이 책에서 나온 예제는 유니티 2018. 2. 13f1에서 직접 테스트를 완료했다.

여기까지 진행했다면 시작하기 위한 준비가 완료된 것이다.

유니티 UI

유니티 프로젝트 UI를 살펴보자(그림 2-2 참조). 이 한 화면에 필요한 모든 것들이 다 있다.

- **프로젝트 패널**: 프로젝트의 모든 파일
- **하이라키 패널**: 현재 씬의 모든 게임 오브젝트
- **인스펙터 패널**: 파일이나 게임 오브젝트의 컴포넌트에 관한 정보를 제공한다.
- **콘솔 패널**: 이 패널에서 컴파일러 혹은 런타임 오류를 볼 수 있다. 반드시 보이는 상태로 해두자.

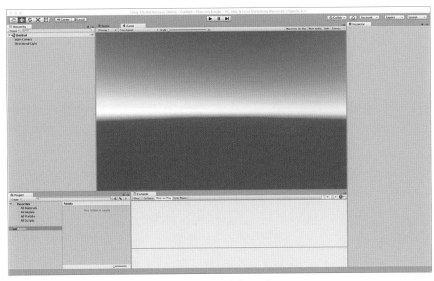

그림 2-2 빈 유니티 프로젝트

첫 번째 씬 생성

셰이더를 미리보기 위해서 먼저 씬을 설정해야 한다. 현재 빈 씬일 것이다. 다음을

추가하자.

- 3D 오브젝트(여기에 셰이더를 적용할 것이다.)
- 최소 한 개의 방향성 광원

3D 객체를 추가하는 가장 간단한 방법은 하이라키 패널에서 마우스 오른쪽 버튼을 클릭하고 3D 오브젝트 → 구^{Sphere}를 선택하는 것이다(그림 2-3 참조). 이를 통해 이 첫 번째 셰이더를 이해하는 데 필요한 3D 모델에 대한 걱정을 덜 수 있다.

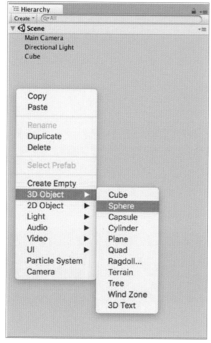

그림 2-3 3D 오브젝트 메뉴

빛의 종류를 선택하는 일은 아트적인 관점에서 뿐만 아니라 셰이딩 관점에서도 매우 중요하다. 유니티에서는 실시간을 지원하는 광원은 오직 점 광원과 방향성 광원뿐이다. 하지만 면 광원에 대해서는 추후에 이야기할 것이고, 왜 그것들이 물리 기반 렌더링에 중요한지도 나중에 이야기할 것이다. 광원을 추가하기 위해서는 하이라키 패널에서 마우스 오른쪽 버튼을 클릭한 후 라이트 → 방향성 광원Directional Light을 선택한다. 광원 게임 오브젝트를 클릭해 인스펙터 패널에서 광원의 종류를 바꿀 수 있다.

이제 재질material을 생성해야 한다. 재질은 어떤 특정 표면surface과 관련된 모든 설정들이 들어 있는 파일이다. 거기에는 렌더링에 어떠한 셰이더를 사용할 것인지와 더불어 셰이더에 넘겨줄 색상, 값, 텍스처와 기타 데이터들을 포함한다. 하나 생성해보자.

먼저 프로젝트 패널에서 새로운 디렉토리를 생성하고, 이름을 Materials라고 정한다. 그런 후 Materials 디렉토리 안에서 마우스 오른쪽 버튼을 클릭하고 Create → Material(그림 2-4 참조)을 선택한다. 신규 재질을 RedMaterial이라고 이름 짓는다.

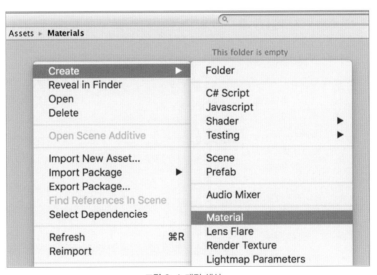

그림 2-4 재질 생성

이제 Shaders 디렉토리를 생성한다. 그리고 그 디렉토리 안에서 마우스 오른쪽 버튼을 클릭하고 Create → Shader → Unlit Shader를 선택한다. 이름을 RedShader라고 짓는다. 언릿 셰이더 이외에도 몇 가지 종류의 셰이더를 생성할 수 있지만, 언릿 셰이더가 가장 간단하다.

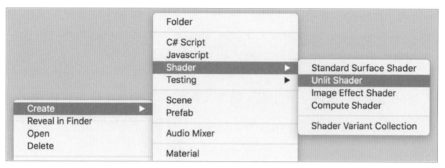

그림 2-5 언릿 셰이더 생성

이제 재질에 셰이더를 할당하고 이전에 생성한 구에 재질을 적용한다. 먼저 프로젝트 패널 내에서 재질 파일을 클릭한다. 이제 이 재질을 커스터마이즈하기 위해 인스펙터 패널을 살펴본다. 최상단에서 어떠한 셰이더를 사용할지 선택할 수 있다. 신규 재질에서 셰이더의 기본값은 유니티 표준 셰이더로 설정돼 있다. 독자가 만든 셰이더를 찾으려면 Unlit → RedShader를 따라가면 된다(그림 2-6 참조).

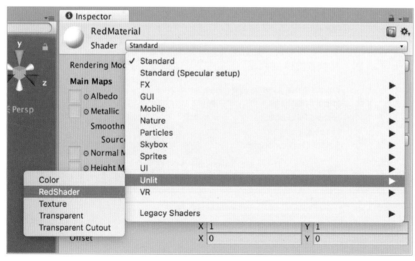

그림 2-6 독자가 생성한 재질에 RedShader 적용

이제 이 재질을 프로젝트 패널에서 하이라키 패널 내의 큐브 게임 오브젝트로 드래그한다. 아니면 씬 뷰어 내에 있는 큐브 모델로 드래그해도 된다. 큐브의 외향이 변

했음을 볼 수 있을 것이다. 어떠한 음영도 들어가지 않은 완벽한 흰색 큐브가 돼 있을 것이다(그림 2-7 참조).

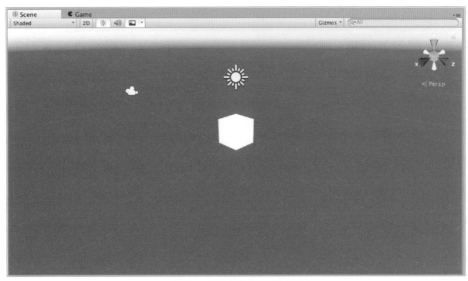

그림 2-7 신규 셰이더를 적용한 큐브

RedShader 속성을 살펴보자. 큐브 게임 오브젝트를 클릭하면 인스펙터 패널에서 해당 속성을 살펴볼 수 있을 것이다(그림 2-8 참조). 메시 렌더러 내부에 재질 리스트 항목이 보일 것이다. 그 중 하나가 독자의 RedMeterial일 것이다. 메시 렌더러 아래에 재질 속성들을 찾을 수 있을 것이다. 현재 할당된 셰이더는 Unlit/RedShader일 것이다. 그리고 거기에는 텍스처를 할당할 수 있는 빈 공간이 있을 것이다. 그리고 타일링^{Tiling}, 오프셋^{Offset}, 렌더러 큐 옵션이 있을 것이다.

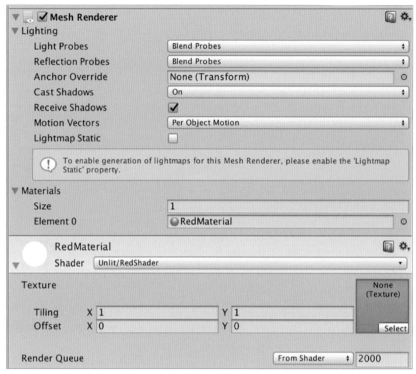

그림 2-8 메시 렌더러와 재질 인스펙터

셰이더 수정

셰이더를 RedShader라고 이름지었지만, 현재는 흰색 셰이더에 지나지 않는다. 이제 코드 레벨로 들어가 이를 고쳐보도록 하자. 리스팅 2-1은 유니티에서 제공하는 셰이더 기본 코드다. 이를 여러 부분으로 쪼갤 수 있다. 나머지 부분도 이후에 나열할 것이다.

리스팅 2-1 유니티 기본 셰이더

```
Shader "Unlit/RedShader"
{
    Properties
    {
```

```
        _MainTex ("Texture", 2D) = "white" {}
}
SubShader
{
    Tags { "RenderType"="Opaque" }
    LOD 100

    Pass
    {
        CGPROGRAM
        #pragma vertex vert
        #pragma fragment frag
        // 안개 효과 동작
        #pragma multi_compile_fog

        #include "UnityCG.cginc"

        struct appdata
        {
            float4 vertex : POSITION;
            float2 uv : TEXCOORD0;
        };

        struct v2f
        {
            float2 uv : TEXCOORD0;
            UNITY_FOG_COORDS(1)
            float4 vertex : SV_POSITION;
        };

        sampler2D _MainTex;
        float4 _MainTex_ST;

        v2f vert (appdata v)
        {
            v2f o;
            o.vertex = UnityObjectToClipPos(v.vertex);
            o.uv = TRANSFORM_TEX(v.uv, _MainTex);
            UNITY_TRANSFER_FOG(o,o.vertex);
```

```
            return o;
        }

        fixed4 frag (v2f i) : SV_Target
        {
            // 텍스처 샘플링
            fixed4 col = tex2D(_MainTex, i.uv);
            // 안개 효과 적용
            UNITY_APPLY_FOG(i.fogCoord, col);
            return col;
        }
        ENDCG
    }
  }
}
```

셰이더의 경로와 이름

```
Shader "Unlit/RedShader"
```

위의 경로와 이름을 변경하면 셰이더를 재질에 할당하기 위해 선택해야 하는 경로가
변경된다. 파일 이름과 셰이더의 경로는 다르게 설정할 수 있다(사용하는 사람에 따라
서 뒤통수를 맞는 기분이 들 수도 있다). 따라서 파일 이름을 변경했다고 해서 셰이더 경
로가 바뀌는 것은 아니다. 그 반대도 마찬가지다.

특성

```
Properties
{
    _MainTex ("Texture", 2D) = "white" {}
}
```

인스펙터 창에 보여 질 각각의 특성^{Properties}을 여기에서 선언한다. 어떤 것들은 선언할 필요가 없다. 이 경우는 오직 하나의 텍스처만 선언했다. 따라서 이 셰이더에는 오직 하나의 텍스처만 통과시킬 수 있다. 원하는 만큼 많은 특성들을 선언할 수 있지만 타깃 플랫폼의 한계를 초과하는 경우 셰이더 컴파일러가 경고 메시지를 보낼 것이다.

하위 셰이더

```
SubShader
{
```

여기에는 한 개 이상의 셰이더 내의 하위 셰이더$^{Sub-Shaders}$를 둘 수 있다. 하위 셰이더에는 몇 가지 종류가 존재한다. 셰이더를 로딩할 때 유니티는 여러 셰이더 중 GPU에서 지원하는 첫 번째 하위 셰이더를 사용한다. 각각의 하위 셰이더는 렌더링 패스^{pass}의 리스트를 포함한다. 이 부분은 이미지 이펙트를 다루는 장에서 더 자세히 설명할 것이다.

태그

```
Tags { "RenderType"="Opaque" }
```

태그^{Tags}는 정보를 표현하는 키와 값의 쌍으로 구성돼 있다. 정보의 예로는 어떤 렌더링 큐를 사용할지에 대한 것을 들 수 있다. 투명 및 불투명 게임 오브젝트는 각기 다른 렌더링 큐에서 렌더링된다. 이것이 바로 코드에서 "Opaque"라고 표기한 이유다. 태그에 대해서 추후에 더 살펴볼 것이다. 지금은 바꿀 필요가 없다.

패스

```
Pass
```

```
{
```

각각 패스^{Pass}는 렌더링을 위한 정보와 실제로 셰이더에서 계산하는 코드와 같은 정보들을 포함한다. 패스는 C# 스크립트로부터 하나씩 분리돼 수행될 수 있다.

CGPROGRAM (그리고 ENDCG)

CGPROGRAM

  CGPROGRAM과 ENDCG는 명령어의 처음과 끝을 나타낸다.

Pragma 선언

```
#pragma vertex vert
#pragma fragment frag
// 안개 효과 적용
#pragma multi_compile_fog
```

이것들은 정점 셰이더와 픽셀 셰이더에 사용할 함수들을 지정하는 것과 같은 옵션 설정 방법을 제공한다. 이는 셰이더 컴파일러에게 정보를 전달하는 방법이다. 일부 pragmas는 자동으로 동일한 셰이더에 각기 다른 버전을 컴파일하는 데 사용될 수 있다.

Includes

```
#include "UnityCG.cginc"
```

셰이더 컴파일을 하는 데 포함시키고자 하는 "라이브러리" 파일을 지정한다. 이 유니티의 셰이더 "라이브러리"는 매우 광범위한 내용을 담고 있으며 거의 문서화되지 않았다. 여기에서는 UnityCG.cginc 파일을 단지 인클루드만 할 것이다.

입력과 출력 구조체

```
struct appdata
{
    float4 vertex : POSITION;
    float2 uv : TEXCOORD0;

    v2f
{
    float2 uv : TEXCOORD0;
    UNITY_FOG_COORDS(1)
    float4 vertex : SV_POSITION;
};
```

1장에서 다룬 바와 같이 정점 셰이더는 프레그먼트 셰이더로 구조체를 통해 정보를 전달한다. v2f 구조체가 이 파일에서 그 구조체다. 정점 셰이더는 입력 구조체를 통해 특정 정보를 요청할 수 있다. 여기에서는 appdata가 그 구조체다.

SV_POSITION과 같이 세미콜론 다음에 오는 단어들을 시맨틱semantics이라고 한다. 시맨틱은 컴파일러에게 구조체 내 특정한 멤버 내에 어떤 종류의 정보를 저장하고자 하는지 알려준다.

정점 셰이더의 출력을 생성할 때 이 SV_POSITION 시맨틱을 통해 이 멤버는 화면상에 정점의 위치를 의미함을 알려준다.

SV 접두어가 붙은 다른 시맨틱도 보게 될 것이다. SV의 뜻은 시스템 값system value을 의미한다. 이는 파이프라인에서 특정한 위치를 참조한다. 이러한 구분은 다이렉트X 10 버전부터 추가됐다. 모든 시맨틱은 미리 정의돼 있다.

변수 선언

```
sampler2D _MainTex;
float4 _MainTex_ST;
```

특성 블록 내에 정의된 모든 특성은 CGPROGRAM 블록 안에 적합한 타입의 변수로 다시 정의돼야 한다. 여기에서는 _MainTex 특성을 sampler2D로 적합하게 정의했다. 그리고 이를 나중에 정점과 프레그먼트 함수 내에서 사용했다.

정점 함수와 프레그먼트 함수

```
v2f vert (appdata v)
{
    v2f o;
    o.vertex = UnityObjectToClipPos(v.vertex);
    o.uv = TRANSFORM_TEX(v.uv, _MainTex);
    UNITY_TRANSFER_FOG(o,o.vertex);
    return o;
}

fixed4 frag (v2f i) : SV_Target
{
    // 텍스처 샘플링
    fixed4 col = tex2D(_MainTex, i.uv);
    // 안개 효과 적용
    UNITY_APPLY_FOG(i.fogCoord, col);
    return col;
}
```

pragma 선언인 #pragma vertex name과 #pragma fragment name을 통해 정점 셰이더와 프레그먼트 셰이더로 동작할 함수를 지정할 수 있다. 하지만 여기에는 몇 가지 필요 조건들이 존재한다. 이는 추후에 살펴볼 것이다. 이제 RedShader라는 이름에 걸맞게 동작하게끔 수정하면서 더욱 더 셰이더에 친숙해져 보자.

▌ 셰이더 수정

셰이더를 수정하는 데 익숙해지기 위해서 최종 결과물과 관련 없는 코드들을 제거하고 간단한 것부터 수정해 보자.

하얀색에서 빨간색으로

메시의 최종 색상이 빨간색이 되도록 변경할 것이다. 셰이더 파일을 더블클릭하고 모노디벨로프(취향에 따라서는 비주얼 스튜디오)로 파일을 연다. IDE는 신텍스 컬러링 syntax coloring을 지원해 코드를 더 쉽게 읽을 수 있을 것이다.

이제 생각해보자. 어떻게 하면 가장 간단하게 셰이더의 출력을 빨간색으로 나오게 할 수 있을까? 그런 후 사용하지 않을 코드들을 정리할 것이다. 1장에서 배운 렌더링 파이프라인에 대해서 생각해보면 프레그먼트 함수의 끝에 원하는 색상값을 하드코 딩하는 방법이 떠오를 것이다. 여기에서는 col을 반환한다. 기존 다른 계산에 덮어쓸 것이다. 리스팅 2-2는 이를 어떻게 구현했는지 보여주고 있다.

리스팅 2-2 왼쪽에는 기본 코드이고 오른쪽은 단순히 빨간색만 반환하는 코드다.

```
fixed4 frag (v2f i) : SV_Target          Fixed4 frag (v2f i) : SV_Target
{                                        {
    // 텍스처 샘플링                       return fixed4(1, 0, 0, 1);
    fixed 4 col = tex2D(_MainTex, i.uv);  }
    // 안개 효과 적용
    UNITY_APPLY_FOG(i.fogCoord, col);
    return col;
}
```

col은 fixed4(1, 0, 0, 1)이 됐다. fixed4 타입은 네 가지 고정fixed 정밀도 소수를 멤버로 한다. fixed 타입은 half 타입보다 덜 정밀하고, half 타입은 float 타입보다 덜 정밀하다.

여기에서는 어떠한 정밀도를 선택하는지는 의미가 없다. 하지만 셰이더의 사실성을 버려가며 성능을 짜내고 싶을 때에는 정밀도의 선택이 중요하다. 이 위치에서 셰이 더를 출력할 최종 색상을 결정한다. 이 벡터의 첫 번째 구성 요소는 빨간색, 두 번째는 녹색, 세 번째는 파란색, 네 번째는 알파(투명도)값이다. 명심할 것은 Transparent 큐에서 렌더링하지 않는 이상 대부분 알파값은 무시할 것이라는 점이다.

프레그먼트 함수내 대부분의 코드를 제거했다. 왜냐하면 더이상 유효하지 않기 때문이다. 셰이더 내에서 실제로 돌아가는 코드만 산뜻하게 남았다. 더 나아가 포그^{fog} 렌더링과 관련된 모든 코드를 제거할 수 있다. 왜냐하면 여기에서는 최종 색상을 하드코딩했기 때문이다. 리스팅 2-3의 최종 셰이더에는 불필요한 계산 및 옵션을 제거했다.

리스팅 2-3 최종 셰이더

```
Shader "Unlit/RedShader"
{
    SubShader
    {
        Tags { "RenderType"="Opaque" }

        Pass
        {
            CGPROGRAM
            #pragma vertex vert
            #pragma fragment frag

            #include "UnityCG.cginc"

            struct appdata
            {
                float4 vertex : POSITION;
            };

            struct v2f
            {
                float4 vertex : SV_POSITION;
            };

            v2f vert (appdata v)
```

```
        {
            v2f o;
            o.vertex = UnityObjectToClipPos(v.vertex);
            return o;
        }

        fixed4 frag (v2f i) : SV_Target
        {
            return fixed4(1, 0, 0, 1);
        }
        ENDCG
    }
  }
}
```

위 코드와 같이 텍스처 및 포그와 관련된 코드를 모두 제거했다. 정점의 위치를 계산을 통해 삼각형들을 픽셀로 레스터라이징하는 코드만 남아 있다. 레스터라이징 부분은 GPU 내부에서 자체 구현돼 프로그래밍할 수 없어 볼 수 없다.

1장에서 여러 가지 좌표 체계를 언급했던 것을 기억하는가? 여기 정점 함수에서는 오브젝트 공간에서 바로 클립 공간으로 정점의 위치를 변환한다. 이는 정점 위치가 한 3D 좌표 공간에서 다음에 수행할 계산에 더 적합한 다른 3D 좌표 공간으로 사영됨을 의미한다. UnityObjectToClipPos 함수가 이러한 변환을 수행한다. 이것을 지금 바로 이해할 필요는 없다. 하지만 좌표 공간에 대한 내용을 계속 마주치게 될 것이다. 따라서 이에 대한 내용을 계속 예의 주시하자.

다음 단계에서 (이는 자동으로 넘어간다) 클립 공간 정점 위치는 GPU의 레스터라이저 기능부로 전달된다(이는 정점 셰이더와 프래그먼트 셰이더 사이에 수행된다). 레스터라이저의 결과물은 하나의 프래그먼트에 속한 보간된 값들이 될 것이다(픽셀 위치, 정점 색상 및 기타).

이 보간된 데이터들은 v2f 구조체에 들어 있고 이것은 프래그먼트 셰이더로 전달될 것이다. 프래그먼스 셰이더는 이것을 이용해 각각의 프래그먼트에 대한 최종 색상값을 계산한다.

속성 추가

값을 하드코딩하는 것은 좋은 습관이 아니다. 이 레드 셰이더를 원하는 색상으로 변경할 수 있는 셰이더로 바꿔보자. 이를 위해 속성 블록을 다시 살펴볼 필요가 있다. 하지만 기존의 텍스처 속성이 아닌 색상 속성이 필요하다.

이 속성을 추가하기 위한 첫 단계는 파일에 다시 속성 블록을 추가하는 것이다.

```
Properties
{
    _Color ("Color", Color) = (1, 0, 0, 1)
}
```

속성 블록은 _이름 ("설명", 타입) = 기본값으로 구성된다. 속성의 종류에는 텍스처, 색상, 범위, 숫자를 포함하며 매우 다양하다. 추후에 더 많은 속성 종류를 살펴볼 것이다. 지금은 이 속성을 셰이더로 연결하는 데 집중하자. 현재 상태로도 셰이더는 컴파일될 것이다. 하지만 선택한 색상이 사용돼지는 않을 것이다. 왜냐하면 아직 _Color 변수를 선언하지도 사용하지 않았기 때문이다. 먼저 CGPROGRAM문 뒤쪽 어딘가에 선언을 추가한다.

```
fixed4 _Color;
```

프레그먼트 함수 내의 return문을 바꿔 이 _Color 변수를 실제로 사용하자.

```
fixed4 frag (v2f i) : SV_Target
{
    return _Color;
}
```

이제 재질 인스펙터 패널에서 색상을 선택할 수 있다(그림 2-9 참조).

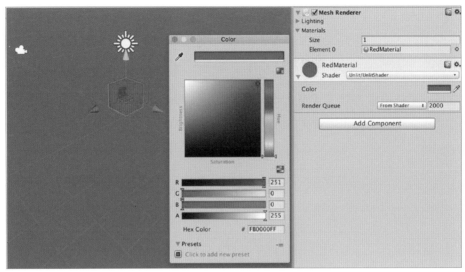

그림 2-9 Color 속성에 의해 활성화된 컬러 피커

이제 셰이더 코드에 속성을 추가하는 법을 배웠다. 이 셰이더에는 다른 모든 유니티 셰이더들과 마찬가지로 두 가지 언어가 섞여 있다. 하나는 Cg라는 NVIDIA에서 개발한 셰이더 언어다. CGPROGRAM과 ENDCG문 사이에 있는 것들이 이 언어로 작성됐다. 다른 하나는 셰이더랩^{ShaderLab} 언어이고, 유니티에서만 사용하는 Cg를 확장한 언어다. CGPROGRAM 바깥쪽에 있는 모든 코드가 이 언어로 작성됐다. 이것이 _Color 변수를 선언해야 하는 이유다. 이를 통해 Cg 언어로 작성한 코드가 셰이더랩 쪽에 존재하는 속성을 인지할 수 있다. 더이상 셰이더의 이름과 동작이 일치하지 않는다. 이제 이름을 MonochromeShader로 변경해보자. 이를 위에서는 다음과 같이 변경해야 한다.

- 셰이더 파일 이름을 MonochromeShader로 변경한다.
- 셰이더의 경로를 Unlit/MonochromeShader로 변경한다.

이름과 동작을 반드시 일치시켜야 하는 것은 아니다. 하지만 셰이더의 개수가 많아질 때 이름과 동작의 불일치는 혼란을 가속화시킬 것이다.

▌ 요약

2장에서는 유니티에서 셰이더 코드를 GPU의 렌더링 파이프라인에 매핑하는 방법을 포함한 셰이더를 수정하는 방법을 다뤘다. 정점 함수와 프레그먼트 함수를 포함한 매우 단순한 셰이더를 제작했다. 그리고 많은 양의 셰이더랩 문법을 배웠다.

이제 셰이더 코딩 경험을 바탕으로 어느 정도 셰이더에 대해 친숙해졌다. 3장에서는 셰이더가 그래픽스 파이프라인에서 어떠한 역할을 하는지 조금 더 구체적으로 다룰 것이다.

그래픽스 파이프라인

3장에서는 그래픽스 파이프라인을 어떻게 후킹하는지를 포함해 셰이더의 매 실행 과정을 묘사할 것이다.

그래픽스 파이프라인을 가지고 3D 씬을 2D 화면으로 렌더링하는 데 필요한 절차를 설계한다. 1장에서 언급했듯이 셰이더 실행은 여러 단계로 구성돼 있다. 이중 몇 가지 단계는 완벽히 GPU 내의 하드웨어로 구현돼 있으며, 수정 불가능하다. 반면 다른 단계들은 셰이더를 통해 프로그래밍이 가능하다. 이는 그래픽스 파이프라인과 더불어 현대 GPU가 진화해온 덕분이다.

최초의 3D 렌더러들은 완벽히 소프트웨어적으로 구현됐다. 매우 탄력적이었지만 매우 느렸다. 그런후 3D 가속이란 개념이 등장했고. 렌더링 과정을 점차 하드웨어로 구현하기 시작했다. 이는 필연적으로 탄력과 멀어지게 됐다. 탄력성을 조금이나마 회복하기 위해 파이프라인의 일부는 프로그래밍 가능한 셰이더로 대체됐다.

3장에서는 각각의 셰이더가 그래픽스 파이프라인에서 어떠한 단계에 해당하는지 보여줄 것이다.

▌그래픽스 API 기본을 배워야 하는 이유

OpenGL, Metal, Vulkan, Direct3D라는 단어들을 들어 봤을 것이다.

이들은 모두 그래픽스 API다. 각기 다른 플랫폼을 기반으로 등장했고 다른 시점에 등장했다. 하지만 밑바닥부터 모든 것을 할 필요 없이 하드웨어 가속의 이점을 취하는 3D 씬 렌더러 도구들의 집합을 제공하기 위한 공통의 목적을 가지고 있다. 분명히 가능하다.

소프트웨어 렌더러를 밑바닥부터 작성하는 것은 분명히 가능한 일이다. 하지만 이는 게임을 제작하는 데 실용적이지 못한 옵션이다(대부분 속도 때문이다). 적어도 10년 동안은 그랬다. 소프트웨어 렌더러를 작성하는 것은 교육적으로는 어마어마하게 좋은 경험이 될 수 있지만 게임을 제작하는 데 있어서 필요한 것은 아니다. 오늘날에는 심지어 이러한 그래픽스 API들을 직접적으로 사용할 필요성조차 없다. 왜냐하면 유니티와 같이 이러한 그래픽스 API들을 감싼^{wrap} 게임엔진들이 존재하기 때문이다. 이러한 게임엔진들은 큰 그래픽스 프로그래밍 팀이 없더라도 개발을 가능케 해준다.

일반적으로 게임엔진 개발자가 아니라면 그래픽스 API를 직접적으로 다루기를 원치 않는다.

하지만 이는 매우 유용하다. 셰이더를 개발할 때와 같이 때에 따라서는 밑바닥에서 무슨 일이 벌어지는지 아는 것이 반드시 필요하다. 만약 여러분이 그래픽스 파이프라인과 그래픽스 API에 대한 존재를 인지하고 있지 않다면 여러분의 셰이더를 최적화하는 데 어려움을 겪을 것이다. 그리고 셰이더 개발 시에 종종 등장하는 골치 아픈 문제들의 디버깅을 할 수 없을 것이다.

▎그래픽스 파이프라인의 일반적인 구조

그래픽스 파이프라인이 어떻게 구현됐으며, 특정 GPU에는 어떤 지는 매우 다양하다. 하지만 일반적인 원리는 하나로 요약 정리할 수 있다. 그리고 이는 교육적인 목적에도 부합한다.

이번 예제에서 나오는 단계 명명법과 단계를 나누는 방법은 그래픽스 API에 따라 다를 수 있다는 사실을 주지하기 바란다. 어떤 단계들은 반드시 필요한 단계도 있지만, 어떤 문서를 읽느냐에 따라 단계가 다르게 나눠지거나 다른 이름으로 부를 수도 있다. 그림 3-1은 렌더링 파이프라인(그래픽스 파이프라인의 또 다른 이름이다)의 단계들을 나열하고 설명하고 있다.

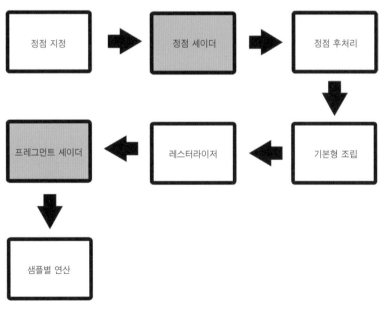

그림 3-1 그래픽스 파이프라인의 개요

예제 그래픽스 파이프라인의 단계는 다음을 따른다.

- 입력 조립 단계는 씬으로부터 데이터(메시, 텍스처, 재질)를 수집하고 파이프 라인에서 사용할 수 있게끔 정리한다.
- 정점 처리 단계에서는 정점과 정점의 정보를 이전 단계로부터 전달받아 각 각의 정점에 정점 셰이더를 수행한다.
- 정점 후처리 단계에서는 좌표 공간 변환 및 화면screen을 넘어서지 않게끔 기 본형primitive들을 절단한다.
- 기본형 조립 단계는 각 기본형마다 정점 처리 단계의 출력 데이터를 수집해 다음 단계로 보낸다.
- 레스터라이저는 프로그래밍 가능한 단계가 아니다. 이 단계에서는 입력 데 이터로 삼각형(3개의 정점과 그것들의 데이터)을 받는다. 그리고 후보 픽셀(프 레그먼트)들을 생성한다. 또한 각각의 프레그먼트를 위한 보간된 정점관련 속성 데이터와 깊이 값을 생성한다.
- 프레그먼트 셰이더 단계에서는 레스터라이저가 생성한 모든 프레그먼트마 다 프레그먼트 셰이더를 실행한다. 픽셀의 색상을 계산하기 위해 여러 가지 프레그먼트가 필요할 수도 있다(예, 안티얼라이싱).
- 출력 병합자output merger는 가시성 테스트를 수행해 프레그먼트가 앞에 있는 다른 프레그먼트 위에 덮어 씌워질지 결정한다. 또한 투명성에 필요한 블렌 딩과 같은 다른 여러 가지 테스트를 수행한다.

이 일반적인 개요는 OpenGL과 Direct3D 11과 같은 다양한 그래픽스 파이프라인을 조합한 것이다. 이미 본인이 알고 있던 특정 명칭과 다를 수도 있다. 하지만 명칭은 다르더라도 매우 유사한 패턴을 볼 수 있을 것이다.

▌레스터라이저

레스터라이저는 렌더링 파이프라인에서 중요한 부분이다. 그리고 레스터라이저는 보통은 자주 이야기하지 않는 부분이기도 하다. 굳이 말하자면 이것은 이미 해결된 문제다. 레스터라이저는 주의를 끌 매력이 없을 만큼 제대로 동작한다.

최종 이미지에서 삼각형이 차지하는 픽셀이 무엇인지 결정한다(그림 3-2 참조). 레스터라이저는 또한 삼각형이 차지하는 픽셀 위에 각 정점에 해당하는 다른 값들(색상 값이나 UV 및 노멀 값과 같은)을 보간한다.

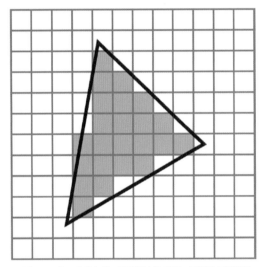

그림 3-2 레스터라이저는 삼각형이 차지하는 픽셀을 결정한다.

레스터라이저는 숨겨진 기능이라 간과하기 쉽다. 레스터라이저의 활약을 보여주는 데 가장 적합한 예 중 하나는 정점 색상의 보간이다. 모델이 있다고 가정해보자(간단한 사각형 혹은 삼각형이어도 좋다). 이 모델은 각기 다른 정점 색상을 가지고 있다고 가정한다. 그림 3-3은 이것에 레스터라이저를 통과시킨 뒤의 모습을 보여준다.

그림 3-3 레스터라이저가 수행한 정점 색상 보간

3장 이후에는 이 예제를 렌더링하는 셰이더 작성법을 배울 것이다.

▎언릿 셰이더의 구조

2장에서 살펴봤듯이 언릿 셰이더에는 두 가지의 셰이더 함수가 존재하고 정보 전달을 위한 두 가지의 데이터 구조체를 사용한다. 그것들의 목표는 그래픽스 파이프라인의 일부분을 스크립트화하는 것이다. 그것들은 파이프라인의 몇 가지 단계를 거의 정확하게 따른다. 이번 절에서는 그것들이 정확히 무엇인지 자세히 살펴볼 것이다.

언릿 셰이더에 대해 배운 내용을 정리해보자. 그림 3-4는 언릿 셰이더의 데이터 흐름을 보여준다.

정점 데이터는 appdata 구조를 통해 수집하고 이는 정점 함수로 전달된다. 정점 함수는 v2f(vertex to fragment의 약자임) 데이터 구조 멤버들의 내용을 채우고 이를 프래그먼트 함수의 인자로 전달한다. 프래그먼트 함수는 최종 색상을 반환하는데 이 값은 4가지(빨강, 녹색, 파랑, 알파) 값을 갖는 하나의 정점이다.

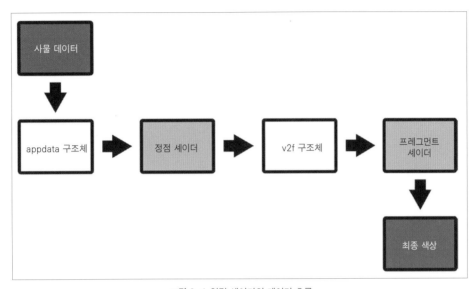

그림 3-4 언릿 셰이더의 데이터 흐름

2장에서 최초의 셰이더를 작성했다. 그것은 하나의 색상으로 모델을 렌더링하는 매우 간단한 것이었다. 그 예제를 다시 사용해 그래픽스 파이프라인의 일부분과 셰이더를 매칭할 것이다. 그리고 레스터라이저의 유용함을 더 잘 보여주기 위해 추가할 것이다.

▌정점 데이터 구조체

첫 번째 구조체는 입력 조립 단계에 대응하는 appdata다. 다시금 기억하기 위해 이전 셰이더에서 appdata를 가져다 놓았다.

```
struct appdata
{
        float4 vertex : POSITION;
};
```

: POSITION은 셰이더 시맨틱이다. 이는 멤버의 목적과 관련된 정보를 전달하는 셰이더 데이터 구조체에 붙어있는 문자열이다. appdata의 멤버에 어떤 시맨틱을 추가함으로써 입력 조립 단계로 하여금 사용 가능한 데이터 중 원하는 데이터가 무엇인지 알려준다.

이 경우 우리는 정점 위치만 요청한 것이다. 앞으로도 요청할 때에도 최소한 정점 위치는 요청해야 한다. 텍스처를 입힐 때 사용하는 UV 정보나 모델이 가지고 있어야 할 정점 색상과 같이 더 요청할 수 있는 데이터가 있다. 이 시맨틱과 데이터 타입은 반드시 일치해야 한다. 만약 하나의 POSITION 시맨틱을 하나의 float로 했다면 float4 값은 암묵적으로 float로 잘려 나가게 될 것이다.

이 데이터 타입은 변수의 "모양"을 선택한다. 하지만 시맨틱은 무엇이 그 안으로 들어갈지 결정한다. 많은 종류의 시맨틱은 float4로 채울 수 있다. 만약 시맨틱을 실수로 잘못 설정했다면 셰이더는 런타임에 미묘하게 깨질 것이다. 미묘하게 깨지는 셰이더는 셰이더가 복잡해지면 생길 수 있는 최악의 이슈중 하나다. 조심하자.

정점별로 변하는 데이터를 수집하는 유일한 방법이다. 정점마다 다르게 설정할 수 없는 속성 및 전역 속성을 통해 데이터를 보낼 수 있다. OpenGL은 정점마다 변하는 이러한 값들을 적절하게 호출한다. 그리고 전역적으로 전달할 수 있는 데이터 혹은 셰이더에 있는 속성을 유니폼^{uniform}이라고 부른다.

▎정점 함수

다음은 프로그래밍 가능한 단계인 정점 처리 단계로 정점 셰이더 함수가 실행된다.

이 함수는 appdata 데이터 구조체를 인자로 하고 두 번째 데이터 구조체인 v2f를 반환한다.

```
v2f vert (appdata v)
{
    v2f o;
    o.vertex = UnityObjectToClipPos(v.vertex);
    return o;
}
```

이것이 정점 셰이더에 필요한 최소한의 요구 사항이다. 정점 좌표 공간에서 레스터라이저가 사용하는 좌표 공간으로 변환한다. 이것을 UnityObjectToClipPos 함수가 수행한다. 지금은 좌표 공간에 대해서 너무 신경 쓰지 않아도 된다. 이에 대해 추후에 더 자세히 설명할 것이다.

▌프레그먼트 데이터 구조체

v2f 데이터 구조체에 어떤 멤버를 추가하느냐는 정점 셰이더에서 전달받은 데이터 중 어떤 데이터를 전달할 수 있는지를 결정한다. 다음은 앞에서 본 v2f 구조체의 사용법이다.

```
struct v2f
{
    float4 vertex : SV_POSITION;
};
```

아주 간단하다. 오직 처리한 정점의 2D 위치만을 담고 있다. 이 시맨틱을 조금 가다

듬어야 할 필요성이 있긴 하다. 하지만 이 데이터 구조체는 실수에 덜 민감하다. 시맨틱은 중복해서 사용하면 안 된다는 사실을 명심해라. 예를 들면 두 번째 멤버에 `SV_POSITION` 시맨틱을 할당하면 안 된다.

▌프레그먼트 함수

다음으로 프로그래밍 가능한 단계는 프레그먼트 셰이딩이다. 이 단계에서 프레그먼트 셰이더가 각각의 프레그먼트마다 실행된다. 2장에서 본 아주 간단한 프레그먼트 셰이더 예제에서는 오직 정점에서 온 위치 값만을 활용했다.

```
float4 frag (v2f i) : SV_Target
{
    return _Color;
}
```

사실 기억해보면 코드 어디에도 `float4`를 사용하지 않았다. 그럼에도 불구하고 `float4`를 제거해보면 셰이더는 아무것도 렌더링하지 않을 것이다. 왜냐하면 이 값은 셰이더 코드에 전혀 반영돼 있지 않음에도 불구하고 그래픽스 파이프라인에서 사용되기 때문이다.

`frag` 함수에 이전 장에서는 언급하지 않은 출력 시맨틱이 있다는 사실을 눈치 챘을 것이다. 이것은 이 책에서 다루지 않을 기술에서 사용한다. `SV_Target`이 하나의 프레그먼트 색상 출력을 의미함을 기억하면 된다.

이 단순한 셰이더는 3D 씬 공간에서 2D 렌더링 대상 공간으로의 변환을 나타낸다. 실제로도 3D 모델을 2D 화면에 렌더링하기 때문이다. 그렇지만 이것이 레스터라이저의 역할을 제대로 보여주고 있는 것은 아니다. 이 셰이더 정점 색상을 추가해보자. 이를 위해 정점 색상값을 가지고 있는 메시를 사용해야 한다. 3장의 예제 소스코드에 포함돼 있다.

▌ 정점 색상 지원 추가

기본적으로 정점과 함께 보간을 수행하는 레스터라이저에 전달할 또 다른 값을 전달한다.

Appdata에 추가

appdata에 메시 정점 색상을 채울 멤버를 추가하려면 멤버의 이름과 시맨틱에 주의해야 한다. 권장하는 방법은 멤버의 이름을 color로 하고 COLOR 시맨틱을 추가하는 것이다. 플랫폼에 따라 변수 이름을 다르게 하고 시맨틱 이름만을 COLOR로 하는 경우 제대로 동작하지 않을 수도 있다. 정점 색상 멤버 변수를 추가한 후 이 구조체의 모습은 다음과 같다.

```
struct appdata
{
    float4 vertex : POSITION;
    float4 color : COLOR;
};
```

v2f에 추가

v2f에 정확히 동일한 멤버 변수를 추가해야 한다. 이 데이터 구조체가 마음에 들지 않을 수도 있다. 하지만 이를 수정해 사용하는 것에 대한 책임은 본인의 몫이다. 이 정점 색상 멤버 변수를 추가한 후 이 구조체의 모습은 다음과 같다.

```
struct v2f
{
    float4 vertex : SV_POSITION;
    float4 color : COLOR;
};
```

정점 함수에 색상 할당

구조체에 적당한 멤버 변수를 추가한 후 정점 함수에 한 줄을 추가한다. 이 한 줄에서 appdata의 색상 멤버 변수를 v2f의 색상 멤버 변수로 할당한다. 이를 통해 정점 색상 데이터가 레스터라이저를 통과하며, 레스터라이저는 색상을 적당히 보간할 것이다.

```
v2f vert (appdata v)
{
    v2f o;
    o.vertex = UnityObjectToClipPos(v.vertex);
    o.color = v.color;
    return o;
]
```

프레그먼트 함수에서 색상값 사용하기

이전에 제작한 셰이더, 즉 프레그먼트 함수에서는 미리 지정한 색상값만을 반환했다. 하지만 이번에는 이 속성을 무시하고 (나중에 제거해도 된다.) v2f에 담겨 있는 보간된 값을 사용한다.

```
fixed4 frag (v2f i) : SV_Target
{
```

```
    return i.color;
}
```

최종 결과

그림 3-5는 정점 셰이더에 의해 보간된 색상 결과다.

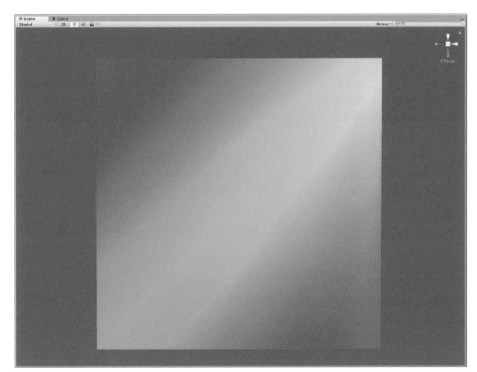

그림 3-5 유니티 씬의 정점 색상과 함께 사각형을 렌더링한 결과

리스팅 3-1은 color 속성을 제거한 최종 셰이더 코드다.

리스팅 3-1 레스터라이저의 역할을 보여주는 최종 셰이더

```
Shader "Custom/RasterizerTestShader"
```

```
{
    SubShader
    {
        Tags { "RenderType"="Opaque" }

        Pass
        {
            CGPROGRAM
            #pragma vertex vert
            #pragma fragment frag

            #include "UnityCG.cginc"
            struct appdata
            {
                float4 vertex : POSITION;
                float4 color : COLOR;
            };

            struct v2f
            {
                float4 vertex : SV_POSITION;
                float4 color : COLOR;
            };

            v2f vert (appdata v)
            {
                v2f o;
                o.vertex = UnityObjectToClipPos(v.vertex);
                o.color = v.color;
                return o;
            }
            float4 frag (v2f i) : SV_Target
            {
                return i.color;
            }
            ENDCG
        }
    }
```

```
}
```

▌ 요약

3장에서는 그래픽스 파이프라인에 존재하는 각 단계들 특히 특히 셰이더 코드를 통해 컨트롤할 수 있는 단계에 대해 설명했다. 새로운 셰이더 예제와 함께 쉽게 간과하고 넘어가기 쉬운 레스터라이저의 역할에 대해서 살펴봤다.

4장에서는 좌표 공간에 대해서 자세히 다룰 것이다. 그리고 각각의 좌표 공간이 그래픽스 파이프라인의 어느 부분에서 사용하는지 연결지어 볼 것이다.

4장
좌표 공간 변환

이전 장에서 수차례에 걸쳐 좌표 공간을 변환한다고 언급했다. 하지만 자세한 설명은 추후로 미뤄었다.

1장에서 언급한대로 이론적으로는 각각의 계산에 어떤 좌표 공간을 사용할지 선택할 수 있다. 실시간 렌더링의 경우 이러한 선택의 대부분은 컴퓨터 그래픽스 파이프라인에 의해 결정돼 있다. 그래픽스 파이프라인에서는 값들(정점, 노멀 등)이 처리 특정 단계에 특정한 좌표 공간에 있을 것이라고 가정한다.

이중 하나의 예는 이전 장에서 정점 셰이더가 정점의 위치를 출력할 때다. 정점의 출력은 절단 공간일 것이라고 가정하기 때문에 v2f 데이터 구조체의 정점에 `UnityObjectToClipPos(v.vertex)`를 설정했다.

4장에서는 일반적으로 그래픽스 파이프라인에서 사용하는 각각의 공간들을 탐험할 것이다. 각각의 공간마다 좌표 공간을 어떻게 변환하는지와 일반적으로 파이프라인의 어떤 단계에서 사용하는지 배울 것이다.

▌좌표 공간: 누가 누구인가?

실시간 렌더링에서 자주 사용하는 좌표 공간 탐험을 시작하자. 여기에서는 객체 공간Object Space, 월드 공간World Space, 카메라 공간Camera Space, 절단 공간Clip Space, 정규 디바이스 좌표Normalized Device Coordinates, 스크린 공간Screen Space 여섯 가지 좌표 공간을 다룰 것이다.

이 여섯 가지는 대부분의 그래픽스 파이프라인 안에서 사용하는 순서다. 정점 셰이더에 전달하는 데이터는 객체 공간 기준이다. 데이터 중 일부는 월드 공간으로 변환돼야 한다(라이팅 계산에 사용). 또 다른 데이터들은 카메라 공간으로 변환될 것이고 결국에는 절단 공간 등으로 변환될 것이다(정점 위치).

객체 공간

첫 번째로 소개할 좌표 공간은 객체 공간이다(그림 4-1 참조). 객체 공간은 3D 좌표 체계로 원점은 주로 입력 조립 단계에서 렌더링 파이프라인으로 보낼 메시의 아래쪽이나 중앙으로 잡혀 있다. 원점은 주로 메시를 제작하는 데 사용한 3D 모델링 소프트웨어의 중심점pivot point에 잡혀 있을 확률이 높다.

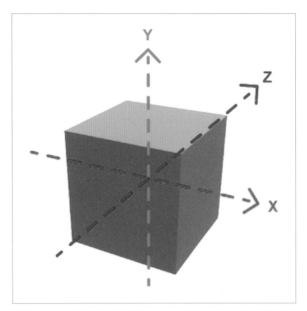

그림 4-1 객체 공간상의 메시. 원점이 어디에 위치해 있는지 주목할 것

이 객체 공간을 로컬 공간Local Space 혹은 모델 공간Model Space이라고도 부른다. 하지만 오토데스크 마야Maya에서의 로컬 공간은 다른 좌표 체계를 의미하기 때문에 혼동을 가져다줄 수 있음에 주의하자. appdata에 정점 위치를 저장해 정점 셰이더에 전달할 때 정점의 위치는 객체 공간 기준이다.

월드 공간

다음 좌표 공간은 월드 공간이다. 월드 공간에서 참조의 기준은 하나의 메시가 아닌 전체 씬이다(그림 4-2 참조).

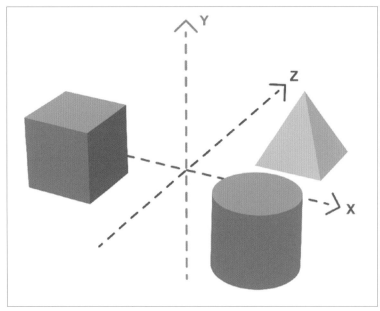

그림 4-2 월드 공간 기준의 씬

원점이 월드 공간에 정확히 위치하는 곳은 독자가 씬을 어떻게 배치하는지에 따라 다르다. 유니티에서는 이것이 씬이 존재하는 공간이며 게임 오브젝트에서 사용하는 좌표는 공간 좌표로 변환해야 한다.

공간과 공간 간의 변환

각기 다른 좌표 공간을 변환하는 데에는 주로 행렬 곱을 사용한다. 행렬의 편리한 기능 중 하나는 행렬을 구성할 수 있다는 점이다. 따라서 어떤 행렬은 객체 공간에서 절단 공간으로 변환할 수 있다.

유니티는 어떤 값의 타입을 변환하는 데 자주 사용하는 내장 함수들을 다수 포함하고 있다. 이러한 값의 타입으로는 위치, 노멀, 빛의 방향 등이 있다. 다음은 월드 공간에서 특정한 값을 얻을 수 있는 함수들이다.

- `float3 UnityObjectToWorldDir(in float3 dir)` 객체 공간의 방향을 취해 월드 공간에서의 방향 값으로 변환해준다.

- `float3 UnityObjectToWorldNormal(in float3 norm)` 객체 공간의 노멀을 취해 월드 공간에서의 노멀 값으로 변환해준다. 빛을 계산하는 데 유용하다.

- `float3 UnityWorldSpaceViewDir(in float3 worldPos)` 월드 공간에서의 정점 위치를 취해 월드 공간에서의 뷰의 방향을 반환한다. 빛을 계산하는 데 유용하다.

- `float3 UnityWorldSpaceLightDir(in float3 worldPos)` 월드 공간에서의 정점 위치를 취해 월드 공간에서의 빛의 방향을 반환한다. 빛을 계산하는 데 유용하다.

이러한 함수들의 상세 구현 내용은 숨겨져 있다. 독자는 단지 올바른 값을 전달했는지와 적합한 곳에 이 함수를 적용했는지에 대해서만 걱정하면 된다.

앞서 설명했듯이 어떤 좌표 공간을 다른 좌표 공간으로 변환하는 데에는 특정 행렬을 사용한다. "행렬"이라는 단어를 들으면 뒷걸음치는 독자라 할지라도 이러한 유틸리티 함수를 사용하면 행렬에 대해서 크게 걱정 없이 많은 것들을 이룰 수 있을 것이다.

이러한 유틸리티 함수들 덕분에 보이지 않는 곳에서 실제로 사용되고 있음에도 불구하고 더이상 변환 행렬과 씨름하지 않아도 된다. 좌표 공간 사이 변환에 사용할 수 있는 다양한 함수들은 UnityShaderVariables.cginc, UnityShaderUtilities.cginc, UnityCG.cginc 파일에서 찾을 수 있다.

행렬을 직접 사용해 행렬 곱을 스스로 설정함으로써 더 실질적인 것들을 얻을 수도 있다. 이러한 경우 유니티에서는 공간 변환에 사용할 수 있는 다양한 내장 행렬을 포함하고 있다. 하지만 OpenGL 등과 동일한 옵션이지만 행렬의 이름이 다르다. 다음은 객체 공간에서의 변환을 위한 몇 가지 내장 유니티 행렬이다.

- `unity_ObjectToWorld` 객체 공간에서 월드 공간으로 변환하는 행렬

- unity_WorldToObject 위의 행렬의 역행렬, 월드 공간에서 객체 공간으로 변환하는 행렬

객체 공간상의 정점의 위치를 월드 공간 기준으로 변형해보자.

```
float4 vertexWorld = mul(unity_ObjectToWorld, v.vertex);
```

mul 함수에 행렬과 변환하고자 하는 값을 전달했다. 또한 내장 행렬에 본인이 원하는 행렬이 존재하지 않으면 자신만의 행렬을 구성할 수도 있다.

카메라 공간

다음은 카메라 공간이다. 시야 공간$^{Eye\ Space}$ 혹은 뷰 공간$^{View\ Space}$이라고도 한다(그림 4-3 참조). 이 좌표 공간은 월드 공간 좌표 체계와 동일한 씬을 담는다. 하지만 렌더링의 시발점인 카메라의 시점으로 씬을 담는다.

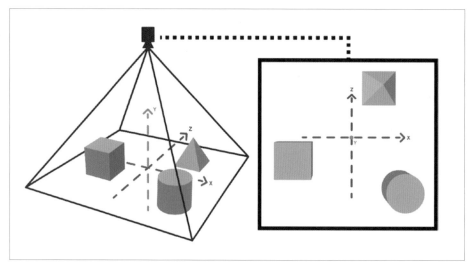

그림 4-3 뷰 공간 기준의 씬

카메라 공간이 필요한 이유는 절단 공간을 출력하는 데 필요한 단계이기 때문이다. 하지만 이 단계의 대부분은 표준 셰이더 하부구조infrastructure에서 담당한다. 카메라 공간에 사용하는 몇 가지 내장 행렬들이 존재한다.

- unity_WorldToCamera 월드 공간에서 카메라 공간으로 변환한다.
- unity_CameraToWorld 위 행렬의 역행렬이다. 카메라 공간에서 월드 공간으로 변환한다.

또한 하나의 내장 함수가 존재한다.

- float4 UnityViewToClipPos(in float3 pos) 뷰 공간에서 절단 공간으로 위치를 변환한다.

절단 공간

이제 절단 공간에 대해 알아보자.

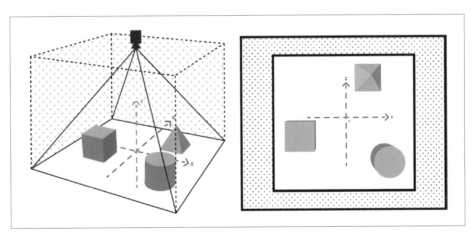

그림 4-4 절단 공간에서의 씬

렌더링 파이프라인의 정점 후처리 단계에는 절단clipping을 포함한다. 절단은 절단 공간의 경계에 조금이라도 속해 있지 않는 기본 요소들을 제거한다. 절단 공간의 좌표 범위는 −1에서부터 1까지다.

여기에는 직관적이지 않은 것이 하나 존재하는데, 절단 공간을 포함해서 지금까지 소개한 좌표 공간에는 3개의 좌표 축이 있을 것이라고 생각할 것이다(x, y, z축). 하지만 OpenGL 및 다른 API의 3D 공간에는 3개의 좌표축을 사용하지 않는다. 모두 4개를 사용한다(x, y, z, w).

w 좌표는 어디에서 나온 것이며 왜 사용할까? 3D 렌더링에 카테시안 공간을 그대로 사용하면 문제가 발생한다. 두 평행선은 서로 만날 수 없기 때문에 원근법을 표현하기가 불가능한 것이다.

이 문제를 해결하기 위해 좌표 하나를 더 추가했다. 이것을 동차 좌표^{homogeneous coordinates}라고 한다. 계속 이 w 좌표를 활용할 것이다. 적절한 시기(절단 공간에서 정규 기기 좌표로 가는 단계)에 w 값으로 다른 값을 모두 나눌 것이다. 이 과정을 통해 원근법을 표현한다. 따라서 객체, 월드, 뷰, 절단 공간은 4차원 좌표를 사용해 표현한다. 절단 공간을 제외하고 w는 1이다.

뷰 공간에서 절단 공간으로 변환하는 데 사용하는 행렬에 의해 w 값은 1이 아닌 다른 수로 바뀐다. 이 행렬을 OpenGL에서는 투영 행렬^{projection matrix}이라고 부른다. 그리고는 w 값을 통해 정점을 잘라낼지를 결정한다. 투영 행렬을 설정하기 위해 시야 부피(절경^{frustum}이라고도 한다)와 관련된 정보가 필요하다.

어떤 종류의 투영법을 사용할지에 따라 이 절경은 변한다. 일반적으로 사용하는 투영법에는 원근 투영^{perspective projection}과 정사영^{orthographic projection}이 있다. 원근 투영에서의 절경은 근평면^{a near plane}과 원평면^{a far plane}으로 구성돼 있다. 원근법에서는 카메라로부터 멀리 떨어진 객체가 더 작게 보여야 하기 때문에 근평면은 원평면보다 작다. 시야각^{The filed of view}은 근평면과 원평면의 비율을 정의한다. 시야각을 조절해 씬을 얼마나 많이 렌더링할지를 조절한다.

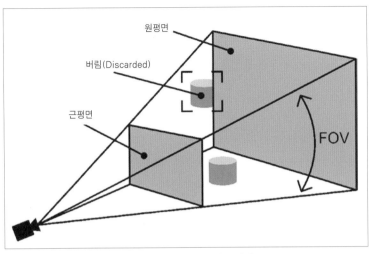

그림 4-5 원근법에 사용하는 절경

절단 공간에 활용하는 내장 행렬은 존재하지 않는다. 다만 몇 가지 내장 함수들이 존재한다.

- `float4 UnityWorldToClipPos( in float3 pos )`, 위치를 월드 공간에서 절단 공간으로 변환
- `float4 UnityViewToClipPos( in float3 pos )`, 위치를 뷰 공간에서 절단 공간으로 변환
- `float4 UnityObjectToClipPos( in float3 pos )`, 정점 위치를 객체 공간에서 절단 공간으로 변환

정규 기기 좌표

다음 단계는 정규 기기 좌표^{Normalized Device Coordinates, NDC}다. 이것은 2D 공간이고 특정 스크린이나 이미지 해상도에 의존적이지 않다. NDC 기준 좌표는 절단 좌표를 w로 나눠서 얻는다. 이 과정을 원근 분할^{perspective division}이라고 부른다. OpenGL에서의 NDC 좌표 역시 −1에서부터 1까지의 범위를 갖는다. 예상대로 NDC는 두 가지 숫자

가 아닌 세 가지 숫자를 사용한다. 하지만 이 경우의 z 값은 동차 좌표를 의미한 것이라기보다는 깊이 버퍼를 위한 것이다.

화면 공간

마침내 2D 렌더링 타깃인 화면 공간(그림 4-6 참조)이다. 화면 버퍼가 될 수도 있고 분할 렌더 타깃이 될 수도 있으며 하나의 이미지도 될 수 있다. 이것은 NDC를 뷰포트^{viewport} 해상도로 확대 축소하고 변환해서 얻을 수 있다. 마침내 정점의 이러한 화면 좌표가 레스터라이저로 전달된다. 그리고 레스터라이저는 이것을 가지고 프레그먼트를 생성한다.

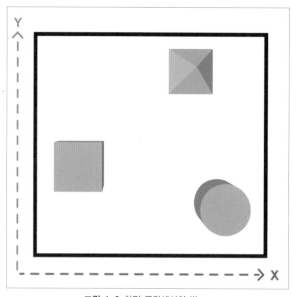

그림 4-6 화면 공간에서의 씬

▌내장 함수가 내포하는 것들

이 책에서 여러 가지 내장 함수들을 언급해왔다. 지금 이 내장 함수들 가운데 하나를

택해 어떻게 동작하는지 더 자세히 살펴볼 것이다. 이전 장의 셰이더 예제다.

```
v2f vert (appdata v)
{
    v2f o;
    o.vertex = UnityObjectToClipPos(v.vertex);
    o.color = v.color;
    return o
}
```

UnityObjectToClipPos는 mul(UNITY_MATRIX_MVP, *)을 의미하는 함수다. 즉 객체 공간에서 전달공간으로 가는 행렬 곱셈이다. 행렬은 일반적으로 행렬끼리 곱해 조합한다. 여기에서 MVP는 Model Matrix * View Matrix * Projection Matrix를 의미한다. 다른 말로 하면 단지 이 한 줄을 통해 한 번에 객체 공간에서 월드 공간과 뷰 공간을 지나 절단 공간 좌표에 도달한 것이다.

5장에서는 좌표 공간 사이 값을 변환하는 유용한 애플리케이션의 예제들을 더 살펴볼 것이다.

▍ 셰이더 "표준 라이브러리" 코드 위치

필자가 의도한 표준 라이브러리는 유니티 웹사이트에서 다운받을 수 있는 ZIP 파일을 의미한다. 이 ZIP 파일은 유니티의 모든 셰이더 include 파일들과 셰이더 코드들이 들어 있다. 이 코드들을 유니티를 설치한 곳에서도 찾을 수 있다. 하지만 이 위치는 변할 수도 있다.

이 코드를 얻으려면 유니티 웹사이트에 들어가 이전 버전의 유니티를 다운받을 수 있는 링크를 찾는다.

거기에는 유니티 버전들의 목록과 함께 각기 다른 다운로드 옵션들이 나올 것이다.

독자가 찾아야 할 것은 "내장 셰이더^{Built In Shaders}" 옵션이다. 이 링크를 클릭하면 지금까지 언급한 모든 것들이 들어있는 ZIP 파일을 다운로드 받을 수 있을 것이다.

그림 4-7 유니티 셰이더 소스 코드 다운로드

▌요약

4장에서는 그래픽스 파이프라인과 셰이더에서 일반적으로 사용하는 다양한 좌표 공간에 대해서 설명했다. 그리고 공간 사이를 변형하는 방법들에 대해서 이야기했다. 또한 다양한 좌표 공간을 변환하는 유니티 내장 함수들을 소개했다.

5장에서는 라이팅 셰이더로 향하는 여정을 기초부터 시작할 것이다.

최초 라이팅 셰이더

4장에서 매우 간단한 셰이더를 가지고 셰이더를 수정하는 방법에 대해 소개했다. 또한 그래픽스 파이프라인에 대해서 알아보고 그 과정에서 좌표공간 변형의 역할에 대해서 설명했다.

5장에서는 이 책의 주제인 라이팅에 대해서 이야기할 것이다. 셰이더를 작성하는 방법은 무궁 무진하다. 심지어 라이팅에 대해서 신경 쓰지 않고도 가능하다. 하지만 이 책의 핵심은 라이팅 계산이며 독자가 화려하고 개성 있는 게임을 만드는 데 도움을 주는 것이다. 먼저 MonochromeShader라는 셰이더를 가지고 라이팅 계산을 어느 정도 실제와 매우 유사하게 흉내 내도록 확장시킬 것이다. 이러한 종류의 근사 라이팅은 물리 기반 렌더링이 나오기 전에 사용했다. 이는 값싸고, 단순하지만 보기에는 좋지 않다. 전형적인 옛날 "비디오 게임 룩"처럼 보일지도 모른다. 즉, 간단하고 단순한 셰이더를 통해 라이팅에 대해서 소개할 것이고 셰이더가 발전해온 변천사를 이해하는 데도 도움을 줄 것이다.

▌라이팅 셰이더

라이팅 셰이더는 빛이 표면에 부딪히는 과정을 시뮬레이션하는 데 필요한 모든 계산이 들어 있다. 대부분의 라이팅 셰이더는 렌더링 방정식을 기반으로 한다(적어도 유사하게). 하지만 몇 년 전만 하더라도 GPU는 엄청나게 계산량을 줄인 근사치도 계산할 수 있을 만큼의 계산 능력이 없었다. 대략 2010년까지 영화 렌더링 커뮤니티에서 비롯된 물리 기반 모델이 퍼지면서 라이팅 계산 시에 각기 다른 부분을 지칭하는 데 사용한 몇 가지 용어들이 존재했었다.

- **디퓨즈**Diffuse: 불규칙한 미세면을 가진 표면의 부분집합이다. 다양한 방향으로 빛을 반사한다.
- **스펙큘러**Specular: 정렬된 미세면을 가진 표면의 부분집합이다. 비슷한 방향으로 빛을 반사한다.
- **엠비언트**Ambient: 씬 안에서의 최소 빛의 강도다. 따라서 빛이 전혀 도달하지 않는 곳이라 해도 단순 검정색이 되지 않게 한다.

이것들은 미세면과 관련된 이론 측면에서 설명한 것이다. 실시간 셰이딩에 물리 기반 렌더링이 도입됐기 때문에 이는 충분히 구현이 가능하다.

근사란?

근사Approximation라는 것은 값이나 수량이 거의 가깝지만 정확한 것이 아님을 의미한다. 여기에서의 근사란 렌더링 방정식의 일부분을 계산하는 대안을 의미한다. 근사는 계산량이 적을 수도 많을 수도 있다. 아직까지는 실시간으로 이 렌더링 방정식 연산을 수행하는 것은 적분 부분 때문에 불가능하다.

$$L_0(x, \omega_0) = L_\varepsilon(x, \omega_0) + \int_\Omega f(x, \omega_i \rightarrow \omega_0) \cdot L_i(x, \omega_i) \cdot (\omega_i \cdot n) dw$$

위의 수식은 $\int_\Omega$ 기호 뒤의 계산 그룹을 x라는 표면을 덮는 반구 안에 있는 각각의 w 방향마다 반복해야 함을 의미한다. 예측했듯이 각 방향이라는 말에는 엄청난 가짓수의 방향이라는 것을 의미한다. GPU 기반으로 구현한 실시간 레이 케스팅과 같은 것들이 등장하고 있음에도 불구하고 이 적분을 실시간으로 계산하는 것은 상상하기 힘들다.

더 값싼 근사를 사용하면 60fps로 게임을 돌리는 것이 가능하다. 하지만 이것은 또한 곧 렌더링의 사실성을 일부 포기함을 의미한다. 사실 모든 게임이 사실성에 집중할 필요는 없다. 대부분의 게임의 그래픽은 어느 정도의 사실성만 있어도 충분하다. 하지만 이 책에서는 사실성에 초점을 맞출 것이다. 왜냐하면 사실성이야 말로 물리 기반 렌더링의 결과를 나타내는 척도이기 때문이다.

디퓨즈 근사

디퓨즈를 더 실용적인 용어로 정의해보자. 빛이 어떤 표면을 때렸을 때를 상상해보자. 그런 후 어떤 방향으로 반사됐다고 하자(그림 5-1 참조). 이때 어느 방향으로 반사될지에 대한 가능성은 동일하다.

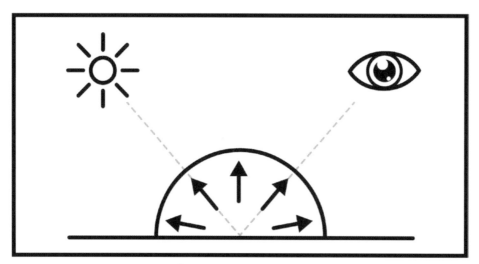

그림 5-1 디퓨즈식 표면에 반사되는 빛

이 근사는 오직 방향과 색상 그리고 빛의 강도에만 신경 쓴다. 미세 표면의 성질에 대해서는 신경 쓰지 않는다. 목적은 렌더링된 모델의 각 픽셀이 얼마나 많은 빛이 쬐고 반사되는지 결정하는 것이다. 더 자세한 시뮬레이션으로 파고 들어가지는 않는다. 하나의 함수로 이것을 상상해보자. 표면의 불투명 색상*unlit color*과 함께 빛의 강도와 색상 및 방향을 전달하면 최종 이미지에서의 그 지점의 색상을 받을 수 있다.

이것을 정점 셰이더로 구현할 수 있다. 계산적인 측면에서는 보통 픽셀보다 정점이 더 적기 때문에 더 저렴하다. 이것이 제대로 동작하는 이유는 레스터라이저가 값을 보간하기 때문이다. 하지만 여기에는 어느 정도 인위적으로 보이는 단점이 있다.

스펙큘러 근사

빛이 표면을 쬐는데 오직 몇 가지 방향으로만 반사된다고 생각해보자(그림 5-2 참조). 이러한 수준의 근사에서 스펙큘러 라이트는 거의 완벽에 가까운 조그마한 흰색 원으로 보일 것이다. 다시 말하지만 이 근사법은 오직 빛의 강도와 색상 및 방향만 신경 쓴다.

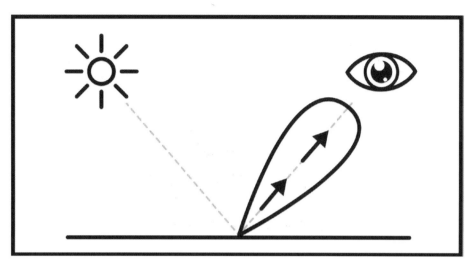

그림 5-2 스펙큘러식 표면에 반사된 빛

빛이 오직 몇 가지 방향으로만 반사된다는 사실은 스펙큘러가 시야에 의존적임을 뜻한다. 즉 시점이 움직이면 이 스펙큘러 조건이 변하게 될 것이다. 스펙큘러는 라이트 맵을 통해 시뮬레이션하기 까다로운데 그 이유는 라이트 맵에 방향과 다른 정보를 추가해서 구워야 하기 때문이다.

디퓨즈와 스펙큘러의 조합

디퓨즈와 스펙큘러라는 용어는 동일한 표면에 대부분 동시에 나타날 것이다. 금속 재질은 디퓨즈 요소가 적고 스펙큘러 요소가 더 많지만 그럼에도 불구하고 여전히 디퓨즈 요소가 존재한다. 이 둘을 조합해 라이팅 계산을 표현하는 데 일반적으로 사용하는 그림이 있다(그림 5-3 참조).

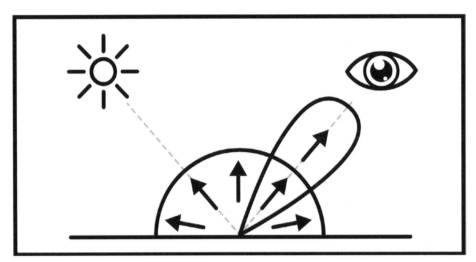

그림 5-3 한 표면에서 빛이 반사(스페큘러와 디퓨즈)되는 그림

▌ 기본 라이팅 계산

지금까지 스페큘러와 디퓨즈 근사치를 정의했다. 이제 이것들을 구현해 보자.

디퓨즈

1장에서 빛이 표면에 들어가는 각도의 중요성에 대해 이야기했었다. 이 각도를 입사각이라고 한다. 입사각이 클수록 표면은 광선으로부터 더 적은 양의 빛을 받을 것이다. 각도가 90도보다 크다면 표면은 빛을 전혀 받지 못한다(그림 5-4 참조).

그림 5-4 입사각 및 그에 따른 반사광량

표면이 받을 밝기/빛의 크기를 계산하기 위해서 코사인 입사각을 사용한다. 셰이더에서 라이팅을 계산하려면 표면의 노멀 벡터와 빛 벡터의 각도를 계산해야 한다. 벡터는 숫자 값만을 의미하지 않는다.

셰이더 언어에서 벡터는 일반적으로 두 가지, 세 가지, 네 가지 원소를 가질 수 있다. 여기에서 필요한 연산을 내적$^{\text{dot product}}$이라고 한다. 코사인과 내적 함수 모두 모든 셰이더 언어에서 지원한다. 코드로 변환해보면 리스팅 5-1과 같다.

리스팅 5-1 밝기를 계산하는 두 가지 방법(노멀 벡터의 크기와 빛의 방향 벡터의 크기는 1이다)

```
float brightness = cos( angle_of_incidence) // 입사각으로 구하는 밝기
float brightness = dot( normal, lightDir ) // 노멀 벡터와 빛의 방향 벡터로 계산한 밝기
float3 pixelColor = brightness * lightColor * surfaceColor // 최종 표면 색상값
```

표면의 색상과 빛의 색상을 곱한 이 연산의 결과는 조잡하지만 효과적인 빛의 근사치를 나타낼 것이다. 이 기본 디퓨즈를 람버트^{Lambert} 혹은 람버트 반사율$^{\text{Lambertian Relectance}}$이라고 한다.

$$LightDir \cdot Normal \times Color \times Intensity_{Light}$$

빛의 방향 벡터와 노멀 벡터의 내적에 빛의 색상과 강도를 곱하면 해당 위치의 픽셀 색상을 얻을 수 있음을 의미한다. 지금까지 디퓨즈 구현 이론에 대해 소개했고 이제 이 이론을 실전에 적용시킬 수 있다. 큐브 씬에 이것을 추가해보자.

최초 유니티 라이팅 셰이더

monochrome 셰이더에 디퓨즈 항을 추가해 확장시켜 보자.

디퓨즈 항 구현하기

DiffuseMaterial이라는 신규 재질을 생성한다. MonochromeShader를 복사해 DiffuseShader라고 이름을 바꾼다. 셰이더의 경로를 Custom/DiffuseShader라고 바꿔줘야 한다. 그렇지 않으면 셰이더의 경로 이름이 중복된다.

이전 셰이더에서 꽤나 많은 것을 수정해야 한다. 먼저 tag절을 다음과 같이 바꾼다.

```
Tags { "LightMode" = "ForwardBase" }
```

이것의 의미는 이 패스를 포워드 렌더러의 첫 번째 라이트 패스로 사용하겠다는 것이다. ForwardBase 패스가 오직 하나라면 첫 번째 빛을 제외한 다른 빛은 최종 결과에 영향을 미치지 않을 것이다. 만약 다른 빛도 영향을 주길 원한다면 또다른 패스를 추가하고 그것의 태그를 다음과 같이 바꾼다.

```
Tags { "LightMode" = "ForwardAdd" }
```

지금은 두 번째 패스에 대해서는 신경 쓰지 않을 것이다. 계속해서 파일의 적합한 위치에 다음 include를 추가한다.

```
#include "UnityLightingCommon.cginc"
```

UnityLightingCommon.cginc는 라이팅 셰이더에 필요한 많은 유용한 변수 및 함수들이 담긴 파일이다. 이것으로 자잘한 일은 끝났다. 이제는 핵심 구현으로 들어갈 것이다.

먼저 4장에서 노멀 벡터와 빛의 방향 벡터의 좌표 공간을 일치시켜야 한다고 했음을 기억하자. 생각해보자. 객체 공간을 사용해선 안 된다. 왜냐하면 빛은 렌더링하는 모델의 바깥에 있기 때문이다. 이러한 라이팅 계산을 하는 데 적합한 공간은 월드 공간이다.

먼저 렌더러에게 노멀 벡터에 대한 정보를 받아야 한다. 따라서 렌더러에게 요청하는 정보가 담긴 appdata에 노멀 슬롯을 하나 추가해야 한다. 이제 appdata는 다음과 같이 보일 것이다.

```
struct appdata
{
    float4 vertex : POSITION;
    float3 normal : NORMAL;
};
```

NORMAL 시맨틱 선언을 추가해 노멀을 사용하겠다고 컴파일러에게 알려주고 있음에 주목하자. 이 방법 말고는 렌더러에게 우리가 원하는 바를 이해시킬 수 없다. 이 정점 함수에서는 노멀 위치 벡터를 월드 공간에서 계산해야 한다.

다행히도 UnityObjectToWorldNormal(4장에서 언급함)이라는 편리한 함수가 존재한다. 이 함수는 appdata를 통해 정점 셰이더로 방금 전달한 노말 벡터를 기존의 객체 공간에서 월드 공간으로 변환한다.

```
v2f vert (appdata v)
{
    v2f o;
    o.vertex = UnityObjectToClipPos(v.vertex);
    float3 worldNormal = UnityObjectToWorldNormal(v.normal); // 월드 노말 벡터 계산
    o.worldNormal = worldNormal; // 출력 데이터 구조체에 할당
    return o;
}
```

그리고 나서 출력 구조체에 결과 값을 할당해야 한다. 이렇게 하기 위해서는 TEXCOORD0 시맨틱을 사용해 해당 슬롯을 추가해야 한다. 그러면 3차원 혹은 4차원 벡터에 적합한 슬롯을 사용할 것이라고 알려주는 것이다.

```
struct v2f
{
    float4 vertex : SV_POSITION;
    float3 worldNormal : TEXCOORD0;
};
```

필요한 정보를 얻기 위해 이제 람버트 디퓨즈를 계산에 이용할 수 있게 됐다.

광원의 색상을 _LightColor0을 통해 얻을 수 있다. LightColor0은 방금 추가한 include 파일에 존재한다. 그리고 월드 공간상의 씬 내에 첫 번째 광원의 위치는 _WorldSpaceLightPos0 변수를 통해 구할 수 있다.

벡터의 원소에 접근하고 싶을 때 점을 찍은 다음 r, g, b, a 혹은 x, y, z, w를 추가하면 된다.

이렇게 벡터가 가지고 있는 원소의 값에 바로 접근할 수 있다. c라는 배열의 몇 번째

원소에 접근할 때 [0], [1]을 사용하는 것과 비슷한 원리다. 이것을 스위즐 연산^{swizzle}이라고 한다. 스위즐 연산은 배열 인덱싱보다 더 많은 일을 할 수도 있다. 예를 들면 문자의 순서를 바꿔서 값들을 재정렬할 수 있다.

변환을 거치면 벡터의 크기가 1이 아닐 수도 있기 때문에 프레그먼트 셰이더에서는 우선 worldNormal값을 정규화해야 한다. 그런 후 노멀 값과 빛의 위치 벡터의 내적을 계산한다. 계산 결과가 음수 값이 되지 않도록 주의해야 한다. max 함수에서 이것을 담당한다.

```
fixed4 frag (v2f i) : SV_Target
{
    float3 normalDirection = normalize(i.worldNormal);


    float nl = max(0.0, dot(normalDirection, _WorldSpaceLightPos0.xyz));
    float4 diffuseTerm = nl * _Color * _LightColor0;


    return diffuseTerm;
}
```

드디어 내적 값과 함께 표면의 색상값과 광원의 색상값을 모두 곱한다. 이것이 끝이다. 셰이더는 이것으로 종료해야 한다. 독자의 편의를 위해 리스팅 5-2에 해당 셰이더 코드 전부를 나열했다.

리스팅 5-2 셰이더 코드

```
Shader "Custom/DiffuseShader"
{
    Properties
    {
        _Color ("Color", Color) = (1, 0, 0, 1)
    }
    SubShader
```

```
{
    Tags { "LightMode" = "ForwardBase" }
    LOD 100
    Pass
    {
        CGPROGRAM
        #pragma vertex vert
        #pragma fragment frag
        #include "UnityCG.cginc"
        #include "UnityLightingCommon.cginc"

        struct appdata
        {
            float4 vertex : POSITION;
            float3 normal : NORMAL;
        };

        struct v2f
        {
            float4 vertex : SV_POSITION;
            float3 worldNormal : TEXCOORD0;
        };

        float4 _Color;
        v2f vert (appdata v)
        {
            v2f o;
            o.vertex = UnityObjectToClipPos(v.vertex);
            float3 worldNormal = UnityObjectToWorldNormal(v.normal);
            o.worldNormal = worldNormal;
            return o;
        }
        fixed4 frag (v2f i) : SV_Target
        {
            float3 normalDirection = normalize(i.worldNormal);

            float nl = max(0.0, dot(normalDirection, _WorldSpaceLightPos0.
            xyz));
```

```
            float4 diffuseTerm = nl * _Color * _LightColor0;

            return diffuseTerm;
        }
        ENDCG
    }
  }
}
```

작업한 것을 확인하기 위해서는 씬 안에 있는 큐브에 이 셰이더를 적용한다. 이 셰이더를 해당 재질에 할당한 후 그 재질을 독자의 큐브에 할당하면 된다(그림 5-5 참조).

그림 5-5 람버트 디퓨즈가 적용된 큐브

이 셰이더의 효과를 제대로 보고 싶다면 더 복잡한 모델이 필요하다. 모델을 어떻게 불러오는지 살펴보자. 이 책에서 제공한 파일에서 duck.fbx라는 모델을 찾을 수 있을 것이다. 프로젝트에 Models라는 폴더를 추가하고 이 오리 모델을 여기로 드래그한다. 이렇게 하면 아마도 보거스라는 재질을 폴더 내부에 생성할 것이다. 우리가 만든 재질을 통해서 조절할 것이기 때문에 그것을 지운다. 씬을 최대한 깔끔하게 유지하는 것이 좋다. 유니티는 모델을 가져올 때마다 재질을 생성하려고 하지만 이러한 자동 변환의 결과는 대개 좋지 않다.

오리 모델을 씬으로 드래그하고 해당 게임 오브젝트에 DiffuseMaterial을 드래그한다. 그러면 람버트 음영 효과가 적용된 오리를 감상하는 기쁨을 누릴 수 있을 것이다(그림 5-6 참조).

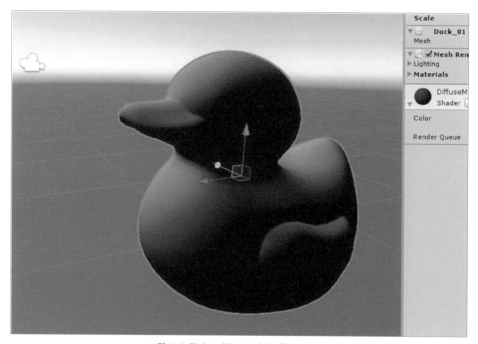

그림 5-6 람버트 디퓨즈로 셰이딩한 오리 모델

텍스처 속성 추가

더 멋진 오리를 제작하기 위해 텍스처 속성을 추가할 수 있다. 이 속성을 추가해 보자.

```
_DiffuseTex ("Texture", 2D) = "white" {}
```

이제 **appdata**에 텍스처 좌표를 위한 슬롯을 추가해야 한다.

```
float2 uv : TEXCORD0;
```

v2f에서 월드 노말 벡터 시맨틱 TEXCOORD0을 사용했기 때문에 이것을 TEXCOORD1로 바꾼 후 추가한다.

```
float2 uv : TEXCORD0;
```

이렇게 해야 하는 이유는 GPU에게 데이터 구조체 내에 보간된 텍스처 UV를 달라고 요청해야 하기 때문이다. 우리가 접근할 수 있는 텍스처 보간자^{interpolator}의 수는 유한하다. 이 수는 기계 내의 GPU에 따라 다르다. 만약 모바일 GPU에서 작업을 하는데 데이터 구조체 내에 너무 많은 벡터를 전달하려고 하면 컴파일러 에러가 발생할 것이다. 텍스처를 위한 변수들을 추가하자.

```
sampler2D _DiffuseTex;
float4 _DiffuseTex_ST;
```

정점 함수에서 다음을 추가할 것이다.

```
o.uv = TRANSFORM_TEX(v.uv, MainTex)
```

이 매크로는 텍스처 좌표의 크기와 위치를 조절한다. 이 방법을 통해 재질 내에 어떠한 크기와 위치 관련 변화를 적용할 수 있다. _DiffuseTex_ST를 선언한 까닭은 TRANSFORM_TEX 매크로 함수에서 사용하기 때문이다. 이제 프레그먼트 함수를 바꿀 차례다. 텍스처를 샘플링하는 라인을 하나 추가해야 한다. 그런 후 이 텍스처와 기존의 _Color 속성을 사용해 디퓨즈 계산을 수행한다.

```
fixed4 frag (v2f i) : SV_Target
{
    float3 normalDirection = normalize(i.worldNormal);

    float4 tex = tex2D(_DiffuseTex, i.uv);

    float nl = max(0.0, dot(normalDirection, _WorldSpaceLightPos0.xyz));
    float4 diffuseTerm = nl * _Color * tex * _LightColor0;

    return diffuseTerm;
}
```

샘플링된 텍스처 색상에 _Color, 노멀 벡터와 빛의 위치 벡터의 내적을 곱해 최종 색상을 구했다.

Textures라는 디렉토리를 만들어서 소스에서 Duck_DIFF.tga 텍스처 파일을 드래그한다. 그리고 인스펙터에서 방금 추가한 재질 속성에 할당한다. 이제 끝이다. 우리의 오리는 이제 더 오리스러워졌다(그림 5-7 참조).

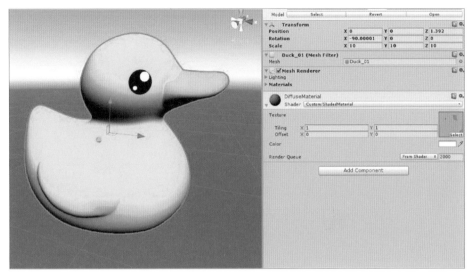

그림 5-7 멋진 텍스처를 입힌 오리

엠비언트 값 추가

앞에서 언급한대로 엠비언트는 기본적으로 절단^{cutoff}값이다. 어느 값 이하로 디퓨즈 값을 떨어뜨리지 않는다. 현 시점에서는 프레그먼트 셰이더에 0 값을 하드코딩했다.

```
float nl = max(0.0, dot(normalDirection, _WorldSpaceLightPos0.xyz));
```

하지만 이와 관련된 속성을 하나 추가할 수도 있을 것이다. 그러면 코드를 변경하지 않고도 엠비언트 값을 바꿀 수 있다. 여기에서 range라는 또 다른 속성 타입을 하나 소개하고자 한다.

```
_Name ("Description", Range (min, max)) = number
```

이 _Ambient라는 속성에 range를 0에서 1 사이로 하고 기본값으로 0.25를 설정한다. 그리고 여느 때와 마찬가지로 이를 위한 float _Ambient라는 변수를 생성하자. 그리고 이것을 변수 nl을 계산하는 max 함수의 첫 번째 인자인 0이 있던 자리에 넣을 것이다.

이제 슬라이더를 통해 이 속성을 조절해 실시간으로 최종 이미지에 어떠한 영향을 미치는지 볼 수 있을 것이다(그림 5-8 참조).

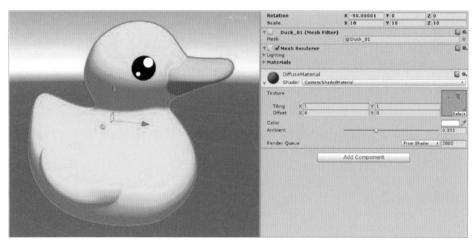

그림 5-8 엠비언트 슬라이더 추가

리스팅 5-3은 이 셰이더의 전체 코드다.

리스팅 5-3 속성들을 추가한 디퓨즈 셰이더

```
Shader "Custom/DiffuseShader"
{
    Properties
    {
        _DiffuseTex ("Texture", 2D) = "white" {}
        _Color ("Color", Color) = (1, 0, 0, 1)
        _Ambient ("Ambient", Range (0, 1)) = 0.25
    }
    SubShader
    {
```

```
Tags { "LightMode" = "ForwardBase" }
LOD 100

Pass
{
    CGPROGRAM
    #pragma vertex vert
    #pragma fragment frag
    #include "UnityCG.cginc"
    #include "UnityLightingCommon.cginc"

    struct appdata
    {
        float4 vertex : POSITION;
        float3 normal : NORMAL;
        float2 uv : TEXCOORD0;
    };

    struct v2f
    {
        float2 uv : TEXCOORD0;
        float4 vertex : SV_POSITION;
        float3 worldNormal : TEXCOORD1;
    };

    sampler2D _DiffuseTex;
    float4 _DiffuseTex_ST;
    fixed4 _Color;
    float _Ambient;

    v2f vert (appdata v)
    {
        v2f o;
        o.vertex = UnityObjectToClipPos(v.vertex);
        o.uv = TRANSFORM_TEX(v.uv, _DiffuseTex);
        float3 worldNormal = UnityObjectToWorldNormal(v.normal);
        o.worldNormal = worldNormal;
        return o;
```

```
        }

        fixed4 frag (v2f i) : SV_Target
        {
            float3 normalDirection = normalize(i.worldNormal);

            float4 tex = tex2D(_DiffuseTex, i.uv);

            float nl = max(_Ambient, dot(normalDirection, _WorldSpaceLightPos0.xyz));
            float4 diffuseTerm = nl * _Color * tex * _LightColor0;

            return diffuseTerm;
        }
        ENDCG
    }
  }
}
```

▌요약

5장에서는 라이팅에 대한 기본적인 내용들을 소개했다. 몇 가지 라이팅 공식을 설명했고 디퓨즈 라이팅을 구현해 셰이더 작성 및 셰이더랩의 속성에 대한 지식을 확장했다. 어셋^{assets}을 다루는 방법을 소개했다. 이것은 추후에도 또 다룰 예정이다.

6장에서는 이 디퓨즈 셰이더에 스펙큘러 컴포넌트를 추가할 것이다.

스펙큘러 구현

5장에서 렌더링 라이팅 기본 이론에 대해서 설명했고 언릿 셰이더 안에 디퓨즈 셰이더를 바닥에서부터 구현했다. 6장에서는 셰이더에 스펙큘러 항을 어떻게 집어 넣을지 배울 것이다.

▌기본 라이팅 계산(파트 II)

스펙큘러

스펙큘러는 시야가 스펙큘러의 방향 벡터가 평행일 때만 볼 수 있을 것이다. 이것을 뷰 종속$^{\text{view-dependent}}$이라고 한다. 디퓨즈 라이팅은 표준 라이트맵에 미리 구워 놓을 수 있지만 스펙큘러 라이팅은 미리 구워 놓고 실시간에 그것을 계산해야 하는 잔재주를 부려야 한다.

우리가 사용할 수 있는 가장 간단한 스펙큘러 공식 중 하나가 퐁^{Phong}이다.

$$R = 2 \times (N \cdot L) \times N - L$$

이것이 반사 벡터다. 빛의 방향 벡터와 노멀 벡터의 내적에 2를 곱하고 다시 노멀 벡터의 외적을 구한 후 거기에 빛의 방향 벡터를 빼서 구할 수 있다. 많은 셰이더 언어에서 이 공식을 구현한 내장 함수가 존재한다. 보통 함수 이름은 reflect다.

리스팅 6-1 퐁 구현 예

```
float3 reflectionVector = reflect (-lightDir, normal);
float specDot = max(dot(reflectionVector, eyeDir), 0.0);
float spec = pow(specDot, specExponent)
```

퐁을 구현하기 위해(리스팅 6-1 참조) 먼저 거울 반사 벡터를 계산해야 한다. 그런 후 이 반사 벡터와 뷰 벡터의 내적을 계산한다. 이점이 스펙큘러의 뷰종속 부분이다. 이 값을 셰이더 속성에서 선택한 값으로 지수승한다.

7장에서 느슨하게나마 현실 물리 법칙에 기반하는 이러한 접근이 어떠한 측면에서 물리 기반 셰이딩의 법칙을 위배하는지 볼 것이다. 물리 기반 셰이딩 법칙을 따르게끔 수정하면 아무리 간단한 퐁 셰이딩도 더 사실적으로 보일 수 있다.

최초 유니티 라이팅 셰이더(파트 II)

이번 절에서는 디퓨즈 셰이더에 스펙큘러 항을 추가할 것이다.

스펙큘러 구현

신규 재질을 생성하고 이름을 SpecularMaterial이라고 짓는다. DiffuseShader를 복제하고 복제한 셰이더를 SpecularShader로 이름을 변경한다. 셰이더의 경로를 Custom/SpecularShader로 바꾸는 것도 잊지 말자. 바꾸지 않으면 셰이더 경로 이름이 중복된다.

셰이더의 구조는 바꿀 필요가 없다. 먼저 두 개의 신규 속성 SpecColor와 _Shininess를 속성 블록에 추가한다. _SpecColor는 스펙큘러의 색상이며 기본값은 흰색으로 지정한다. _Shiniess는 스펙큘러의 강도이고 숫자값이다.

```
Properties
{
    _DiffuseTex ("Texture", 2D) = "white" {}
    _Color ("Color", Color) = (1,0,0,1)
    _Ambient ("Ambient", Range (0, 1)) = 0.25
    _SpecColor ("Specular Material Color", Color) = (1,1,1,1)
    _Shininess ("Shininess", Float) = 10
}
```

다음은 v2f 구조체에 멤버 변수를 추가한다. 정점 셰이더에서 추가적인 값을 계산해야 한다. 그런 후 그것을 v2f를 통해 프레그먼트 셰이더에 전달해야 한다. 그 추가적인 값은 월드 공간 정점 위치다. 여기에서는 이것을 vertexWorld라고 할 것이다.

```
struct v2f
{
    float2 uv : TEXCOORD0;
    float4 vertexClip : SV_POSITION;
    float4 vertexWorld : TEXCOORD1;
    float3 worldNormal : TEXCOORD2;
};
```

vertexWorld를 추가해야 하는 이유는 프래그먼트 셰이더에서의 광원 방향 벡터 계산 때문이다. 이 계산을 정점 셰이더에서도 할 수 있다. 이것을 버텍스릿$^{vertex-lit}$이라고 부른다. 하지만 이 계산을 프래그먼트 셰이더에서 한다면 결과는 더욱 좋을 것이다.

이제 정점 셰이더 내부에 이 값을 채워보자.

```
v2f vert (appdata v)
{
    v2f o;
    o.vertexClip = UnityObjectToClipPos(v.vertex);
    o.vertexWorld = mul(unity_ObjectToWorld, v.vertex);
    o.uv = TRANSFORM_TEX(v.uv, _DiffuseTex);
    float3 worldNormal = UnityObjectToWorldNormal(v.normal);
    o.worldNormal = worldNormal;
    return o;
}
```

이 코드에서 행렬 곱셈을 사용해 로컬 공간의 정점 위치를 월드 공간의 정점 위치로 변환했다. unity_ObjectToWorld는 이러한 변환을 하는 데 필요한 행렬이다. 그리고 이 행렬은 표준 라이브러리에 포함돼 있다.

이제 프래그먼트 셰이더에 코드를 추가할 차례다. 정규화된 월드 공간의 노멀 벡터, 정규화된 뷰 방향 벡터, 정규화된 광원 방향 벡터를 계산해야 한다(리스팅 6-2 참조).

리스팅 6-2 스펙큘러 계산에 필요한 값들

```
float3 normalDirection = normalize(i.worldNormal);
float3 viewDirection = normalize(UnityWorldSpaceViewDir(i.vertexWorld));
float3 lightDirection = normalize(UnityWorldSpaceLightDir(i.vertexWorld));
```

최상의 결과를 도출하기 위해서는 변환을 마친 벡터들을 정규화해줘야 한다. 상황에 따라 이러한 과정을 거치지 않을 수도 있으나 좋지 않은 결과물이 나올 수 있는 위험이 존재한다. 여기에 있는 모든 값은 동일한 좌표 공간 기준이다. 바로 월드 공간이다.

여기에서는 다양한 유틸리티 함수들을 사용했다. 알맞은 행렬과 함께 mul을 사용할 수도 있지만 유니티 2017.x 버전에서는 이것들이 유틸리티 함수로 대체됐다. 예를 들어 이전에 mul(UNITY_MATRIX_MVP, v.vertex)를 사용했고 유니티를 다시 불러보면 이 구문이 UnityObjectToClipPos(v.vertex)로 변경돼 있을 것이다. 그리고 파일의 최상단에는 다음의 메시지가 추가돼 있을 것이다.

```
// Upgrade NOTE: replaced 'mul(UNITY_MATRIX_MVP,*)' with 'UnityObjectToClipPos(*)'
```

그러므로 이 유틸리티 함수 대신에 mul을 쓰는 것은 의미 없다. 계속해서 디퓨즈 구현 이후에 스펙큘러의 의사코드를 실제 유효한 유니티 셰이더 코드로 변환해야 한다 (리스팅 6-3 참조).

리스팅 6-3 스펙큘러 계산

```
float3 reflectionDirection = reflect(-lightDirection, normalDirection);
float3 specularDot = max(0.0, dot(viewDirection, reflectionDirection));
float3 specular = pow(specularDot, _Shininess);
```

먼저 reflect 함수를 사용해 reflectionDirection을 구했다. lightDirection에 음수기호를 붙여줘 방향을 객체에서 광원으로 향하게 했다. 그리고 viewDirection과 reflectionDirection의 내적을 계산했다. 이것은 해당 표면의 디퓨즈 항에서 얼마나 많은 양의 빛이 반사됐는지 계산한 것이다.

디퓨즈 효과는 광원 방향 벡터와 노멀 벡터 사이에서 일어난다. 여기에서는 거울 반사 방향 벡터와 뷰 방향 벡터 사이다. 따라서 스펙큘러 항은 시야에 의존적이다. 그리고 다시 한 번 강조하자면 내적 값은 음수가 될 수 없다. 빛은 음수 값을 가질 수 없다.

최종 출력에 스펙큘러 값을 더해줘야 한다. 디퓨즈를 계산할 때에는 값에 표면의 색상값을 곱했다. 이와 비슷하게 스펙큘러에서도 스펙큘러 생성 값을 곱한다.

```
float4 specularTerm = float4(specular, 1) * _SpecColor * _LightColor0;
```

눈치챘겠지만 스펙큘러 값에는 디퓨즈 때와 다르게 표면 색상값을 곱하지 않았다. 그렇게 하면 스펙큘러 효과가 사라진다. 이것과 관련된 물리 법칙은 물리 기반 셰이딩을 다룰 때 설명할 것이다. 리스팅 6-4는 이 프레그먼트 셰이더의 전체 모습이다.

리스팅 6-4 디퓨즈 항과 스펙큘러 항을 포함한 프레그먼트 셰이더의 전체 버전

```
float4 frag (v2f i) : SV_Target
{
    float3 normalDirection = normalize(i.worldNormal);
    float3 viewDirection = normalize(UnityWorldSpaceViewDir(i.vertexWorld));
    float3 lightDirection = normalize(UnityWorldSpaceLightDir(i.vertexWorld));

    // 텍스처 샘플링
    float4 tex = tex2D(_DiffuseTex, i.uv);

    // 디퓨저(람버트) 구현
    float nl = max(0, dot(normalDirection, lightDirection));
    float4 diffuseTerm = nl * _Color * tex * _LightColor0;

    // 스펙큘러(퐁) 구현
    float3 reflectionDirection = reflect(-lightDirection, normalDirection);
    float3 specularDot = max(0.0, dot(viewDirection, reflectionDirection));
    float3 specular = pow(specularDot, _Shininess);
    float4 specularTerm = float4(specular, 1) * _SpecColor * _LightColor0;

    float4 finalColor = diffuseTerm + specularTerm;
    return finalColor;
}
```

독자의 편의를 위해 리스팅 6-5에 전체 셰이더 코드를 삽입했다.

리스팅 6-5 디퓨즈 및 스펙큘러 항이 담긴 최종 셰이더

```
Shader "Custom/SpecularShader"
{
    Properties
    {
        _DiffuseTex ("Texture", 2D) = "white" {}
        _Color ("Color", Color) = (1,0,0,1)
        _Ambient ("Ambient", Range (0, 1)) = 0.25
        _SpecColor ("Specular Material Color", Color) = (1,1,1,1)
        _Shininess ("Shininess", Float) = 10
    }
    SubShader
    {
        Tags { "LightMode" = "ForwardBase" }
        LOD 100

        Pass
        {
            CGPROGRAM
            #pragma vertex vert
            #pragma fragment frag
            #include "UnityCG.cginc"
            #include "UnityLightingCommon.cginc"

            struct appdata
            {
                float4 vertex : POSITION;
                float3 normal : NORMAL;
                float2 uv : TEXCOORD0;
            };

            struct v2f
            {
                float2 uv : TEXCOORD0;
                float4 vertexClip : SV_POSITION;
```

```
        float4 vertexWorld : TEXCOORD2;
        float3 worldNormal : TEXCOORD1;
};

sampler2D _DiffuseTex;
float4 _DiffuseTex_ST;
float4 _Color;
float _Ambient;
float _Shininess;

v2f vert (appdata v)
{
    v2f o;
    o.vertexClip = UnityObjectToClipPos(v.vertex);
    o.vertexWorld = mul(unity_ObjectToWorld, v.vertex);
    o.uv = TRANSFORM_TEX(v.uv, _DiffuseTex);
    float3 worldNormal = UnityObjectToWorldNormal(v.normal);
    o.worldNormal = worldNormal;
    return o;
}

float4 frag (v2f i) : SV_Target
{
    float3 normalDirection = normalize(i.worldNormal);
    float3 viewDirection = normalize(UnityWorldSpaceViewDir(i.vertexWorld));
    float3 lightDirection = normalize(UnityWorldSpaceLightDir(i.vertexWorld));

    // 텍스처 샘플링
    float4 tex = tex2D(_DiffuseTex, i.uv);

    // 디퓨저(람버트) 구현
    float nl = max(_Ambient, dot(normalDirection, lightDirection));
    float4 diffuseTerm = nl * _Color * tex * _LightColor0;
    // diff.rbg += ShadeSH9(half4(i.worldNormal,1));

    // 스펙큘러(퐁) 구현
    float3 reflectionDirection = reflect(-lightDirection, normalDirection);
    float3 specularDot = max(0.0, dot(viewDirection, reflectionDirection));
```

```
            float3 specular = pow(specularDot, _Shininess);
            float4 specularTerm = float4(specular, 1) * _SpecColor * _LightColor0;

            float4 finalColor = diffuseTerm + specularTerm;
            return finalColor;
        }
        ENDCG
    }
  }
}
```

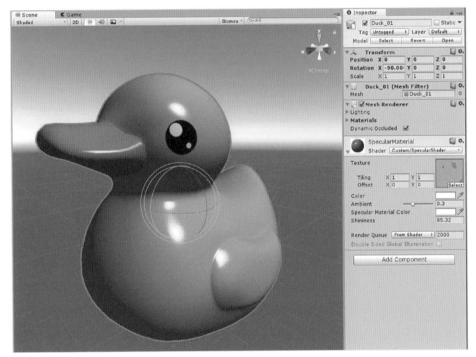

그림 6-1 이전 오리 모델에 스펙큘러 셰이더를 적용한 모습

이것은 비물리 기반인 퐁 스펙큘러를 충실히 구현했다. 지금까지는 씬에 오직 한 가지 빛만 지원했었다. 하지만 지금부터는 ForwardAdd 패스를 추가해 씬에 하나 이상의 광원을 지원할 것이다. 이제 이 셰이더에 ForwardAdd 패스를 추가한다.

더 많은 광원 지원하기

여기에서 조심해야 할 점은 FowardAdd는 따로 분리된 패스라는 점이다. 분리된 패스에 엠비언트를 한 번 더 넣을 필요는 없다. 작성했던 스펙큘러 셰이더를 복사하고 셰이더의 경로를 Custom/SpecularShaderFowardAdd로 변경한다.

현재 sub-shader에 있는 태그들과 다른 정보들을 패스로 옮겨야 한다. 그리고 현재의 패스에 복사 후 붙여넣기를 하자. #pragma multi_compile_fwdbase를 ForwardBase 패스 내에 다른 pragma 뒤에 추가한다.

리스팅 6-6 태그들과 정보 패스로 옮기기

```
Pass
{
    Tags { "LightMode" = "ForwardBase" }

    CGPROGRAM
    #pragma vertex vert
    #pragma fragment frag
    #pragma multi_compile_fwdbase
```

두 번째 패스의 태그를 FowardAdd로 변경한 다음 블렌딩 Blend One One을 태그 뒤에 추가해 블렌딩 모드를 설정한다. 블렌딩 모드는 기본적으로 포토샵의 레이어 모드와 유사하다.

각기 다른 패스를 통해 렌더링하는 여러 가지 레이어가 있고 그것들을 섞어서 무언가를 하려고 한다. 블렌딩 모드는 포토샵에서 쓰는 것보다 훨씬 단순하다. 이 공식은 Blend SrcFactor DstFactor다. 이것은 두 가지 요소를 더해서 색상을 섞는 데 사용한다.

저 pragma는 자동 다중 컴파일 시스템의 장점을 활용할 것이다. 각각의 셰이더마다 동작하는 데 특정한 패스가 필요한데 이러한 것들을 이 시스템을 활용해 모두 컴파일한다.

리스팅 6-7 ForwardAdd 패스 설정

```
Pass
{
    Tags { "LightMode" = "ForwardAdd" }
    Blend One One

    CGPROGRAM
    #pragma vertex vert
    #pragma fragment frag
    #pragma multi_compile_fwdadd
```

이것만으로도 첫 번째 광원이 적용된 결과 이후 다중 광원을 지원하는 데 충분하다. 마무리 작업은 최소한 FowardAdd 패스에 _Ambient를 제거하는 것이다. 이는 두 번 이상 엠비언트 값을 추가하지 않는다는 의미다(리스팅 6-8 참조).

리스팅 6-8 ForwardAdd 패스에 엠비언트 항이 중복 적용되지 않게 하기

```
// 디퓨즈 구현 (람버트)
float nl = max(0, dot(normalDirection, lightDirection));
```

프로젝트에 다른 광원을 추가해 결과를 살펴보자. 각각의 광원에 다른 색을 사용하는 것이 좋다. 그러면 그림 6-2와 같이 오리에 새로운 광원이 적용돼 바뀔 것이다.

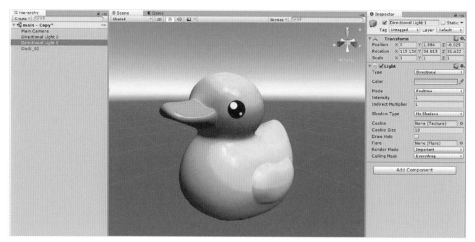

그림 6-2 두 개의 광원이 존재하는 씬의 오리

독자의 편의를 위해 리스팅 6-9에 전체 셰이더 코드를 열거했다. 중복된 코드 때문에 꽤 긴 것을 확인할 수 있다.

리스팅 6-9 다중 광원을 지원하는 전체 셰이더 코드

```
Shader "Custom/SpecularShaderForwardAdd"
{
    Properties {
        _DiffuseTex ("Texture", 2D) = "white" {}
        _Color ("Color", Color) = (1,0,0,1)
        _Ambient ("Ambient", Range (0, 1)) = 0.25
        _SpecColor ("Specular Material Color", Color) = (1,1,1,1)
        _Shininess ("Shininess", Float) = 10
    }
    SubShader
    {
        Pass
        {
            Tags { "LightMode" = "ForwardBase" }
            CGPROGRAM
            #pragma vertex vert
            #pragma fragment frag
```

```
#pragma multi_compile_fwdbase
#include "UnityCG.cginc"
#include "UnityLightingCommon.cginc"
struct appdata
{
    float4 vertex : POSITION;
    float3 normal : NORMAL;
    float2 uv : TEXCOORD0;
};
struct v2f
{
    float2 uv : TEXCOORD0;
    float4 vertexClip : SV_POSITION;
    float4 vertexWorld : TEXCOORD2;
    float3 worldNormal : TEXCOORD1;
};
sampler2D _DiffuseTex;
float4 _DiffuseTex_ST;
float4 _Color;
float _Ambient;
float _Shininess;
v2f vert (appdata v)
{
    v2f o;
    o.vertexClip = UnityObjectToClipPos(v.vertex);
    o.vertexWorld = mul(unity_ObjectToWorld, v.vertex);
    o.uv = TRANSFORM_TEX(v.uv, _DiffuseTex);
    float3 worldNormal = UnityObjectToWorldNormal(v.normal);
    o.worldNormal = worldNormal;
    return o;
}
float4 frag (v2f i) : SV_Target
{
    float3 normalDirection = normalize(i.worldNormal);
    float3 viewDirection = normalize(UnityWorldSpaceViewDir(i.
    vertexWorld));
    float3 lightDirection = normalize(UnityWorldSpaceLightDir(i.
    vertexWorld));
```

```
            float4 tex = tex2D(_DiffuseTex, i.uv);
            float nl = max(_Ambient, dot(normalDirection, lightDirection));
            float4 diffuseTerm = nl * _Color * tex * _LightColor0;
            float3 reflectionDirection = reflect(-lightDirection, normalDirection);
            float3 specularDot = max(0.0, dot(viewDirection, reflectionDirection));
            float3 specular = pow(specularDot, _Shininess);
            float4 specularTerm = float4(specular, 1) * _SpecColor * _LightColor0;
            float4 finalColor = diffuseTerm + specularTerm;
            return finalColor;
        }
        ENDCG
    }
    Pass
    {
        Tags { "LightMode" = "ForwardAdd" }
        Blend One One
        CGPROGRAM
        #pragma vertex vert
        #pragma fragment frag
        #pragma multi_compile_fwdadd
        #include "UnityCG.cginc"
        #include "UnityLightingCommon.cginc"
        struct appdata
        {
            float4 vertex : POSITION;
            float3 normal : NORMAL;
            float2 uv : TEXCOORD0;
        };
        struct v2f {
            float2 uv : TEXCOORD0;
            float4 vertexClip : SV_POSITION;
            float4 vertexWorld : TEXCOORD2;
            float3 worldNormal : TEXCOORD1;
        };
        sampler2D _DiffuseTex;
        float4 _DiffuseTex_ST;
        float4 _Color;
        float _Ambient;
```

```
float _Shininess;
v2f vert (appdata v)
{
    v2f o;
    o.vertexClip = UnityObjectToClipPos(v.vertex);
    o.vertexWorld = mul(unity_ObjectToWorld, v.vertex);
    o.uv = TRANSFORM_TEX(v.uv, _DiffuseTex);
    float3 worldNormal = UnityObjectToWorldNormal(v.normal);
    o.worldNormal = worldNormal;
    return o;
}
float4 frag (v2f i) : SV_Target
{
    float3 normalDirection = normalize(i.worldNormal);
    float3 viewDirection = normalize(UnityWorldSpaceViewDir(i.
    vertexWorld));
    float3 lightDirection = normalize(UnityWorldSpaceLightDir(i.
    vertexWorld));
    float4 tex = tex2D(_DiffuseTex, i.uv);
    float nl = max(0.0, dot(normalDirection, lightDirection));
    float4 diffuseTerm = nl * _Color * tex * _LightColor0;
    float3 reflectionDirection = reflect(-lightDirection,
    normalDirection);
    float3 specularDot = max(0.0, dot(viewDirection,
    reflectionDirection));
    float3 specular = pow(specularDot, _Shininess);
    float4 specularTerm = float4(specular, 1) * _SpecColor *
    _LightColor0;
    float4 finalColor = diffuseTerm + specularTerm;
    return finalColor;
}
ENDCG
        }
    }
}
```

▌요약

6장에서는 스펙큘러의 가장 단순한 버전인 퐁을 구현했다. 그리고 이후에 셰이더에서 다중 광원 지원을 추가했다. 그 결과 매우 긴 중복 코드가 생겨났다.

7장에서는 공간 변환 작업의 일부를 돕는 표면 셰이더$^{surface shaders}$를 소개할 것이다. 이를 활용해 다중 광원 지원 코드에 있었던 많은 양의 중복 코드를 제거할 수 있을 것이다.

7장
서피스 셰이더

5장과 6장에서는 렌더링 라이팅 기본 이론에 대해서 설명했고 바닥부터 스펙큘러 및 디퓨즈 셰이더를 언릿 셰이더 내부에 구현했다. 7장에서는 이전 장의 언릿 셰이더를 코드를 간결하게 유지할 수 있는 서피스 셰이더로 변환할 것이다.

▍ 서피스 셰이더는 무엇인가?

서피스 셰이더는 서피스 라이팅 모델을 계산하는 특수한 유니티 셰이더의 종류 중 하나다. 7장부터는 라이팅 셰이더를 작성할 때 오직 서피스 셰이더만 사용할 것이다.

서피스 셰이더의 최고 장점은 상당한 양의 보일러플레이트 코드를 감출 수 있는 것이다. 예를 들어 이전 장의 셰이더를 생각해보자. 셰이더에 멀티 광원 지원을 위해 기본적으로 전체 셰이더 코드를 복사하고 붙여넣어야만 했다. 이는 상당히 성가신 일이다. 서피스 셰이더에서는 이를 해결했다. 물론 조금의 탄력성을 잃는 대가가 존재한다. 물론 더 정교한 ForwardBase 패스를 컨트롤하기 위해 언릿 셰이더를 사용해야 할 수도 있다. 하지만 우리의 목적으로 비춰볼 때 서피스 셰이더만으로도 충분하다.

서피스 셰이더의 구조는 언릿 셰이더의 구조와 다르다. 언릿 셰이더에서는 두 가지 셰이더 함수(정점과 프레그먼트)와 두 가지 데이터 구조체(하나는 정점 함수의 입력으로 사용했고 다른 하나는 출력으로 사용함)를 사용했었다. 그리고 하나 이상의 광원을 지원하려면 ForwardAdd와 ForwardBase라는 두 가지 패스를 작성해야 했었다. 서피스 셰이더에서는 정점 함수는 필수가 아니다. 그리고 두가지 데이터 구조체를 여전히 사용하기는 하지만 다른 목적이 있다. 프레그먼트 함수를 전혀 건드릴 필요도 없다. 하지만 대신 서피스 함수를 작성해야만 한다. 또한 선택적으로 본인만의 라이팅 모델 함수를 작성할 수 있다.

기본 서피스 셰이더

프로젝트 창에서 마우스 오른쪽 버튼을 클릭한 후 Create → Shader → Standard Surface Shader를 선택해 신규 서피스 셰이더를 생성하자. 그러면 리스팅 7-1과 같은 코드가 생성돼 있을 것이다.

리스팅 7-1 기본 서피스 셰이더

```
Shader "Custom/defaultSurfaceShader" {
    Properties {
        _Color ("Color", Color) = (1,1,1,1)
```

```
    _MainTex ("Albedo (RGB)", 2D) = "white" {}
    _Glossiness ("Smoothness", Range(0,1)) = 0.5
    _Metallic ("Metallic", Range(0,1)) = 0.0
}
SubShader {
    Tags { "RenderType"="Opaque" }
    LOD 200

    CGPROGRAM
    // 물리 기반 표준 라이팅 모델 사용, 모든 광원 타입에 그림자 활성화
    #pragma surface surf Standard fullforwardshadows

    // 라이팅 효과가 더 멋져 보이도록 셰이더 모델 3.0 타깃 사용
    #pragma target 3.0

    sampler2D _MainTex;

    struct Input {
        float2 uv_MainTex;
    };

    half _Glossiness;
    half _Metallic;
    fixed4 _Color;

    // 해당 셰이더에 인스턴스 서포트를 추가한다. 이 셰이더를 활용하는 재질에 '인스턴싱 활성화'
    //    를 체크해야 한다.
    // 인스턴싱에 대한 자세한 정보는 https://docs.unity3d.com/Manual/
    //    GPUInstancing.html이 사이트를 참고한다.
    // #pragma instancing_options assumeuniformscaling
    UNITY_INSTANCING_CBUFFER_START(Props)
        // 각 인스턴스별 프로퍼티는 여기에 넣는다.
    UNITY_INSTANCING_CBUFFER_END

    void surf (Input IN, inout SurfaceOutputStandard o) {
        // 색상이 스며든 텍스처에서 알베도값을 가져온다.
        fixed4 c = tex2D (_MainTex, IN.uv_MainTex) * _Color;
        o.Albedo = c.rgb;
        // 금속성(metallic)과 부드러움(smoothness)정도는 슬라이더 변수에서 가져온다.
```

```
            o.Metallic = _Metallic;

            o.Smoothness = _Glossiness;

            o.Alpha = c.a;

        }
        ENDCG

    }
    FallBack "Diffuse"

}
```

앞에서 이야기한대로 정점 함수와 프레그먼트 함수가 없고 대신 신규 서피스 함수와
신규 pragma가 존재한다.

Pragmas

여전히 속성 블록은 존재한다. 하지만 vert와 frag의 pragma는 어디에도 없다. 대신
그 자리에는 surface pragma만 존재한다. 이 surface pragma는 첫 번째 인자로 서
피스 함수를 받는다. 셰이더에 서피스 함수를 작성하는 것은 독자의 몫이다(추후에
그 안에 무엇이 들어갈 것인지 조금 자세히 설명할 것이다). 그리고 다음 인자로 사용할
라이팅 모델을 받고 그 이후에는 다른 옵션을 받는다.

기본으로 생성된 파일에 있는 surf pragma는 다음과 같다.

```
#pragma surface surf Standard fullforwardshadows
```

surf는 서피스 함수 이름이고 Standard는 라이팅 모델이며 fullforwardshadows는
옵션이다.

기본 정점 함수를 바꾸고 싶다면 바꿀 수 있다. 정점 입력과 출력 데이터 구조체를
표기하면 (관습적으로 보통은 appdata와 v2f라고 한다. 하지만 원하는 이름으로도 할 수 있
다.) 서피스 셰이더 내에 커스텀 정점 함수를 작성할 수 있다. 그리고 다음과 같은 방

법으로 그것을 surf pragma로 건넬 수 있다.

```
#pragma surface surf Lambert vertex:vert
```

다시 한 번 이야기하지만 surf는 서피스 함수다. 그리고 Lambert는 내장 라이팅 모델이며 vertex:vert는 정점 함수를 나타낸다.

신규 데이터 구조체

지금은 서피스 함수를 살펴보고 인스턴싱하는 부분에 대해서는 무시하겠다. 서피스 함수는 Input이라고 하는 데이터 구조체를 취한다. 이 데이터 구조체는 이 셰이더에도 들어있다. 그리고 inout이라는 타입 퀄리파이어가 붙은 SurfaceOutputStandard라는 데이터 구조체를 취한다. inout이라는 의미는 입력뿐만 아니라 출력도 의미한다. 그리고 입력과 출력을 위해 다른 두 가지 데이터 구조체를 사용할 필요가 없다는 것을 의미한다. 이 SurfaceOutputStandard 데이터 구조체는 라이팅 함수^{(Standard,} ^{BlinnPhong, Lambert, 독자가 작성한 커스텀 함수})로 보내질 것이다.

이 셰이더에 있는 Input 구조체에는 UV만 포함한다. 이는 v2f가 담당했었던 정점 함수의 출력 역할을 맡는다.

```
struct Input {
        float2 uv_MainTex;
};
```

이 파일에는 인클루드 구문이 존재하지 않는다는 사실을 눈치챘을 수도 있다. 하지만 SurfaceOutputStandard는 보통 인클루트 파일, 특히 UnityPBSLighting.cginc에 존재한다(리스팅 7-2 참조).

```
struct SurfaceOutputStandard
{
        fixed3 Albedo; // 기본 색상(디퓨즈 혹은 스펙큘러)
        fixed3 Normal; // 탄젠트 공간 노멀
        half3 Emission;
        half Metallic; // 0=비금속성, 1=금속성
        half Smoothness; // 0=거침, 1=부드러움
        half Occlusion;  // occlusion (default 1)
        fixed Alpha;  // 투명도 알파
};
```

이 데이터 구조체의 목적은 라이팅 함수로 정보를 전달하는 것이다.

서피스 함수

surf 함수는 필요한 데이터를 준비하는 데 사용하다. 그리고 데이터 구조체에 필요한 데이터를 할당한다.

리스팅 7-3 기본 surf 함수

```
void surf (Input IN, inout SurfaceOutputStandard o) {
    fixed4 c = tex2D (_MainTex, IN.uv_MainTex) * _Color;
    o.Albedo = c.rgb;
    // 슬라이더 값에서 Metallic과 Smoothness를 가져온다.
    o.Metallic = _Metallic;
    o.Smoothness = _Glossiness;
    o.Alpha = c.a;
}
```

위와 같이 이 기본 셰이더에서는 SurfaceOutputStandard 데이터 구조체의 일곱가지 멤버 중 네 가지를 채우고 있다. 이들 중 일부는 대부분의 라이팅 모델에서 사용

되지만, 몇 가지는 유니티 표준 라이팅 모델에 특화돼 있다.

Albedo는 유니티에서 표면의 색상을 의미한다. 이는 일반적으로 디퓨즈 텍스처에서 가져온다. Alpha은 투명 메시를 사용하는 것이 아니라면 실제로는 사용하지 않는다. Normal은 노멀 맵에서 가져온다. 그리고 Emisson은 메시가 빛을 발산하면 사용한다. 이 외에 나머지는 모두 표준 라이팅 모델에 특화돼 있다.

라이팅 모델이란?

이를 이해하기 가장 쉬운 방법은 예제를 통해서 이해하는 것이다. 표준 라이팅 함수는 매우 복잡하다. 우리에게 친숙한 것을 가지고 살펴보자. 다음은 Lighting.cginc에서 가져온(하지만 한 함수 내로 표현하기 위해 수정했다.) Lambert 라이팅 함수(리스팅 7-4 참조)다.

리스팅 7-4 라이팅 모델 함수로 구현한 람버트

```
inline fixed4 LightingLambert (SurfaceOutput s, UnityGI gi)
{
    fixed4 c;
    UnityLight light = gi.light;
    fixed diff = max (0, dot (s.Normal, light.dir));

    c.rgb = s.Albedo * light.color * diff;
    c.a = s.Alpha;

    #ifdef UNITY_LIGHT_FUNCTION_APPLY_INDIRECT
        c.rgb += s.Albedo * gi.indirect.diffuse;
    #endif

    return c;
}
```

이것은 라이팅 모델 함수다. 독자가 스스로 작성할 모든 커스텀 라이팅 모델은 이

와 동일한 패턴을 따를 것이다. 이 함수는 fixed4를 반환하고 SurfaceOutput과 UnityGI 데이터 구조체를 취한다.

SurfaceOutput은 SurfaceOutputStandard와 유사하다. 차이점은 단지 멤버의 개수가 조금 더 적다는 것이다. 왜냐하면 람버트가 더 간단한 라이팅 모델이기 때문이다. UnityGI는 광역 조명 시스템이 계산하는 간접광 관련 정보를 전달하는 데 사용하는 데이터 구조체다. 광역 조명은 기본적으로 간접광 계산 문제를 해결하는 데 훨씬 더 좋은 방법이다. 이것은 앞에서 간단한 앰비언트 값을 가지고 해결한 방법이다.

광역 조명을 아직 신경 쓸 필요는 없다. 이 주제 관련 UnityGI의 중요한 멤버는 light다. light는 UnityLight라는 또 다른 데이터 구조체다. UnityLight에는 빛의 방향 벡터와 빛의 색상을 포함하고 있다. 독자는 여기에서 5장에서 람버트를 구현하는 데 사용한 계산 방법(빛과 표면 색상의 내적과 곱)이 떠올라야 한다.

라이팅 함수는 표면에서의 빛의 행동을 시뮬레이션해야 한다. 이렇게 하기 위해서는 디퓨즈와 스펙큘러 근사에서 배운 몇 가지 정보가 필요하다. 즉 빛의 방향 벡터, 노멀 벡터, 표면과 광원의 색상 그리고 아마도 시야 벡터일 것이다.

SurfaceOutput과 그의 사촌인 SurfaceOutputStandard는 모두 멤버로서 표면의 노멀과 색상(albedo)을 포함하고 있다. 빛의 방향 벡터와 색상은 UnityGI 데이터 구조체로부터 얻을 수 있다. 다른 말로 하면 라이팅 함수는 입력 데이터 구조체와 다른 인자들을 통해 빛을 계산하는 데 필요한 모든 데이터가 전달된다.

Lambert에는 시야 벡터가 필요 없다. 만약 필요했었다면 함수의 형태는 다음과 같았을 것이다.

```
half4 Lighting<Name> (SurfaceOutput s, half3 viewDir, UnityGI gi);
```

함수의 형태를 이런 식으로 하면 컴파일러가 함수를 라이팅 모델 함수로 인식할 것이다. 그리고 이 함수를 surface pragma에 사용할 수 있을 것이다. 이것으로 서피스 셰이더를 작성하는 데 필요한 모든 정보를 살펴봤다. 이제 이것들을 어떻게 정확하게 조립할 수 있을까?

서피스 셰이더의 데이터 흐름

서피스 셰이더의 실행 모델은 다소 직관적이지 않다. 이것을 염두에 둬야 한다. 서피스 셰이더는 무대 뒤편에서 언릿 셰이더와 매우 유사하게 컴파일된다. 이 시점에 서피스 셰이더는 정점 셰이더와 프레그먼트 셰이더로 다시 쪼개진다.

서피스 셰이더는 시간과 코드 줄 수를 절약하기 위해 탄력성의 일부를 희생한다. 인터페이스를 통해 프레그먼트 셰이더를 묶은 후 분리한다. 서피스 셰이더에서는 서피스 함수와 라이팅 모델 함수를 쪼갠다. 더욱더 나아가 유니티는 다양한 내장 라이팅 함수를 제공해 독자들이 오직 서피스 함수에만 집중할 수 있게 한다.

이 책에서는 물리적 기반 라이팅 모델 함수 작성과 함께 그것들을 나머지 유니티 셰이더 인프스트럭처와 융합하는 데 초점을 맞출 것이다. 추후에는 라이팅 함수에 꽤 친숙하게 될 것이다.

지금은 부가적인 정점 함수에서부터 시작하는 데이터의 흐름에 집중하자. 정점 함수를 통해 입력과 출력 데이터 구조체를 생성할 수 있다. 또한 표준 라이브러리에 포함된 것들에 집중해야 한다. 그런 후 데이터 흐름은 정점 함수에서 서피스 함수로 전달되는 Input 구조체로 향한다. 이 서피스 함수에서 라이팅 계산에 필요한 대부분의 데이터를 포함하는 데이터 구조체를 채운다. 이 구조체는 보통 SurfaceOutput 혹은 이와 유사한 이름으로 돼 있다. 이 구조체는 결국 색상을 반환하는 라이팅 함수로 전달된다(그림 7-1 참조).

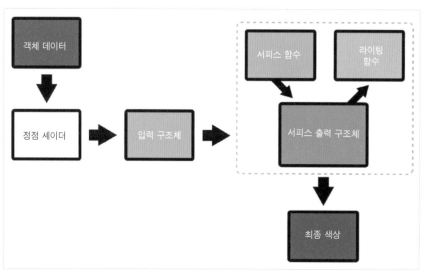

그림 7-1 서피스 셰이더의 데이터 흐름

▎ 서피스 셰이더 편집

이제 서피스 셰이더가 무엇인지 그리고 어떠한 장점이 있는지 배웠다. 이제 유니티 표준 라이팅 함수를 사용하는 몇 가지 커스텀 셰이더를 살펴보자. 표준 라이팅 모델은 물리 기반이다.

8장에서는 코드들이 정확히 무엇을 의미하는지와 함께 물리 기반을 둔 코드들에 대해서 정확하게 설명할 것이다.

두 번째 알베도 맵 추가하기

표준 라이팅 모델을 사용해 해결할 수 없는 문제들 가운데 가장 일반적인 것 중 하나는 한 개 이상의 텍스처가 필요한 경우다. 두 번째 알베도 텍스처를 추가하고 슬라이더를 통해 두 개의 값을 선형 변환해보자.

먼저 두 번째 텍스처와 슬라이더 값을 추가한다.

리스팅 7-5 두 번째 알베도 텍스처 속성 추가

```
Properties {
      _Color ("Color", Color) = (1,1,1,1)
      _MainTex ("Albedo (RGB)", 2D) = "white" {}
      _SecondAlbedo ("Second Albedo (RGB)", 2D) = "white" {}
      _AlbedoLerp ("Albedo Lerp", Range(0,1)) = 0.5
      _Glossiness ("Smoothness", Range(0,1)) = 0.5
      _Metallic ("Metallic", Range(0,1)) = 0.0
   }
```

평상시와 마찬가지로 변수들을 선언해야 한다. input 구조체에서 변수를 선언할 것이다. 두 번째 텍스처를 위한 또 다른 UV 집합을 Input 구조체에 넣어야 하지 않나 생각할 수도 있다. 하지만 텍스처가 동일한 UV의 구조를 가지고 있다면 하나의 UV 집합을 재활용할 수 있다.

리스팅 7-6 input 구조체에서 변수 선언

```
Sampler2D _MainTex;
sampler2D _SecondAlbedo;
half _AlbedoLerp;
```

이제 남은 일은 surf 함수에 적당한 몇 줄을 넣는 일이다. 라이팅 함수에 정보들을 보내기 앞서 기본적으로 셰이더의 입력 데이터(텍스처 및 각종 값들)를 처리한다. 따라서 동일한 UV와 함께 두 번째 테스트를 살펴보고 둘을 선형 보간한 결과 값을 알베도 출력에 할당해야 한다(리스팅 7-7 참조).

리스팅 7-7 두 번째 알베도 텍스처 샘플링 및 두 알베도 텍스처의 선형 보간

```
void surf (Input IN, inout SurfaceOutputStandard o) {
    fixed4 c = tex2D (_MainTex, IN.uv_MainTex);
    fixed4 secondAlbedo = tex2D (_SecondAlbedo, IN.uv_MainTex);
    o.Albedo = lerp(c, secondAlbedo, _AlbedoLerp) * _Color;
```

```
    // Metallic and smoothness come from slider variables
    o.Metallic = _Metallic;
    o.Smoothness = _Glossiness;
    o.Alpha = c.a;
}
```

이것이 필요한 전부다. 이제 최종 결과를 살펴보자. 두 번째 텍스처는 첫 번째와 다른 종류의 텍스처다. 그것을 노이즈 값으로 채워놓은 것이다. 이 두 텍스처를 선형 보간한 결과는 그림 7-2와 같다.

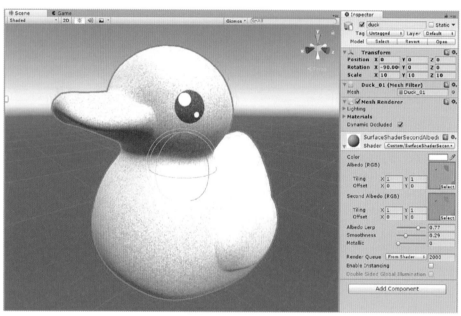

그림 7-2 두가지 알베도 텍스처를 선형 보간한 결과

첫 번째 텍스처에서 온 연노랑 색조와 두 번째 텍스처에서 온 노이즈를 최종 결과에서 모두 볼 수 있다. 리스팅 7-8은 독자의 편의를 위해 최종 셰이더 코드를 나열한 것이다.

리스팅 7-8 두 알베도 텍스처를 선영 보간한 서피스 셰이더

```
Shader "Custom/SurfaceShaderSecondAlbedo" {
    Properties {
        _Color ("Color", Color) = (1,1,1,1)
        _MainTex ("Albedo (RGB)", 2D) = "white" {}
        _SecondAlbedo ("Second Albedo (RGB)", 2D) = "white" {}
        _AlbedoLerp ("Albedo Lerp", Range(0,1)) = 0.5
        _Glossiness ("Smoothness", Range(0,1)) = 0.5
        _Metallic ("Metallic", Range(0,1)) = 0.0
    }
    SubShader {
        Tags { "RenderType"="Opaque" }
        LOD 200

        CGPROGRAM
        // 물리 기반 표준 라이팅 모델, 모든 타입의 광원에 그림자 활성화
        #pragma surface surf Standard fullforwardshadows

        // 라이팅 효과가 더 멋져 보이도록 셰이더 모델 3.0 타깃 사용
        #pragma target 3.0

        sampler2D _MainTex;
        sampler2D _SecondAlbedo;
        half _AlbedoLerp;

        struct Input {
            float2 uv_MainTex;
        };

        half _Glossiness;
        half _Metallic;
        fixed4 _Color;

        // 해당 셰이더에 인스턴스 서포트를 추가한다. 이 셰이더를 활용하는 재질에 '인스턴싱 활성화'
            를 체크해야 한다.
        // 인스턴싱에 대한 자세한 정보는 https://docs.unity3d.com/Manual/
            GPUInstancing.html 사이트를 참고한다.
```

```
        // #pragma instancing_options assumeuniformscaling
        UNITY_INSTANCING_CBUFFER_START(Props)
        // 각 인스턴스별 프로퍼티는 여기에 넣는다.
        UNITY_INSTANCING_CBUFFER_END

        void surf (Input IN, inout SurfaceOutputStandard o) {
            // 색상이 스며든 텍스처에서 알베도값을 가져온다.
            fixed4 c = tex2D (_MainTex, IN.uv_MainTex);
            fixed4 secondAlbedo = tex2D (_SecondAlbedo, IN.uv_MainTex);
            o.Albedo = lerp(c, secondAlbedo, _AlbedoLerp) * _Color;
            // 금속성(metallic)과 부드러움(smoothness)정도는 슬라이더 변수에서 가져온다.
            o.Metallic = _Metallic;
            o.Smoothness = _Glossiness;
            o.Alpha = c.a;
        }
        ENDCG
    }
    FallBack "Diffuse"
}
```

좀 더 정교한 조정을 하고 싶다면 슬라이더 대신에 텍스처를 사용할 수 있다. 이 과정은 기존 과정과 매우 유사하다. 세 번째 텍스처가 필요하게 될 것이다. 이 세 번째 텍스처를 마스크 텍스처로 사용해 텍스처 채널로부터 값을 추출하고 선형 보간을 조절하는 값으로 그 값을 사용하면 된다.

노멀 맵 추가하기

자주 하는 작업 중 또 하나는 노멀 맵을 다루는 것이다. 7장 초반에 나왔던 기본 셰이더에 노멀 맵을 추가해보자. 마찬가지로 우선은 리스팅 7-9와 같이 노멀 맵을 위한 속성을 추가 한다.

리스팅 7-9 노멀 맵 속성 추가하기

```
Properties {
```

```
    _Color ("Color", Color) = (1,1,1,1)
    _MainTex ("Albedo (RGB)", 2D) = "white" {}
    _NormalMap("Normal Map", 2D) = "bump" {}
    _Glossiness ("Smoothness", Range(0,1)) = 0.5
    _Metallic ("Metallic", Range(0,1)) = 0.0
}
```

마찬가지로 변수도 선언한다. surf 함수에 해당 변수를 다루는 적합한 코드를 추가한다. 여기에서는 텍스처를 샘플링 하는 것(마찬가지로 메인 텍스처 UV가 필요하다)과 그 결과를 UnpackNormal 함수를 적용하는 것이 필요하다. 그리고 그 결과를 리스팅 7-10과 같이 서피스 출력 데이터 구조체의 노멀 멤버에 할당한다.

리스팅 7-10 노멀 맵 변수 선언 및 노멀 맵 풀기

```
sampler2D _NormalMap;

void surf (Input IN, inout SurfaceOutputStandard o) {
    // 색상이 스며든 텍스처에서 알베도값을 가져온다.
    fixed4 c = tex2D (_MainTex, IN.uv_MainTex) * _Color;
    o.Normal = UnpackNormal (tex2D (_NormalMap, IN.uv_MainTex));
    o.Albedo = c.rgb;
    // 금속성(metallic)과 부드러움(smoothness) 정도는 슬라이더 변수에서 가져온다.
    o.Metallic = _Metallic;
    o.Smoothness = _Glossiness;
    o.Alpha = c.a;
}
```

셰이더에서 UnpackNormal 함수에는 두 종류의 추가적인 정점 셰이더 출력 멤버들이 (월드 공간 상의 바이노멀과 탄젠트) 필요하다. 그리고 이 작업을 언릿 셰이더에서 한다면 프래그먼트 함수에 몇 줄 더 필요하다. 따라서 서피스로 노멀 맵을 다루면 몇 가지 노력들을 절약할 수 있게 된다. 노멀 맵을 지원한 결과는 그림 7-3처럼 보일 것이다.

그림 7-3 노멀 맵 적용 결과

독자의 편의를 위해 최종 버전의 셰이더를 리스팅 7-11에서 나열했다.

리스팅 7-11 노멀 맵을 추가한 최종 커스텀 서피스 셰이더

```
Shader "Custom/SurfaceShaderNormalMap" {
    Properties {
        _Color ("Color", Color) = (1,1,1,1)
        _MainTex ("Albedo (RGB)", 2D) = "white" {}
        _NormalMap("Normal Map", 2D) = "bump" {}
        _Glossiness ("Smoothness", Range(0,1)) = 0.5
        _Metallic ("Metallic", Range(0,1)) = 0.0
    }
    SubShader {
        Tags { "RenderType"="Opaque" }
        LOD 200
        CGPROGRAM
        // 물리 기반 표준 라이팅 모델, 모든 타입의 광원에 그림자 활성화
        #pragma surface surf Standard fullforwardshadows

        // 라이팅 효과가 더 멋져 보이도록 셰이더 모델 3.0 타깃 사용
```

```
#pragma target 3.0


sampler2D _MainTex;
sampler2D _NormalMap;

struct Input {
    float2 uv_MainTex;
};

half _Glossiness;
half _Metallic;
fixed4 _Color;'
```

// 해당 셰이더에 인스턴스 서포트를 추가한다. 이 셰이더를 활용하는 재질에 '인스턴싱 활성화'
   를 체크해야 한다.
// 인스턴싱에 대한 자세한 정보는 https://docs.unity3d.com/Manual/GPUInstancing.
   html 사이트를 참고한다.

```
// #pragma instancing_options assumeuniformscaling
UNITY_INSTANCING_CBUFFER_START(Props)
    // 각 인스턴스별 프로퍼티는 여기에 넣는다.
UNITY_INSTANCING_CBUFFER_END
void surf (Input IN, inout SurfaceOutputStandard o) {
    // 색상이 스며든 텍스처에서 알베도값을 가져온다.
    fixed4 c = tex2D (_MainTex, IN.uv_MainTex) * _Color;
    o.Normal = UnpackNormal (tex2D (_NormalMap, IN.uv_MainTex));
    o.Albedo = c.rgb;
    // 금속성(metallic)과 부드러움(smoothness)정도는 슬라이더 변수에서 가져온다.
    o.Metallic = _Metallic;
    o.Smoothness = _Glossiness;
    o.Alpha = c.a;
    }
    ENDCG
  }
  FallBack "Diffuse"
}
```

그림자 작동 확인하기

모든 셰이더에는 지금까지 언급한 적이 없는 fallback 값이 있다는 사실을 눈치챘을 것이다. 이 fallback은 메시의 그림자 렌더링에 사용하는 다른 셰이더의 이름이다. 만약 폴백 셰이더가 존재하지 않거나 문제가 있으면 메시 셰이더에도 문제가 발생할 것이다. 일부 메시의 그림자가 소실됐다면 확인해봐야 될 내용중 하나가 이것이다.

다른 내장 라이팅 모델 사용

지금까지 표준 라이팅 모델을 사용했다. 이것을 독자가 원하는 다른 모델로 쉽게 변경할 수 있다. 이제 표준 모델 대신 BlinnPhong을 사용해보자. 이를 위해서 우선 surf pragma를 BlinnPhong으로 변경한다.

```
#pragma surface surf BilnnPhong fullforwardshadows
```

이 BlinnPhong 라이트 함수는 SufaceOutputStandard 대신에 SurfaceOutput 데이터 구조체를 취한다. 따라서 surf 함수의 인자를 SurfaceOutput으로 변경하자.

```
void surf (Input IN, inout SurfaceOutput o) {
```

BilinnPhong에는 glossiness와 metallic에 대한 개념이 존재하지 않기 때문에 특성, 변수 선언, surf 함수에서 관련된 내용을 제거해줘야 한다. 그런 후 리스팅 7-12와 같이 BlinnPhong 라이팅 모델 함수에서 사용하는 Gloss와 Specular 특성을 추가해 줘야 한다.

리스팅 7-12 내장 BlinnPhong 라이팅 모델 함수

```
inline fixed4 UnityPhongLight (SurfaceOutput s, half3 viewDir, UnityLight light)
{
```

```
    half3 h = normalize (light.dir + viewDir);

    fixed diff = max (0, dot (s.Normal, light.dir));

    float nh = max (0, dot (s.Normal, h));
    float spec = pow (nh, s.Specular*128.0) * s.Gloss;
    fixed4 c;
    c.rgb = s.Albedo * light.color * diff + light.color * _SpecColor.rgb *
    spec;
    c.a = s.Alpha;

    return c;
}
```

BlinnPhong 구현에 Specular, SpecColor, Gloss를 사용했다. 전통적으로 유니티에서의 알베도 텍스처의 알파값은 gloss값을 제공하는 데 사용한다. 그리고 스펙큘러값은 속성내의 shininess로 선언한다. SpecColor 또한 속성에는 추가해야 하지만 기본으로 선언하기 때문에 선언할 필요는 없다. 리스팅 7-13은 최종 BlinnPhong 서피스 셰이더를 나열한 것이다.

리스팅 7-13 최종 BlinnPhong 커스텀 셰이더

```
Shader "Custom/SurfaceShaderBlinnPhong" {
    Properties {
        _Color ("Color", Color) = (1,1,1,1)
        _MainTex ("Albedo (RGB)", 2D) = "white" {}
        _SpecColor ("Specular Material Color", Color) = (1,1,1,1)
        _Shininess ("Shininess", Range (0.03, 1)) = 0.078125
    }
    SubShader {
        Tags { "RenderType"="Opaque" }
        LOD 200
        CGPROGRAM
        #pragma surface surf BlinnPhong fullforwardshadows
        #pragma target 3.0
```

```
    sampler2D _MainTex;
    float _Shininess;

    struct Input {
        float2 uv_MainTex;
    };

    fixed4 _Color;

    UNITY_INSTANCING_CBUFFER_START(Props)
    UNITY_INSTANCING_CBUFFER_END

    void surf (Input IN, inout SurfaceOutput o) {
        fixed4 c = tex2D (_MainTex, IN.uv_MainTex) * _Color;
        o.Albedo = c.rgb;
        o.Specular = _Shininess;
        o.Gloss = c.a;
        o.Alpha = 1.0f;
    }
    ENDCG
    }
    FallBack "Diffuse"
}
```

그림 7-4는 최종 BlinnPhong 서피스 셰이더가 오리 씬에 적용된 결과를 보여준다.

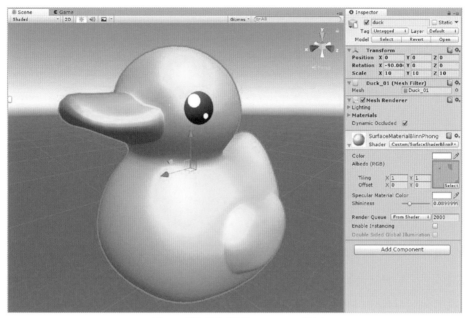

그림 7-4 일반 씬에 적용된 BlinnPhong 셰이더

커스텀 라이팅 모델 작성

지금부터 라이팅 함수 작성이 우리의 관심사가 될 것이다. 이제 시작해보자. 유니티에는 내장 Phong 라이팅 모델이 없고 대신 BlinnPhong을 사용한다. Phong을 통해 배운 기존 지식을 활용해 커스텀 라이팅 모델을 구현해보자.

라이팅 모델 함수 시그니처

이전에 언급했듯이 커스텀 라이팅 모델 함수가 가질 수 있는 시그니처 형태는 제한적이다.

형태의 종류는 네 가지다. 그중 둘은 포워드 렌더러에서 사용하고, 하나는 디퓨즈만 사용하며, 또 다른 하나는 뷰에 종속적, 즉 스펙큘러에서 사용할 수 있다. 다음은 디퓨즈용 시그니처다.

```
half4 Lighting<Name> (SurfaceOutput s, unityGI gi);
```

다음은 뷰 종속 관련 시그니처다.

```
half4 Lighting<Name> (SurfaceOutput s, half3 viewDir, UnityGI gi);
```

나머지 두 가지 시그니처는 최신 버전 디퍼드 렌더러와 구 버전 디퍼드 렌더러다. 이 책에서는 디퍼드 렌더링에 대해서 다루지 않을 것이다 왜냐하면 디퍼드 렌더링 사용은 셰이더에서 사용할 수 있는 데이터를 제한하기 때문이다. 또한 추가적인 데이터가 필요한 더 흥미로운 라이팅 모델을 사용할 수 없다. 앞으로 배울 모든 원리들은 디퍼드 렌더러에서 사용 가능하다.

다음은 디퍼드 렌더러에서 사용하는 두 가지 함수 시그니처다.

```
half4 Lighting<Name>_Deferred (SurfaceOutput s, UnityGI gi, out half4
outDiffuseOcclusion, out half4 outSpecSmoothness, out half4 outNormal);
half4 Lighting<Name>_PrePass (SurfaceOutput s, half4 light);
```

이것들을 사용하진 않을 것이지만 그래도 이것들을 식별할 수 있다면 좋을 것이다.

SurfaceOutput 데이터 구조체

계속 해보면 퐁은 철저하게 뷰에 종속적이다. 따라서 두 번째 타입의 시그니처를 사용해야 한다. SurfaceOutput의 멤버 변수들에 대해서 알아보자. 리스팅 7-14를 살펴보자.

리스팅 7-14 SurfaceOutput 데이터 구조체

```
struct SurfaceOutput {
    fixed3 Albedo;
    fixed3 Normal;
    fixed3 Emission;
    half Specular;
    fixed Gloss;
    fixed Alpha;
};
```

Emisson(빛을 스스로 발산하는 객체에 사용한다)은 여기에서 사용하지 않을 것이다. 이 데이터 구조체의 Normal은 이미 월드 공간 기준으로 돼 있다. 또한 이 함수 시그니처에 있는 빛의 방향 벡터 및 viewDir도 월드 공간 기준으로 돼 있다.

서피스 함수

서피스 함수는 알베도와 알파값만 건내 주면 되기 때문에 매우 간단하다(리스팅 7-15 참조).

리스팅 7-15 퐁 커스텀 서피스 셰이더의 서피스 함수

```
void surf (Input IN, inout Surfaceoutput o) {
    fixed4 c = tex2D (_MainTex, IN.uv_MainTex) * _Color;
    o.Albedo = c.rgb;
    o.Alpha = 1.0f;
}
```

속성 블록

퐁이 SpecColor와 Shiness값을 사용했던 것을 기억할 것이다. 따라서 해당 속성들을 추가하고 Shiness를 변수로 선언해야 한다. 다시 한 번 강조하지만 SpecColor는 변수로 선언할 필요가 없다(리스팅 7-16 참조).

리스팅 7-16 퐁 커스텀 서피스 셰이더의 속성 블록

```
Properties {
    _Color ("Color", Color) = (1, 1, 1, 1)
    _MainTex ("Albedo (RGB)", 2D) = "white" {}
    _SpecColor ("Specular Material Color", Color) = (1, 1, 1, 1)
    _Shininess ("Shininess", Range (0.03, 128)) = 0.078125
}
```

커스텀 라이팅 함수

이제부터 이 셰이더의 심장 부분에 대해 학습한다. 우리는 몇 장 전에서부터 퐁 구현에 적응해 가고 있다.

라이팅 함수로 전달되는 모든 벡터는 이미 월드 공간이라는 점을 기억하길 바란다. 전달되는 데이터 구조체, 전달되는 일반 값, 직접적으로 사용하는 속성 내에 존재하는 변수들이 혼재 돼 있기 때문에 정확한 소스를 사용하도록 주의해야 한다.

서피스 셰이더에서 유니티의 전역 조명 기능들을 사용하기 더 쉽기 때문에 엠비언트 값을 옮길 것이다.

리스팅 7-17은 최종 라이팅 모델 함수를 보여준다.

리스팅 7-17 커스텀 퐁 라이팅 모델 함수

```
inline fixed4 LightingPhong (SurfaceOutput s, half3 viewDir, UnityGI gi)
{
    UnityLight light = gi.light;

    float nl = max(0.0f, dot(s.Normal, light.dir));
    float3 diffuseTerm = nl * s.Albedo.rgb * light.color;
    float3 reflectionDirection = reflect(-light.dir, s.Normal);
    float3 specularDot = max(0.0, dot(viewDir, reflectionDirection));
    // 엠비언트는 더 이상 존재하지 않는다.
    float3 specular = pow(specularDot, _Shininess);
```

```
    float3 specularTerm = specular * _SpecColor.rgb * light.color.rgb;
    float3 finalColor = diffuseTerm.rgb + specularTerm;

    fixed4 c;
    c.rgb = finalColor;
    c.a = s.Alpha;

    #ifdef UNITY_LIGHT_FUNCTION_APPLY_INDIRECT
        c.rgb += s.Albedo * gi.indirect.diffuse;
    #endif

    return c;
}
```

블록의 끝부분에서 광역 조명 값을 최종 색상에 추가했다. 이것이 잘 동작하려면 LightingPhong_GI라는 추가적인 함수를 제공해야 한다. 당분간은 이 GI 함수를 BlinnPhong과 동일하게 사용할 것이다(리스팅 7-18 참조).

리스팅 7-18 커스텀 퐁 라이팅 모델에 필요한 광역 조명 함수

```
inline void LightingPhong_GI (SurfaceOutput s, UnityGIInput data, inout UnityGI
    gi)
{
    gi = UnityGlobalIllumination(data, 1.0, s.Normal);
}
```

마지막으로 해야 할 일은 surf pragma에 새로 작성한 라이팅 함수를 사용하도록 업데이트하는 것이다.

```
#pragma surface surf Phong fullforwardshadows
```

그림 7-5에서 나온 것처럼 결과가 너무 밝은 것을 보니 광역 조명 데이터가 엠비언트 값보다 강함이 틀림없다.

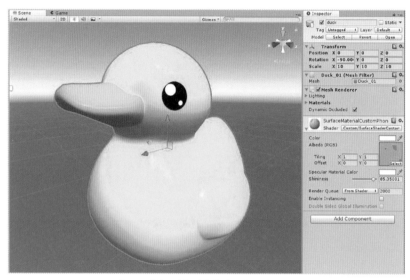

그림 7-5 광역 조명을 사용한 커스텀 퐁 라이팅 모델

광역 조명 관련 줄을 삭제하고 다시 엠비언트를 추가하면 퐁 언릿 셰이더를 사용했을 때와 동일한 결과를 볼 수 있다(그림 7-6 참조).

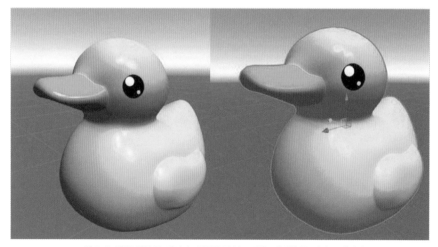

그림 7-6 왼쪽 언릿 퐁 셰이더, 오른쪽 광역 조명을 제거한 퐁 서피스 셰이더

광역 조명을 사용하면 무슨 일이 발생한 것일까? 물리 기반이 아닌 부분을 물리 기반과 섞었기 때문에 이러한 문제가 발생한 것이다. 그럼 이제 알아볼 부분은 무엇이 물리 기반으로 돼있고 어떻게 그것을 유지하는지다. 독자의 편의를 위해 리스팅 7-19에 광역 조명이 적용된 최종 셰이더 코드를 나열했다.

리스팅 7-19 퐁 커스텀 라이팅 모델 함수를 추가한 셰이더 전체 코드

```
Shader "Custom/SurfaceShaderCustomPhong" {
    Properties {
        _Color ("Color", Color) = (1,1,1,1)
        _MainTex ("Albedo (RGB)", 2D) = "white" {}
        _SpecColor ("Specular Material Color", Color) = (1,1,1,1)
        _Shininess ("Shininess", Range (0.03, 128) = 0.078125
    }
    SubShader {
        Tags { "RenderType"="Opaque" }
        LOD 200
        CGPROGRAM
        #pragma surface surf Phong fullforwardshadows
        #pragma target 3.0

        sampler2D _MainTex;
        float _Shininess;
        fixed4 _Color;

        struct Input {
            float2 uv_MainTex;
        };

        UNITY_INSTANCING_CBUFFER_START(Props)
        UNITY_INSTANCING_CBUFFER_END

        inline void LightingPhong_GI (SurfaceOutput s, UnityGIInput data,
            inout UnityGI gi)
        {
            gi = UnityGlobalIllumination (data, 1.0, s.Normal);
```

```
        }

        inline fixed4 LightingPhong (SurfaceOutput s, half3 viewDir, UnityGI gi)
        {
            UnityLight light = gi.light;

            float nl = max(0.0f, dot(s.Normal, light.dir));
            float3 diffuseTerm = nl * s.Albedo.rgb * light.color;

            float3 reflectionDirection = reflect(-light.dir, s.Normal);
            float3 specularDot = max(0.0, dot(viewDir, reflectionDirection));
            float3 specular = pow(specularDot, _Shininess);
            float3 specularTerm = specular * _SpecColor.rgb * light.color.rgb;

            float3 finalColor = diffuseTerm.rgb + specularTerm;

            fixed4 c;
            c.rgb = finalColor;
            c.a = s.Alpha;

            #ifdef UNITY_LIGHT_FUNCTION_APPLY_INDIRECT
                c.rgb += s.Albedo * gi.indirect.diffuse;
            #endif

            return c;
        }

        void surf (Input IN, inout SurfaceOutput o) {
            fixed4 c = tex2D (_MainTex, IN.uv_MainTex) * _Color;
            o.Albedo = c.rgb;
            o.Alpha = 1.0f;
        }
        ENDCG
    }
    FallBack "Diffuse"
}
```

▌요약

7장에서는 서피스 셰이더에 대해서 파헤쳐 봤고 서피스 셰이더가 어떤 점이 좋은지 얘기했다. 서피스 셰이더를 어떻게 커스터마이징하는지, 관련된 몇 가지 유용한 예제를 통해 살펴봤다. 이 장에서 가장 중요한 점은 커스텀 라이팅 모델 함수가 무엇인지 설명했던 부분이다. 그리고 언릿 셰이더로 구현한 퐁을 서피스 셰이더의 커스텀 라이팅 함수로 변환하는 방법을 보여줬다.

물리 기반 원리를 파헤쳐 보고 해당 내용을 자세히 설명할 것이다. 그리고 실전에서 사용할 것이다.

물리 기반 셰이딩

⬡ ⬡ ⬡

2부에서는 물리 기반 셰이딩의 기본 개념부터 커스텀 라이팅 모델을 구현하는 방법에 이르기까지를 다룬다.

미세면(microfacet) 이론과 다양한 커스텀 라이팅 함수에 대해서 배울 것이다. 또한 다양한 커스텀 라이팅 함수를 쉽게 시각화하고 분석하는 방법 및 유니티에서의 구현 방법에 대해서 배울 것이다.

스펙큘러 반사 및 광역 조명을 포함한 커스텀 라이팅의 다양한 기능의 장점을 활용하기 위해 커스텀 라이팅 함수를 유니티 표준 셰이더에 넣는 방법을 학습한다. 또한 반투명(translucency)과 같은 일반적인 커스텀 라이팅 함수에 들어있지 않은 고급 기능 구현 방법을 학습한다. 2파트에는 반사를 구현하는 방법에 대한 개괄 및 유니티 반사 프로브가 밑단에서 어떻게 동작하는지를 포함한다.

물리 기반 셰이딩이란?

물리 기반 셰이딩이란 이전에 구현했던 셰이딩과 유사하다. 하지만 앞으로 구현할 셰이딩에서는 빛에 대한 물리적 성질을 바탕으로 좀 더 정확히 계산한다는 점이 다르다. 판단 기준은 실제 물리적 행위에 맞춰진다.

독자의 셰이더의 라이팅 구현이 제대로 돼있는지 확인하는 방법은 실제 물리 기반의 실생활에서 동일한 씬을 렌더링해 비교할 수 있다.

8장에서는 이 분야와 연관된 빛의 물리적 성질에 대해 논의할 것이다. 1장에서 빛이 표면을 때렸을 때 빛의 성질에 대한 정보를 살펴봤다. 이제는 그것을 더 확장해서 알아본다.

전자기파의 일종인 빛

이 주제를 적절히 다루기 위해 물리학을 간단히 탐구해야 한다. 빛의 본래의 성질에 서부터 시작한다. 빛의 본성은 전자기파이고 어떤 측면에서 전자기파는 입자^{ray} 개념 으로 단순화할 수 있다. 이것은 회절과 같이 빛의 성질의 일부는 파동으로 설명할 수 있고 정반사와 같은 특징들은 입자로 설명할 수 있다.

일반적으로 불규칙한 표면이 빛의 파장의 길이보다 길면 빛의 파동 성질에 대해서 생각할 필요가 없다. 우리가 관심있는 대부분의 성질들은 빛을 입자로 간주해 설명 할 수 있다. 이전에 셰이딩에서의 빛의 성질을 단순화(디퓨즈와 스펙큘러)했던 것을 되새겨보자. 이제 전문 용어와 함께 덜 추상적이고 훨씬 사실적으로 그것들을 다시 설명할 것이다.

미세면 이론 개요

미세면에서 디퓨즈 반사는 다양한 방향으로 반사되고 스펙큘러는 일정 범위의 방향 으로 반사된다고 배웠다. 초심자를 위해 매우 단순화한 것이다. 앞으로는 물리적으 로 정확히 설명할 것이다.

미세면 이론은 빛의 파장보다 표면의 불규칙성이 더 클 때 적용 가능하다. 하지만 우 리가 관찰하는 규모에 비해서는 작다. 거시적인 관점에서는 평평할지라도 미시적인 관점에서는 미세면이 있는 표면을 생각해보자. 파동관점에서는 빛의 파동보다 불규 칙성이 더 큰지 아니면 작은지가 중요하다.

미세면 이론은 들어오는 빛이 표면을 때린 이후에 어디로 반사될 것인지에 대한 수 학적인 통계를 도출할 때 방향을 제시하면 유용하다. 우리는 정점이나 픽셀에 음영 을 입힌다. 표면을 렌더링하는 데 있어서 광선 하나하나에 대해서 확대해서 신경 쓰 고 싶지는 않을 것이다. 통계적 모델로도 우리의 목적에는 충분하다.

굴절과 다른 beasts

아직 다루지 않은 빛의 성질이 있다. 왜냐하면 게임에서는 직접적으로 표현하지는 않기 때문이다. 빛의 입자는 반사되거나 흡수될 수 있다고 했었다. 그리고 빛이 물과 같은 반투명 레이어를 어떻게 통과하는지에 대해 언급했었다. 하지만 굴절이나 투과라고 하는 레이어 아래로 빛이 나아가는 현상에 대해서 이야기하지 않았다.

광선이 표면을 때리면 빛의 일부는 흡수되고 일부는 반사되며 일부는 굴절된다. 그리고 그 각각의 빛의 양은 중요하다. "때린다"는 개념은 약간 더 복잡한 개념이다. 각각의 재질에는 굴절률이 존재한다. 이 굴절률은 빛이 재질을 얼마나 빨리 통과하는지를 나타낸다.

빛은 일정한 굴절률을 갖는 매질에서는 직선으로 나아간다. 빛이 나아가는 동안 굴절률이 변하면 빛은 휜다. 하지만 빛이 매우 다른 굴절률을 갖는 매질 사이를 지나가면 빛은 여러 방향으로 쪼개지며 산란^{scatter}한다.

표면에 특정 알베도 색상 현상은 빛의 흡수(그림 8-1 참조) 현상 때문이다. 빛을 파동으로 생각해보자. 빛에는 색상 스펙트럼이 존재하는 데 표면에서 우리가 보는 색상을 제외한 스펙트럼의 모든 부분은 표면의 흡수에 의해 제거된다. 그리고 스펙트럼에서 흡수되지 않는 부분만 우리의 눈으로 반사돼 들어온다. 편의상 빛의 스펙트럼 특성은 RGB 색상으로 단순화할 수 있다.

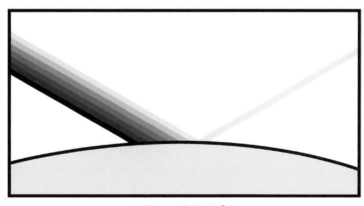

그림 8-1 1장에서 본 흡수

지금까지는 빛의 반사에 초점을 맞췄다. 앞서 말했듯이 광선이 표면을 때릴 때 에너지의 일부는 특정 방향 즉 반사 방향으로 보내진다. 하지만 지금까지 우리는 들어오는 에너지 중 얼마만큼 반사하는지에 대해서는 다루지 않았다. 지금까지는 주로 어느 방향으로 향하는지에 대해서만 신경 썼다. 물리 기반 셰이딩에서는 반사되는 에너지의 비율을 추적하는 것이 중요하다.

지금까지는 3D 모델에 대해서 미시 기하학적으로 모델링하지 않았다. 앞서 얘기했듯이 이것을 통계적으로만 다뤘어야 했었다. 셰이딩하는 모든 픽셀마다 빛은 꼬깔 모양을 형성하며 다양한 방향으로 반사된다(그림 8-2 참조).

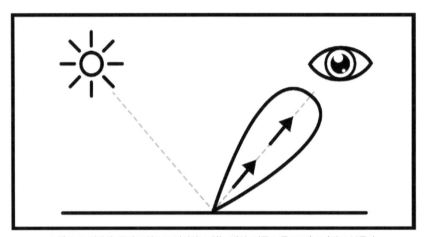

그림 8-2 정반사, 꼬깔 모양으로 반사하고 있는 광선. 이를 보통 로브(lobe)라고 부른다.

빛의 반사량을 추적하려면 들어오는 빛과 비교해야 한다. 렌더링 방정식에서 이를 표현하는 부분이 어느 부분인지 살펴볼 것이다. 입사광은 그림 8-3에서처럼 특정 지점을 둘러싼 반구로부터 들어오는 것을 측정한다.

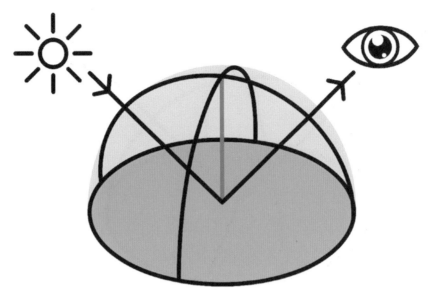

그림 8-3 정반사, 반구에서 들어오는 빛을 보여주고 있다.

이 반구는 기본적으로 표면의 수직 벡터를 기준으로 둘러싼 구의 반쪽 부분이다. 렌더링 방정식에는 모든 방향에서 이 반구로 들어오는 빛을 더한다. 이는 계산을 하는 데 매우 시간이 많이 소모되는 부분이다. 빛의 일부는 추적 및 계산이 쉬운 직접광이다. 하지만 다른 부분은 간접광이다. 이것은 해당 지점으로 들어오기 전에 주변에서 튕겨져 나온 것이다. 정반사$^{mirror\ relection}$의 경우 이러한 현상 때문에 반사 객체 위에 반사된 전체 씬을 볼 수 있는 것이다. 정반사는 유니티의 반사 프로브나 큐브 맵과 같은 기술로 시뮬레이션한다.

계속해서 마지막으로 중요한 것은 지금까지는 굴절(투과 라고도 함)을 간과한 것이다 (그림 8-4 참조).

굴절에서 일어나는 일들은 거울 반사보다 조금 더 복잡하다. 굴절은 빛을 통과시키는 물질의 물리적인 특성에 따라 달라진다. 빛을 통과시키는 균일한 재질^{homogeneous} ^{material}은 각각의 굴절률을 갖는다. 균일 물질을 들어오고 빠져나가는 순간마다 빛은 휜다.

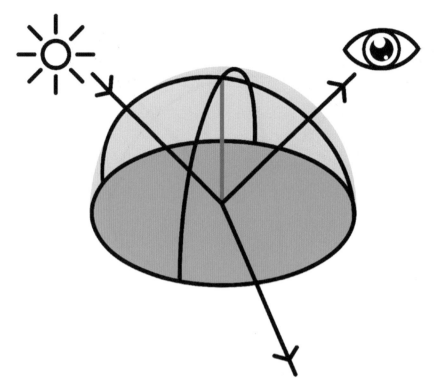

그림 8-4 반구로 들어오는 빛의 방향에 따른 굴절과 정반사

빛이 어떤 재질에서 빠져나와 새로운 재질로 들어가면 빛의 각도는 변한다. 굴절률의 차이가 얼마나 크냐에 따라 굴절 각도가 더 커진다. 빛이 공기에서 물로 향하는 것과 같이 빠른 재질에서 느린 재질로 향하면 빛은 법선 벡터 쪽으로 굽는다. 또한 빛이 재질을 빠져나오면 또 다시 빛의 방향이 바뀐다는 사실을 기억하길 바란다.

굴절 방향은 보통 스넬의 법칙을 사용해 계산한다. 물 또는 유리와 같은 빛을 분명히 굴절시키는 재질이 아니라면 빛의 모든 광선에 대해서 신경 쓰지 않을 것이다. 이전에도 말했듯이 픽셀당 하나의 광선을 갖는 정말 우스운 해상도로 렌더링할 수밖에 없다. 실제로 모든 픽셀에는 수많은 빛의 광선이 관여할 것이다. 따라서 이것들을, 특히 실시간으로 렌더링해야 한다면 통계적으로 다루는 것 말고는 방법이 없다.

굴절을 다루기 위해 우리는 재질을 금속과 비금속(비전도체)으로 나눈다. 금속은 굴절된 빛을 모두 흡수한다. 이것이 금속에 디퓨즈 요소가 훨씬 적은 이유다. 비금속 재질은 빛이 흡수되거나 다시 재질을 빠져나갈 때까지 빛을 주변으로 뿌린다. 하지만 그 위치는 처음 들어온 곳과 떨어져 있을 것이다.

이것이 디퓨즈 근사 알고리즘의 물리적 원리다. 이 알고리즘은 빛이 나가는 지점이 들어오는 지점과 동일하다고 단순화하는 것이다. 만약 픽셀 현재의 픽셀 바깥이 된다면 이를 적절하게 시뮬레이션하기 위해서는 서브서피스 스케터링 테크닉^{subsurface scattering techniques}을 사용해야 한다. 따라서 카메라로부터의 거리는 단순 디퓨즈로 셰이딩할 것인가 아니면 서브서피스 테크닉을 사용해야 하는지를 결정하는 데 매우 중요한 요소다.

▌ 프레넬 반사율

이전에 언급한 바와 같이 표면의 특정 지점에서 얼마나 많은 양의 에너지(빛의 강도)가 들어오고 최종적으로 얼마만큼 밖으로 빠져나가는지를 추적하는 것은 물리 기반 셰이딩을 구현하는 데 매우 중요하다. 스펙큘러 광을 근사했을 때 스펙큘러 광이 들어오는 빛보다 밝지 않아야 한다는 사실에 대해서 신경 쓰지 않았다. 이는 퐁 셰이딩이 사실적으로 보이지 않는 이유 중 하나다.

들어오는 빛 중 반사량과 굴절량의 비율은 빛의 각도, 평면 법선, 뷰의 각도에 영향을 받는다. 흘겨보는 각도에서는 빛이 밑으로 들어가는 양보다 반사되는 양이 훨씬 더 많을 것이다. 예를 들어 보트 위에서 바로 아래를 내려다보는 상황을 가정해보자. 이러한 상황에서는 반사는 거의 존재하지 않을 것이고 물 속을 볼 수 있을 것이다. 만약 반대로 지평선 쪽을 바라본다면 물 밑에 있는 것들이 아닌 반사 현상을 더 많이 볼 수 있을 것이다.

프레넬 반사율 그래프를 입사각을 기준으로 그려보면(그림 8-5 참조) 대부분의 재질은 0도에서 약 45도까지 반사율의 변화가 거의 없다. 특정 프레넬 값으로 시작해서 그 값이 계속 유지된다. 45도에서부터 75도까지 구간에서는 변화가 시작된다. 대부분은 최대 반사율 쪽을 향한다. 90도에서는 대부분의 재질은 완벽히 반사적인 성질을 띤다.

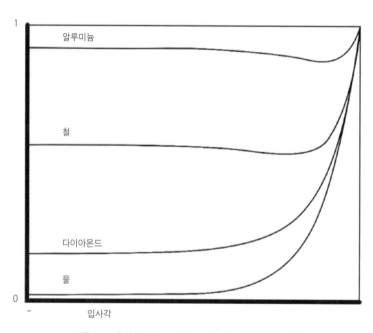

그림 8-5 입사각에 따른 재질별 프레넬 반사율의 변화 그래프

입사각이 0도에서의 표면의 색상이 대부분의 입사각에서도 그대로 유지된다. 따라서 단순화하기 쉽다. 일반적인 경우에는 재질의 스펙큘러 색상을 취하면 된다. 다양한 재질별로 사용해야 할 스펙큘러 색상들을 나열한 재질 차트를 본 적이 있을 것이다. 유니티의 재질 차트는 https://docs.unity3d.com/Manual/StandardShaderMaterialCharts.html에서 확인할 수 있다.

스펙큘러 색상은 대부분 금속에 필요하다. 유전체Dielectrics의 스펙큘러 색상은 불명확하고 어두운 단색을 띄는 경향이 있다. 금속은 서브서피스 스캐터링(모든 빛을 흡수하고 반사하지 않는다) 특성이 전혀 없기 때문에 금속에 스펙큘러 색상이 존재하지 않으면 어떠한 색상도 띄지 않을 것이다.

보통 이러한 빛의 분산(반사와 굴절)을 프레넬 공식을 사용해 계산한다. 이를 슐릭의 근사식을 가지고 코드로 구현한다. 이 근사식은 위 그래프에서 묘사한 실제 물리 세계에서의 값과 유사한 결과를 도출한다.

$$F_{schlick}\left(F_0, l, h\right) = F_0 + \left(1 - F_0\right)\left(1 - (l \cdot h)\right)^5$$

F_0는 입사각 0도에서의 스펙큘러 색상을 의미한다. 원래의 프레넬 공식은 스펙큘러 색상 대신 더 다루기 불편한 굴절 스펙트럼 지수spectral indices of refraction를 사용한다.

▌빛을 측정하는 방법

지금쯤 렌더링은 물리와 뗄래야 뗄 수가 없다는 (어쩌면 무서운) 사실을 깨달았을 것이다. 이러한 직관적인 근사법은 10년 정도밖에 되지 않은 최신 기술이다. 빛과 관련된 물리적인 지식 및 미적분학의 지식 없이 독자는 물리 기반 셰이딩 영역에 혁신을 가져올 수 없다.

필자는 독자가 이 책을 읽는 목적을 알 수 없다. 어떤 독자는 본인의 게임 그래픽을 향상시키는 데에만 관심이 있을 것이다. 다른 독자는 자신만의 물리 기반 렌더러를 만드는 데 관심이 있을 것이다. 아니면 컴퓨터 그래픽스를 연구하는 사람이 되고 싶을지도 모른다. 여러분의 목표에 따라서 물리 쪽으로 깊게 파고 들어 가야 할 수도 있다. 하지만 필자는 여기에서 모든 것들이 제대로 돌아가는 데 필요한 최소한의 적당한 아이디어를 제공하는 것을 목표로 한다. 물리에서 빛(그리고 다른 전자기적 방사선)을 측정하는 것을 복사도 측정radiometry이라고 한다. 렌더링 방정식을 해석하려면 빛과 관련된 적어도 몇 가지 측정 단위를 배워야 한다.

입체각

입체각solid angle(그림 8-6 참조)은 스테라디안steradian이라는 단위로 표현한다. 그리고 이것의 기호는 sr이다. 단위 구로 어떤 형상을 사영한 것이다. 이 반구는 예전부터 이미 익숙해져 있을 것이다.

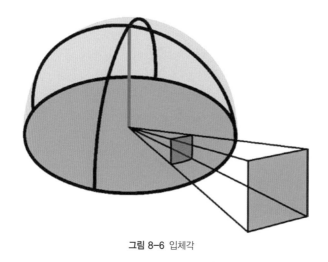

그림 8-6 입체각

파워

모든 방향에서 들어오는 에너지가 한 표면을 통과해 전달되는 정도를 파워^{power}라고 한다(그림 8-7 참조). 파워는 W로 나타낸다.

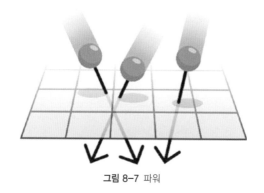

그림 8-7 파워

일레디안스

일레디안스^{Irradiance}는 모든 방향에서 한 지점$^{a\ point}$으로 들어와 그 지점을 통과하는 파워다(그림 8-8 참조). 공식에서는 이를 보통 E로 표현한다. E는 W/m²을 의미한다.

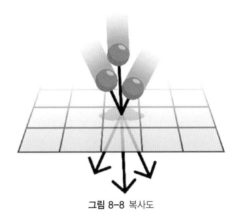

그림 8-8 복사도

레디언스

레디언스^{Radiance}는 하나의 광선에 딸려오는 빛의 크기다. 보통 공식에서는 L로 표현한다. L_i는 들어오는 레디언스를, L_o는 나가는 레디언스를 의미한다. L_o의 단위는 $W/(m^2 sr)$을 의미한다.

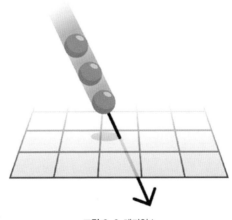

그림 8-9 레디언스

레디언스 $W/(m^2sr)$에서 볼 수 있듯이 이 단위들은 서로 다른 단위를 기반으로 만든 것이다. 마지막 단위에는 이전에 본 단위들인 파워(W), 입체각(sr), 방사도 $W/(m^2)$를 모두 사용한다. 빛을 측정하는 필요한 다른 단위들이 더 존재하지만, 우리의 목적을 위해서는 이 단위만 사용하면 된다.

▎재질을 표현하는 방법

이제 빛을 측정할 때 사용하는 단위가 무엇인지 배웠다. 이제 렌더링을 위한 재질 표현 방법을 살펴볼 수 있다. 빛이 재질과 반응할 때 어떻게 행동하는지는 일반적으로 사용하는 몇 가지 파라미터들를 통해서 표현한다.

지금까지 살펴본 모든 라이팅 모델(람버트, 퐁, 빌린퐁)에는 최소한 표면의 법선 벡터와 빛의 방향 벡터가 필요했다. 또한 라이팅 모델은 시야에 종속적이므로 시야 방향 벡터 역시 필요하다.

지금까지 구현 수단으로 특정 표면에 닿을 때 빛의 성질을 시뮬레이션하는 라이팅 모델 표현식 또는 공식을 사용했다. 하지만 빛의 행동들 중 어떤 부분들을 모델링하고 싶은지에 따라 동일한 개념을 묘사하기 위한 더 많은 기술적인 용어가 존재한다. 이제부터 그것들을 살펴볼 것이다. 지금까지 살펴보고 구현해온 것들과 느낌이 다른 라이팅 모델링에 관한 일반적인 수학적 표현법을 알게 될 것이다.

양방향 반사 분포 함수

양방향 반사 분포 함수^{BRDF, Bidirectional Reflectance Distribution Function}는 빛이 표면에서 어떻게 반사될지에 대해 정의한 함수다. 지금까지 구현한 모든 라이팅 모델은 BRDF다. 즉 앞의 라이팅 모델들의 주요 관심사는 반사였다. 다시 말하면 앞의 라이팅 모델들은 표면 아래의 산란 혹은 반투명 현상을 표현하지 못한다는 의미다.

이 함수들은 들어오는 빛의 방향 벡터와 반사되는 빛의 방향 벡터를 인자로 취한다. 하지만 인자들은 구형 좌표계 형태로 돼 있다(그림 8-10 참조). 이러한 좌표계에서는 숫자 네 개로 이러한 방향을 표현할 수 있다. 그리고 모든 것들이 원점으로부터의 각도로 표현된다. 이 책에서는 (θ쎄타)는 방위각^{azimuth}을 의미하고 (ϕ파이)는 천정각을 의미한다. 하지만 어떤 책에는 각을 표현하는 데 다른 기호를 사용하기도 한다(심지어 헷갈리게 기호의 의미가 이 책과 반대로인 경우도 있다). 이 책은 컴퓨터 그래픽스 고전들의 표기법을 따른다.

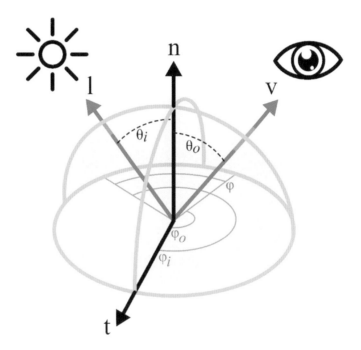

그림 8-10 구형 좌표계로 표현한 입사광 벡터, 시야 벡터, 법선 벡터

그림 8-10에서 네 가지 각도가 존재한다. θi와 φi는 입사광 벡터를 정의한다. 반면 $\theta 0$은 $\varphi 0$ 반사광 벡터(혹은 시야 벡터)를 정의한다. φ는 탄젠트 벡터 t로부터 시작한다. 여러 가지 종류의 BRDF의 양상을 분석하기 위해 앞으로도 이러한 방식의 좌표계를 이용할 것이다. 그러므로 유심히 살펴보길 바란다.

$$f_r\left(\omega_i,\omega_r\right)=\frac{dL_r\left(\omega_r\right)}{dE_i\left(\omega_i\right)}=\frac{dL_r\left(\omega_r\right)}{L_i\left(\omega_i\right)\cos\theta_i\omega_i}$$

이전 절에서 봤듯이 L은 레디언스, E는 일레디언스다. ω_i와 ω_r은 각각 입사와 반사한 빛의 방향 벡터다. $\cos\theta_i$는 입사 방향 벡터와 표면의 법선 벡터 사이의 각도다.

표면 아래의 산란 현상 등을 다루는 다른 종류의 함수들이 존재하나 BRDF 만큼 현상을 잘 정의하지 못한다. 이러한 함수들은 BSDF^{양방향 산란 분포 함수, Bidirectional Scattering Distribution Function}와 BSSRDF^{양방향 산란 표면 반사 분포 함수, Bidirectional scattering-surface reflectance distribution function}라고 한다. 하지만 이것들은 실시간 렌더링 범주를 벗어난다.

물리 기반의 BRDF로서 지녀야 하는 속성들이 존재한다. 이 속성에는 양성^{positivity}, 상반성^{reciprocity}, 에너지 보존이 있다.

양성

BRDF는 음수 값을 갖을 수 없다는 의미다. 음의 빛은 존재하지 않는다.

상반성

ω_i와 ω_r가 서로 맞바뀌더라도 BRDF에는 반드시 동일한 값을 지녀야 한다.

에너지 보존

간단히 얘기하면 물체 자체에서 빛이 발산하지 않으면 나가는 빛의 양은 결코 들어오는 빛의 양을 넘어설 수 없다.

이 세 가지 속성 중 에너지 보존을 가장 자주 마주하게 될 것이다. 왜냐하면 에너지 보존 속성이 BRDF 결과의 사실성 관점에서의 인지에 큰 차이를 가져다주기 때문이다.

미세면 이론

미세면 이론은 표면 반사를 묘사하기 위해 수학적으로 BRDF를 정의하는 방법이다. 특히 모든 시점에서 불규칙한 미세면을 지니고 부드럽지 않으며 평평하지 않은 표면에서 BRDF를 정의하는 방법이다. 관찰 시점보다 더 작은 불규칙한 표면으로 구성된 한 표면이 있다고 가정한다. 하지만 그 크기는 빛의 파장보다는 크다. 각 점들은 국소적으로 완벽히 거울이다. 나노 단위의 불규칙성은 무시한다.

이러한 완벽한 거울은 빛을 바깥으로 반사한다(굴절은 무시한다). 그리고 이 방향은 빛의 방향 벡터와 미세면의 법선 벡터에 따라 달라진다. 이 빛이 우리의 시야로 들어오려면 이러한 미세면들은 방향이 맞아서 빛을 시야 방향 벡터 쪽으로 반사 시켜야 한다.

이러한 방향이 나오기 위해서는 표면의 법선 벡터가 반각 벡터가 돼야 한다. 반각 벡터는 빛의 방향 벡터와 시야 방향 벡터 사이 정가운데의 벡터다. 이 반각 벡터는 lightDir과 viewDir의 벡터 덧셈 연산을 한 후 결과를 정규화해 얻을 수 있다.

쉐도잉과 마스킹(그림 8-11 참조)은 미세면들로 하여금 빛이 밖으로 나가지 못하게 한다. 쉐도잉은 불균일성이 돌출돼 있을 때 다른 미세면들을 그림자가 지게 하는 것이다. 마스킹은 반사된 빛이 나가려고 하다가 돌출된 부분에 막혔을 때 발생하는 것이다. 실제로 빛은 계속 퉁겨져 나가 결국은 표면을 빠져나간다. 하지만 미세면 이론에서는 이것을 단순화해 무시한다.

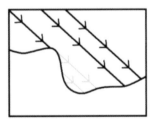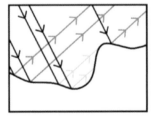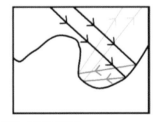

그림 8-11 이론을 활용한 쉐도잉과 마스킹의 근사. 실제 빛이 퉁기는 것과는 다르다.

이러한 가정을 가지고 방정식을 유도할 수 있다. 이것이 미세면 스펙큘러 BRDF다.

$$f(l,v) = \frac{F(l,h)G(l,v,h)D(h)}{4(n \cdot l)(n \cdot v)}$$

다음에 각 요소들을 쪼개 볼 것이다.

프레넬

$$F(l,\ h)$$

빛이 해당하는 물질에서 빛의 각도와 법선 벡터를 바탕으로 굴절되는 빛의 양보다는 반사되는 빛의 양을 의미한다. 프레넬 공식에 대해서는 앞에서 설명했다. 이것은 실제 BRDF 안에서 프레넬 공식이 어디에 위치하는지 보여준다.

정규 분포 함수

$$D(h)$$

프레넬이란 얼마나 많은 미세면들이 반각 벡터로 향하는지 알려준다. 우리가 신경 써야 하는 미세면들은 이런 특징을 가지고 있는 미세면뿐이다. 바로 이러한 미세면만이 밖으로 나가는 빛에 기여하기 때문이다. 이 분포 함수가 하이라이트의 모양과 크기를 결정한다. 우리가 일반적으로 사용할 만한 정규 분포 함수에는 GGX, 빌린 퐁, 벡맨[Beckmann]이 있다.

기하 함수

$$G(l,\ v,\ h)$$

쉐도잉과 마스킹에 의해 렌더링할 필요 없는 면들이 얼마나 있는지 알려준다. BRDF 함수가 에너지 보존 법칙을 만족시키기 위해 필요하다. 스미스의 그림자 함수를 기하 함수로 자주 사용한다.

미세면 이론은 매우 유용하지만 모든 현상을 시뮬레이션할 수는 없다. 이 이론은 파장으로서의 빛의 성질 때문에 발생하는 회절과 간섭은 무시한다.

▌렌더링 방정식(파트 II)

첫 번째 장에서 필자는 렌더링 방정식을 독자들에게 보여줬다. 절대로 겁먹게 하는 목적으로 그런 것은 아니다. 맹세하겠다. 독자들로 하여금 방정식을 보는데 익숙해 지도록 하는 것이 목적이었다. 이제는 렌더링 방정식의 각각의 부분이 어떤 역할을 하는지 살펴볼 것이다.

$$L_0(x,\omega_0) = L_e(x,\omega_0) + \int_\Omega f(x,\omega_i \to \omega_0) L_i(x,\omega_i)(\omega_i \cdot n) dw$$

먼저 나가는^{outgoing} 빛이다.

$$L_o(x, \omega_0)$$

이것이 이 방정식을 통해 구하려고 하는 것이다. 그리고 발산^{emit}하는 빛이 있다.

$$L_e(x, \omega_0)$$

이것은 우리가 셰이딩하는 표면에서 발산하는 빛이다. 이것은 반사되거나 굴절된 빛이 아니므로 BRDF가 아니다. 그리고 적분식 바깥에 있으므로 오직 한 번만 더해준다. 그리고 적분식이 있다.

$$\int_\Omega [...] dw$$

적분식 안에서 반구 내의 각각의 입체각마다 모든 것들이 반복되고 더해진다. 이 적분식 내부에 BRDF가 있다.

$$f(x,\omega_i \to \omega_0)$$

이 식에서는 들어오는 빛 w_i를 취해 반사되고 굴절되는 빛 w_0를 반환한다. 들어오는 빛은 다음과 같다.

$$L_i(x, \omega_i)$$

이것은 우리가 셰이딩하는 표면 위의 지점으로 들어오는 빛이다. 그리고 표준 감쇠normal attenuation가 있다.

$$(\omega_i \cdot n)$$

이전 라이팅 모델 구현에서 $n \cdot l$로 배운 것이다.

▌실시간 렌더링 해킹에 필요한 것들

이 렌더링 방정식의 적분 부분은 아직까지 실시간으로 실행할 수 없다. 여러 번 언급했듯이 간접광은 구형 조화spherical harmonics, 광역 조명global illumination, 라이트 매핑lightmapping, 이미지 기반 라이팅(반사 프로브, 큐브맵 등)의 다양한 테크닉들이 존재한다.

새로운 라이팅 모델을 구현할 때 알아야 할 중요한 점은 광역 조명을 계산하는 방법과 큐브맵을 처리하는 방법을 바꿔야 할 수도 있다는 것이다.

반사 프로브, 씬에 등장하는 큐브맵, 이미지 기반 라이팅 사용에는 독자가 사용하려는 BRDF에 따라서 특별한 처리가 필요하다. 실제로는 유니티에 내장돼 있는 처리가 어떤 것이든 간에 독자만의 BRDF를 위한 공식을 변경하지 않아도 될 정도로 대부분은 호환될 것이다.

독자만의 BRDF를 수정할 수 있고 큐브맵을 처리하는 데 사용 가능한 cmftStudio와 오래된 큐브맵젠old CubeMapGen과 같은 오픈 소스 도구들이 존재한다. 독자는 이러한 처리과정을 유니티의 계산 셰이더로 구현할 수 있을 것이다.

HDR과 톤 매핑

독자의 카메라가 HDR이 아니라면 빛의 값 단위는 사실적일 수 없다. 독자들은 당연히 HDR 카메라와 렌더러 텍스처를 가능한 많이 사용하고 싶어할 것이다. 하지만 이대가로 HDR 전용 스크린을 타깃팅하지 않으면 어떤 지점에서는 이러한 HDR값을 LDR로 역변환해야 한다. 이는 톤 매핑이라는 후처리 효과를 통해 이뤄진다. 톤 매핑은 게임의 스타일에 영향을 줄 수 있다. 따라서 톤 매핑 연산자를 선택하는 것은 매우 중요하다. 이 작업은 영화 제작에서 어떤 필름 스톡을 사용할지 정하는 것과 유사하다. 빛은 필름 스톡에 담기게 된다(이것이 HDR이다). 그리고 이것은 필름 스톡의 특성에 의한 패턴과 함께 아날로그적으로 LDR로 변환된다.

선형 색상 공간

독자들은 본인이 어떤 공간에서 계산하고 있는지 궁금해 한적이 있는가? 이 책을 읽기 시작했다면 적어도 한 번 이상일 것이다. 오랜 시간 동안 명백히 아무도 알아채지 못한 렌더링의 문제는 계산을 비선형 공간에서 하고 있었다는 점이다.

LDR 화면 위에서 보이는 색상들은 감마 공간 안에 있다. 감마 공간은 비선형 공간이다. 그 공간에서는 0에서부터 255 사이의 가운데 값이 128이 아닌 187이다(그림 8-12 참조). 따라서 색상과 관련된 모든 계산들이 미묘하게 틀렸었다. 선형 공간으로 옮기는 작업은 물리 기반 셰이딩의 또 다른 분야다. 이것은 상대적으로 다루기 쉽다. 특히 유니티처럼 명시적 선형 공간을 지원하는 플랫폼에서는 더 그렇다.

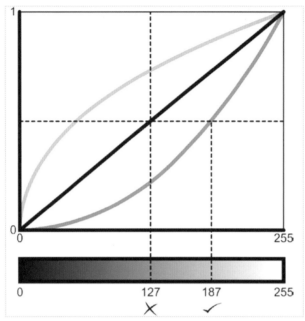

그림 8-12 선형 공간과 감마 색상 공간의 가운데 점 비교

▌왜 물리 기반 셰이딩이 유용한가?

이 시점에서 물리 기반 셰이딩(PBS)이 이렇게 소란을 떨 만한 가치가 있나 궁금할 것이다. 만약 독자가 속한 그래픽 팀의 목표가 사실주의라면 PBS와 비교할 수 있는 것은 아무것도 없다.

만약 독자중에 전혀 사실적일 필요가 없는 예술적 셰이더를 구현하기 원한다면 이것이 별로 흥미로운 이야기로 들리지 않겠지만 그럼에도 불구하고 PBR은 다른 장점들이 있다. 예를 들어 물리 기반 라이팅 모델을 사용하면서 씬의 재질 설정만으로 어떤 라이팅 설정에서도 잘 동작할 것이다. 그리고 씬의 라이팅을 변경할 때 그래픽팀을 괴롭히는 것들을 현저히 줄일 수 있을 것이다. 또한 독자는 여전히 후처리를 사용하거나 라이팅 모델을 조작해 렌더링에 스타일을 나타낼 수 있다.

▮ 요약

8장에서는 물리 기반 셰이딩이 실제로 어떻게 동작하는지 이해하기 위해 물리 기반에서 알아야 할 대부분의 것들을 간략히 다뤄 봤다. 여러분이 너무 압도되지 않았기를 기원한다. 아마 독자는 수많은 개념들이 머릿 속에서 통통 튀고 있을 것이다. 너무 걱정하지 마라. 원래 한 번에 모든 것을 얻기란 거의 불가능에 가깝다. 이전에 빛과 관련된 물리를 어느 정도 공부하지 않았다면 더 많은 시간이 필요할 것이다. 다음 장의 몇몇 BRDF 구현을 통해 8장에서 배운 개념들을 실전으로 옮기는 것을 도와줄 것이다.

9장에서는 유니티 서피스 셰이더로 지금까지 배운 내용을 실전으로 옮기는 첫 번째 물리 기반 라이팅 모델을 제작하는 방법을 보여 줄 것이다.

물리 기반 셰이더 제작하기

앞에서 배웠던 것들 중에서 물리 기반 BRDF가 따라야 하는 3가지 규칙이 있다. 이 지식을 실제로 적용하는 방법 중 하나는 커스텀 퐁 서피스 셰이더를 다시 한 번 살펴보고 이들 규칙 가운데 어떤 것을 지키지 않았는지 찾아보는 것이다. 원래의 퐁 공식을 따르는 셰이더는 상당히 오래 됐기 때문에 규칙들을 위반했을 가능성이 높다.

▌퐁 분석하기

리스팅 9-1은 커스텀 퐁 라이팅 함수를 보여주고 있다. 양수성, 상반성, 에너지 보존 법칙을 확인해보자.

리스팅 9-1 퐁 커스텀 라이팅 함수

```
inline fixed4 LightingPhong (SurfaceOutput s, half3 viewDir, UnityGI gi)
{
    UnityLight light = gi.light;
    float nl = max(0.0f, dot(s.Normal, light.dir));
    float3 diffuseTerm = nl * s.Albedo.rgb * light.color;

    float3 reflectionDirection = reflect(-light.dir, s.Normal);
    float3 specularDot = max(0.0, dot(viewDir, reflectionDirection));
    float3 specular = pow(specularDot, _Shininess);
    float3 specularTerm = specular * _SpecColor.rgb * light.color.rgb;

    float3 finalColor = diffuseTerm.rgb + specularTerm;

    fixed4 c;
    c.rgb = finalColor;
    c.a = s.Alpha;
    #ifdef UNITY_LIGHT_FUNCTION_APPLY_INDIRECT
        c.rgb += s.Albedo * gi.indirect.diffuse;
    #endif

    return c;
}
```

양수성 확인

최종 색상 앞에 시작 값을 0으로 하는 최대값 함수를 쓰는 작은 꼼수로 BRDF 출력을 항상 양수로 보장할 수 있다. 9장의 목적으로 비춰봤을 때 나쁘지 않다. 하지만 일반적으로는 BRDF 함수가 수학적으로 양수임을 보장하는 게 더 좋다.

상반성 확인

셰이더 코드에서 상반성을 확인하기란 쉽지 않다. 일반적으로 물리 기반 BRDF 함수라면 이 특성을 가지고 있어야 한다. 독자가 이 부분을 확인하고 싶다면 BRDF 관련 논문을 살펴보길 바란다. 아니면 다른 방법으로 메스메티카^{Mathematica}와 같은 프로그램에 익숙하거나 손으로 하는 계산에 자신이 있다면 직접 수학적으로 확인할 수 있다. 퐁에는 상반성이 존재하지 않는다. 따라서 조금 어려울 수도 있다.

에너지 보존법칙 확인

올바른 정규화된 인자를 사용한다면 퐁도 에너지 보존 법칙을 만족시킬 수 있다. 에너지를 보존하는 스펙큘러^{specular}는 더 작은 영역에 집중되면 밝아지고, 주변으로 퍼지면 어두워진다. 일반적으로 미세면 이론 기반 BRDF에서는 재질의 거친 정도에 따라 달라진다.

▌개선된 퐁

다행스럽게도 라포툰^{Lafortune}과 윌럼스^{Willems}는 물리 기반 퐁을 1994년 그들의 논문을 통해 발표했다.

$$\frac{n+2}{2\pi}$$

개선된 퐁, 정규화된 퐁 함수 구현을 리스팅 9-2에서 확인할 수 있다.

리스팅 9-2 커스텀 라이팅 함수로 개선된 퐁

```
inline fixed4 LightingPhongModified (SurfaceOutput s, half3 viewDir, UnityGI gi)
{
    const float PI = 3.14159265358979323846;
```

```
    UnityLight light = gi.light;

    float nl = max(0.0f, dot(s.Normal, light.dir));
    float3 diffuseTerm = nl * s.Albedo.rgb * light.color;
    float norm = (n + 2) / (2 * PI);
    float3 reflectionDirection = reflect(-light.dir, s.Normal);
    float3 specularDot = max(0.0, dot(viewDir, reflectionDirection));
    float3 specular = norm * pow(specularDot, _Shininess);
    float3 specularTerm = specular * _SpecColor.rgb * light.color.rgb;

    float3 finalColor = diffuseTerm.rgb + specularTerm;

    fixed4 c;
    c.rgb = finalColor;

    c.a = s.Alpha;
#ifdef UNITY_LIGHT_FUNCTION_APPLY_INDIRECT
    c.rgb += s.Albedo * gi.indirect.diffuse;
#endif

    return c;
}
```

물리 기반 BRDF를 구현했다. 조금 김이 빠졌을 수도 있다. 결국에는 스펙큘러에 정규 인자를 곱한 것에 지나지 않는다. 정규 인자는 BRDF가 처음 받은 빛의 양보다 더 많은 빛을 반환하지 못하게 한다.

이 흥미로운 BRDF 함수들을 나중에 재미있게 파헤쳐 볼 것이다. 하지만 지금은 BRDF를 살펴봤을 때 이것이 물리 기반인지 확인하고, 간편한 셰이더를 만드는 방법을 배우는 데 초점을 맞춘다. 이 커스텀 라이팅 함수는 이전 장에서 만들었던 커스텀 퐁 서피스 셰이더 내부와 잘 맞는다(리스팅 9-3 참조).

리스팅 9-3 개선된 커스텀 퐁 서피스 셰이더

```
Shader "Custom/ModifiedPhong" {
```

```
Properties {
    _Color ("Color", Color) = (1,1,1,1)
    _MainTex ("Albedo (RGB)", 2D) = "white" {}
    _SpecColor ("Specular Material Color", Color) = (1,1,1,1)
    _Shininess ("Shininess (n)", Range(1,1000)) = 100
}
SubShader {
    Tags { "RenderType"="Opaque" }
    LOD 200

    CGPROGRAM
    // 물리 기반 표준 라이팅 모델, 모든 종류의 빛에 그림자 활성화
    #pragma surface surf PhongModified fullforwardshadows

    // 멋진 라이팅 효과를 위해 셰이더 모델 3.0을 대상으로 함
    #pragma target 3.0

    sampler2D _MainTex;

    struct Input {
        float2 uv_MainTex;
    };

    half _Shininess;
    fixed4 _Color;

    inline void LightingPhongModified_GI (
        SurfaceOutput s,
        UnityGIInput data,
        inout UnityGI gi)
    {
        gi = UnityGlobalIllumination (data, 1.0, s.Normal);
    }

    inline fixed4 LightingPhongModified (SurfaceOutput s, half3 viewDir, UnityGI
            gi)
    {
        const float PI = 3.14159265358979323846;
```

```
            UnityLight light = gi.light;

            float nl = max(0.0f, dot(s.Normal, light.dir));
            float3 diffuseTerm = nl * s.Albedo.rgb * light.color;

            float norm = (_Shininess + 2) / (2 * PI);
            float3 reflectionDirection = reflect(-light.dir, s.Normal);
            float3 specularDot = max(0.0, dot(viewDir, reflectionDirection));
            float3 specular = norm * pow(specularDot, _Shininess);
            float3 specularTerm = specular * _SpecColor.rgb * light.color.rgb;

            float3 finalColor = diffuseTerm.rgb + specularTerm;

            fixed4 c;
            c.rgb = finalColor;
            c.a = s.Alpha;

            #ifdef UNITY_LIGHT_FUNCTION_APPLY_INDIRECT
            c.rgb += s.Albedo * gi.indirect.diffuse;
            #endif

            return c;
        }

        UNITY_INSTANCING_CBUFFER_START(Props)
        UNITY_INSTANCING_CBUFFER_END

        void surf (Input IN, inout SurfaceOutput o) {
            fixed4 c = tex2D (_MainTex, IN.uv_MainTex) * _Color;
            o.Albedo = c.rgb;
            o.Specular = _Shininess;
            o.Alpha = c.a;
        }
        ENDCG
    }
    FallBack "Diffuse"
}
```

스펙큘러가 사방으로 퍼질 때의 스펙큘러 밝기의 감쇠와 스펙큘러가 작은 표면에 집중될 때 스펙큘러 밝기의 증가를 찾아보자. 퐁의 사전 정규화 버전이 여기저기 널려 있으므로 손쉽게 확인할 수 있다. 그림 9-1과 같이 원래의 퐁(오른쪽)은 동일한 밝기를 지닌다. 정규화된 퐁(왼쪽)은 스펙큘러가 큰 영역을 차지할 때에는 밝기가 덜하다. 반면 스펙큘러가 작은 영역을 차지할 때는 에너지 보존 법칙이 그래야 하는 것처럼 더 밝다.

그림 9-1 왼편의 정규화된 퐁과 오른편의 일반 퐁, 첫 번째 열은 n=1, 두 번째 열은 n=80

이 차이점을 살펴보는 간단한 다른 방법으로는 BRDF의 행동을 비교하는 그래프를 그리는 것이다.

11장에서 이에 대해 더 자세히 살펴볼 것이다. 11장에서는 BRDF를 분석하는 프로그램을 소개할 것이다. 그림 9-2는 이 프로그램을 잠깐 들여다본 것이다.

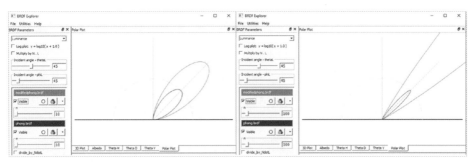

그림 9-2 원본 퐁과 개선된 퐁의 극좌표 비교

그림 9-2는 각각을 비교하는 그래프에 그려진 두 가지 버전의 퐁을 보여준다. 왼쪽 이미지는 모두 n=10이다. 오른쪽 이미지는 n=100일 때에 해당한다. 원래 퐁의 밝기는 동일한 반면 개선된 퐁 밝기는 급격하게 증가한 것을 볼 수 있다.

▍요약

지금까지 본 것처럼 구식 BRDF라고 할지라도 물리 기반을 따르게 만드는 것이 가능하다. 정규 인자를 찾아보거나 스스로 정규 인자를 뽑아내어 빌린 퐁에도 동일한 결과를 낼 수 있다. 독자 스스로 정규인자를 뽑아내려면 미적분학과 친숙해야할 것이다.

이 개선된 퐁은 에너지 보존 법칙을 따르지만 여전히 프레넬 공식은 고려하지 않은 상태이다. 따라서 여기에서의 퐁과 미세면 이론을 따르는 BRDF와의 간격은 여전히 크다.

독자의 무기고에 물리 기반 BRDF를 어느 정도 가지고 있는 것 같다. 이제 독자는 후처리 효과에 대해서 배울 준비가 됐다. 후처리 효과는 셰이더가 더 사실적으로 보이게끔 돕는다. HDR 카메라를 사용해야 할 것이다. 선형 공간에서 셰이딩을 해야 하고 톤 매핑을 추가해야 한다.

10장
후처리 효과

8장에서 언급했듯이, 후처리 효과는 물리 기반 셰이딩 효과를 내기 위한 필수적인 요소다.

HDR을 사용하려면 반드시 톤 매핑이 있어야 한다. 이 톤 매핑이 대표적인 후처리 효과다.

후처리 효과가 하나 있을 때 피사계 심도depth of field나 블룸 효과bloom와 같은 다른 종류의 후처리 몇 가지를 추가할지도 모른다.

유니티 에셋 스토어의 신규 공식 후처리 시스템은 매우 강력하지만 여전히 자기 자신만의 톤 매핑을 구현하고 싶은 독자도 있을 것이다. 혹은 에셋 스토어에 있지 않은 다른 후처리 효과를 원하는 독자도 있을 것이다. 따라서 적어도 이미지 효과를 개발하는 개략적인 방법을 배워볼 것이다. 또한 유니티 2017 이전의 후처리 효과를 이미지 효과image effects라고 불렀다는 점을 염두에 두길 바란다.

신규 후처리 스택은 빠르게 진화하고 있다. 필자가 전달하는 디테일이 쓸모 없게 될 수 있기 때문에 필자는 후처리 효과를 이 스택에 의존하지 않고 밑바닥에서부터 만드는 방법을 보여 주려고 할 것이다. 이 근사한 신규 스택은 영화 수준의 색상 그레이딩 능력이 있다고 한다.

▎후처리 효과 동작 원리

후처리 효과는 기본적으로 이미지 효과 셰이더다. 이미지 효과 셰이더는 현재 화면의 매 픽셀마다 적용된다. 씬을 렌더링한다고 가정해보자. 하지만 화면이 아닌 별도의 버퍼에 렌더링한다고 가정한다. 이것을 유니티에서는 렌더러 텍스처라고 한다.

그리고 이것을 보여줄 스크린으로 보내거나 조작할 수 있다. 이것을 조작하기 위해서는 이것을 후처리 셰이더 내의 텍스처로 접근할 수 있다.

이 셰이더는 씬에 있는 다른 것들과 별도로 실행된다. 왜냐하면 씬의 렌더링을 완료했을 때 실행돼야 하기 때문이다. 이렇게 하기 위한 후처리 효과를 적용하고자 하는 카메라에 장착한 스크립트 내에서 사용할 수 있는 함수 시그니처가 있다.

▎왜 후처리 효과가 유용한가?

물리 기반 셰이딩에서 후처리 효과의 가장 중요한 사용처는 톤 매핑이다. 더 나은 현실감을 위해서는 HDR 카메라를 사용해야 한다. 그리고 이것을 LDR 화면에 보여지기 전에 LDR로 톤 매핑 처리를 해야 한다. 사실감, 특히 피부나 다른 하위 표면 기반 재질의 사실감을 위한 또 다른 효과에는 피사계 심도가 있다.

유니티가 선형 색상 공간을 지원하지 않는 플랫폼에서 후처리 효과는 선형 색상 공간을 손쉽게 구현할 수 있는 훌륭한 방법이다. 유니티는 최근 모바일을 위한 선형 색상 공간을 지원하기 시작했다. 하지만 선형 공간에서 계산을 수행하고 싶다면 그 전에 셰이더에 입력하는 어떤 색상을 선형 공간으로 변형해야 한다. 셰이딩 계산을 하고 후처리 효과의 마지막 과정으로 전체 렌더링한 이미지를 감마 공간으로 다시 되돌린다.

이것을 하는 방법을 알아 둔다면 독자에게 여전히 유용할 것이다. 그 부분을 다룰 것이다.

▌후처리 효과 설정

후처리 효과를 설정하려면 3가지가 필요하다.

- 씬에 적용할 카메라
- 카메라에 컴포넌트로 장착할 스크립트
- 위의 컴포넌트가 실행할 셰이더

HDR과 선형 설정

우선 카메라가 HDR을 사용하고 있는지 확인한다. 그림 10-1처럼 HDR 허용 옵션이 반드시 체크돼 있어야 한다. 그리고 렌더링 경로가 포워드인지 확인한다. 1장에서 유니티에서 그리고 일반적인 게임 산업에서 사용 가능한 렌더러의 종류에 대해서 이야기했었다. 유니티 2017.2 버전부터는 포워드와 디퍼드 렌더러가 렌더러를 기존의 레거시 옵션들인 VertexLit와 오래된 디퍼드 중에서 선택할 수 있다.

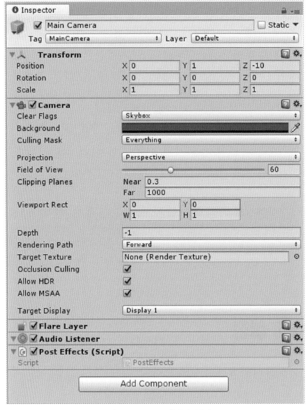

그림 10-1 HDR 카메라 설정

추후에는 아마도 현재 개발중인 매우 유연한 렌더러인 신규 ScriptableRenderLoop 가 추가될 것 같다.

우리의 셰이더는 유니티 포워드 렌더러와 함께 동작한다. 따라서 포워드 렌더러를 계속 사용할 것이다. 디퍼드 렌더러는 렌더러가 개발될 때 정해진 셰이더에서 사용할 수 있는 데이터 때문에 복잡한 BRDF를 개발할 때 제한적일 수 있다.

플레이어 세팅의 색상 공간이 선형으로 설정됐는지 확인하자. 이를 확인하기 위해서는 그림 10-2처럼 빌드 세팅^{Building Settings} → 플레이어 세팅^{Player Setting} → 다른 세팅 Other Settings에서 색상 공간^{Color Space}을 찾을 수 있을 것이다.

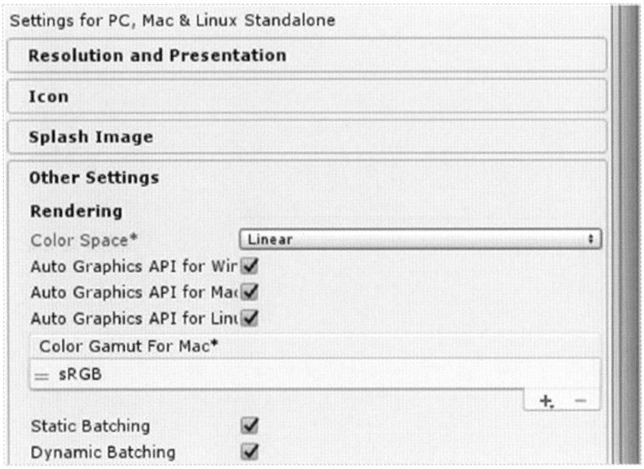

그림 10-2 색상 공간 설정

둘 중에서는 색상 공간이 더 중요하다. 그래서 오직 하나만 골라야 한다면 선형을 선택할 것이다. HDR 또한 사실감을 부여하는 데 도움이 된다고 한다. 게임의 렌더링을 HDR 카메라로 할 것을 진지하게 고려해보길 바란다.

스크립트 설정

카메라를 선택하고 인스펙터에서 컴포넌트 추가 버튼을 클릭해 신규 후처리 스크립트를 작성해보자. 스크롤해 신규 스크립트를 선택하고 언어로 C#을 선택한 후 신규 스크립트의 이름을 PostEffects로 한다. 그러면 리스팅 10-1과 동일한 스크립트가 생성됐을 것이다.

리스팅 10-1 기본 C# 스크립트

```
using System.Collections;
using System.Collections.Generic;
```

```
using UnityEngine;

public class PostEffects : MonoBehaviour {

    // 초기화는 이 함수에서
    void Start () {

    }


    // Update 함수는 프레임마다 한 번 호출됨
    void Update () {

    }
}
```

이것은 전통적인 MonoBehaviour 기반의 빈 스크립트다. 후처리 적용을 하는 역할자로 동작하게끔 커스터마이징을 해보자. 우선 이 스크립트가 카메라가 아닌 게임 오브젝트에 컴포넌트로 추가되지 않게 하는 코드를 추가한다.

```
[RequireComponent (typeof (Camera))]
[ExecuteInEditMode]
```

두 번째 줄은 스크립트를 편집 모드에서 동작하게 해준다. 이를 추가하지 않으면 실제 동작하기 전에 변화를 확인할 수 없다. 그런 후 클래스에 몇 가지 멤버 변수 및 게터 메서드를 추가해야 한다. 그리고는 스크립트가 사용할 이미지 효과 셰이더의 참조점이 필요하다.

리스팅 10-2 스크립트에 멤버변수와 겟터 추가하기

```
public Shader cuShader;
private Material curMaterial;
```

```
Material material
{
    get
    {
        if (curMaterial == null){
            curMaterial = new Material(curShader);
            curMaterial.hideFlags = HideFlags.HideAndDontSave;
        }
        return curMaterial;
    }
}
```

스크립트를 더 간결하게 하기 위해 적합한 셰이더를 자동으로 채울 수 있다(이름으로 찾기). 스크립트에서 이미지 효과를 지원하지 않거나 셰이더를 지원하지 않아서 오류가 나지 않은지 확인하자. 이를 위해 Start 함수에서 리스팅 10-3과 같이 라인을 채운다.

리스팅 10-3 Start 함수 완성

```
void Start () {
    curShader = Shader.Find("Hidden/PostEffects");
    GetComponent<Camera>().allowHDR = true;
    if(!SystemInfo.supportsImageEffects){
        enabled = false;
        Debug.Log("not supported");
        return;
    }
        if (!curShader && !curShader.isSupported){
            enabled = false;
            Debug.Log("not supported");
    }
    GetComponent<Camera>().depthTextureMode = DepthTextureMode.Depth;
}
```

깊이 텍스처를 계산하도록 강제했음에 주목하자. 깊이 텍스처는 피사계 심도와 같은 여러 가지 효과에 유용하다. 하지만 필자는 단지 여기에서는 깊이 텍스처가 어떻게 생겼고 어떻게 구하는지를 보여주고 싶었다.

카메라 게임 오브젝트가 비활성화될 때에는 다른 관리작업으로 재질 파괴^{destory}가 추가 된다. 그리고 Update 함수는 바로 리턴해준다(리스팅 10-4 참조). 후자는 Update 함수 내에서 이미지 효과 셰이더 값을 변경하고 싶을 때 필요하다.

리스팅 10-4 Update와 OnDisable

```
void Update () {
    if (!GetComponent<Camera>().enabled)
    return;
}

void OnDisable(){
    if(curMaterial){
        DestroyImmediate(curMaterial);
    }
}
```

드디어 마법이 일어나는 곳이다. OnDisable, Start, Awake는 엔진이 적당한 시간에 호출하는 메서드들이다. 효과를 적용하기 위해서는 또다른 함수 OnRenderImage가 필요하다.

```
void OnRenderImage(RenderTexture source, RenderTexture destination)
```

보다시피 이 함수는 두 개의 인자를 취한다. 하나는 원본 RenderTexture이고 다른 하나는 출력^{Destination} RenderTexture다. 이 메서드에 실제로 효과를 적용하는 코드를 넣어야 한다.

다른 방법도 존재한다. 비슷한 메서드로 void OnPreRender()와 void OnPostRender() 라는 메서드가 존재한다. 여기에서 독자의 플랫폼에 맞는 원본 렌더텍스처를 생성하는 것이 더 효과적일 수 있다. 우리는 두 메서드를 전부 다룰 것이다. OnRenderImage를 살펴보자. 여기에는 일련의 과정이 필요하다.

- RenderTexture에서 현재 렌더링된 씬을 구한다(RenderTexture source가 이 역할을 한다).
- Graphics.Blit를 사용해 이미지 효과 셰이더를 원본 텍스처로 적용한다. Blit은 몇 가지 변환을 선택적으로 적용하는 동안 모든 픽셀을 원본 표면[an origin surface]로부터 대상 표면[a destination surface]으로 복사함을 의미한다.
- 목표 RenderTexture를 포함한다. 만약 이것이 null이라면 Blit는 결과를 곧바로 화면으로 전송할 것이다.

실전으로 들어가기 위해 평소에 사용하는 방법(프로젝트 패널에서 마우스 오른쪽 클릭 후 Create → Shader → Image Effect Shader)을 통해 이미지 효과 셰이더를 만들어보자. 이 셰이더를 PostEffects라고 부르자. 리스팅 10-5에는 이 결과를 보여준다.

리스팅 10-5 기본 이미지 효과 셰이더

```
Shader "Hidden/PostEffects"
{
    Properties
    {
        _MainTex ("Texture", 2D) = "white" {}
    }
    SubShader
    {
        // 컬링 효과 및 깊이 효과 없음
        Cull Off ZWrite Off ZTest Always

        Pass
        {
            CGPROGRAM
            #pragma vertex vert
            #pragma fragment frag
```

```
#include "UnityCG.cginc"

struct appdata
{
    float4 vertex : POSITION;
    float2 uv : TEXCOORD0;
};

struct v2f
{
    float2 uv : TEXCOORD0;
    float4 vertex : SV_POSITION;
};

v2f vert (appdata v)
{
    v2f o;
    o.vertex = UnityObjectToClipPos(v.vertex);
    o.uv = v.uv;
    return o;
}

sampler2D _MainTex;

fixed4 frag (v2f i) : SV_Target
{
    fixed4 col = tex2D(_MainTex, i.uv);
    // 색상 단순 반전
    col = 1 - col;
    return col;
}
ENDCG
            }
        }
}
```

기본 경로가 Hidden 밑에 있고 Cull, Zwrite off, ZTest Always가 선언돼 있는 것을 제외하고는 언릿 셰이더와 매우 유사하게 보인다. 이전에는 이러한 값들을 건드린 적이 없었다. 왜냐하면 그래야 할 이유가 없었기 때문이다. 이번에는 3D 모델을 셰이딩하는 것이 아니라 두 개의 삼각형으로 사각형을 형성하는 화면 위에 보여질 2D 이미지를 처리하는 것이기 때문에 건드려야 한다. 뒷면back face을 컬링cull하거나 Zwrite가 어떠한 역할을 해서는 안 된다. 왜냐하면 여기에는 깊이depth가 존재하지 않기 때문이다.

메인 텍스처는 실제로는 렌더링된 씬이다. OnRenderImage에 이 셰이더를 적용해 결과를 보자.

우리는 이미 원본 텍스처와 대상 텍스처(여기에서는 화면)를 가지고 있다. 따라서 이 효과를 적용하기 위해서는 몇 줄의 코드만 추가하면 된다(리스팅 10-6 참조).

리스팅 10-6 첫 번째 버전의 OnRenderImage

```
void OnRenderImage(RenderTexture sourceTexture, RenderTexture destTexture){
    if (curShader != null)
    {
        Graphics.Blit(sourceTexture, destTexture, material, 0);
    }
}
```

Grphics.Blit는 원본 텍스처, 대상 텍스처, 적용할 셰이더를 포함하고 있는 재질, 사용할 패스(0부터 시작한다)를 취한다. 결과는 그림 10-3과 같다.

그림 10-3 후처리 효과를 하지 않은 씬(왼쪽)과 후처리 효과를 적용한 씬(오른쪽)

그림 10-3과 같이 기본 후처리 효과는 씬의 색상을 반전시킨다. 카메라의 깊이 텍스처를 보여주기 위해 이 패스를 복사 붙여넣기한 후 frag 함수의 내용을 변경하자. 이 패스 안에 이름을 추가할 수 있다. 그리고 컬오프 라인$^{Cull\ Off\ line}$을 각 패스의 최상단으로 옮겨야 한다. 카메라의 깊이 텍스처에 접근하기 위해 변수를 올바른 이름(이것은 관습이다)과 함께 선언해야 한다. 그리고 그것을 매크로를 사용해 흑백으로 변환한다.

리스팅 10-7 카메라의 깊이 텍스처 디코딩

```
sampler2D _CameraDepthTexture;

fixed4 frag (v2f i) : SV_Target
{
    fixed depth = UNITY_SAMPLE_DEPTH( tex2D(_CameraDepthTexture, i.uv) );
    fixed4 col = fixed4(depth, depth, depth, 1.0);
    return cal;
}
```

패스의 전체 내용은 리스팅 10-8과 같다.

리스팅 10-8 카메라 뎁스를 보여주는 이미지 효과 패스

```
Pass
    {
        name "DebugDepth"
        Cull Off ZWrite Off ZTest Always Lighting Off
        CGPROGRAM
        #pragma vertex vert
        #pragma fragment frag
        #include "UnityCG.cginc"

        struct appdata {
            float4 vertex : POSITION;
            float2 uv : TEXCOORD0;
        };

        struct v2f {
            float2 uv : TEXCOORD0;
            float4 vertex : SV_POSITION;
        };

        v2f vert (appdata v) {
            v2f o;
            o.vertex = UnityObjectToClipPos(v.vertex);
            o.uv = v.uv;
            return o;
        }

    sampler2D _CameraDepthTexture;

    fixed4 frag (v2f i) : SV_Target {
        fixed depth = UNITY_SAMPLE_DEPTH( tex2D(_CameraDepthTexture, i.uv) );
        fixed4 col = fixed4(depth,depth,depth, 1.0);
        return col;
    }
    ENDCG
```

```
}
```

적용하고자 하는 패스가 변경됐다. 그에 따라서 Blit를 호출하는 줄도 알맞게 변경해야 한다.

```
Graphics.Blit(sourceTexture, destTexture, material, 1);
```

셰이더에서의 두 번째 패스를 적용했다. 결과를 보기 위해 카메라의 먼 평면$^{far\ place}$을 12로 줄이고(깊이가 클수록 덜 정교하다) 몇 개의 구를 멀리 배치한다(그림 10-4 참조).

그림 10-4 카메라 깊이 이미지 효과

스크립트에 몇 가지 옵션을 추가해 적용할 이미지 효과를 변경할 수 있게 해보자. 두종류의 불린 변수가 필요하다. 하나는 반전 효과를 위해 필요하고, 다른 하나는 깊이효과를 위해 필요하다. OnRenderImage 내부에서 어떤 효과를 적용할지 확인하면그에 맞게 동작할 것이다. 만약 두 효과가 모두 활성화된다면, 반전 효과를 적용할 것이다. 그리고 아무 효과도 활성화돼 있지 않다면 해당 씬에 어떠한 후처리 효과 처리를 하지 않을 것이다.

리스팅 10-9 인스펙터 창에서 볼 수 있는 불린 속성을 통한 패스 전환

```
public bool InvertEffect;
public bool DepthEffect;

void OnRenderImage(RenderTexture sourceTexture, RenderTexture destTexture) {
    if (curShader != null)
    {
        if (InvertEffect) {
            Graphics.Blit(sourceTexture, destTexture, material, 0);
        } else if (DepthEffect) {
            Graphics.Blit(sourceTexture, destTexture, material, 1);
        } else {
            Graphics.Blit(sourceTexture, destTexture);
        }
    }
}
```

이제 인스펙터 창에서 효과를 전환할 수 있다.

▎선형 변환

선형 변환을 시도하기 위해서는 플레이어 세팅에서 색상 공간 설정을 감마로 되돌려야 한다. 이 설정을 제대로 하기 위해서 이전의 오리를 위한 셰이더가 또 다시 필요하다. 이 셰이더가 감마 공간의 색상을 선형 공간으로 변환한다. 하지만 이 작업에 꽤나 많은 시간이 필요할 것이다. 이 작업을 하지 않고도 선형 공간에서 계산한 이미지 효과와 감마 공간에서 계산한 이미지 효과의 차이점을 볼 수 있다.

신규 불린 멤버 변수를 추가하고 이것을 LinearInvertEffect라고 하자. 체인[1]에 추가한다. 이미지 효과 셰이더에 신규 패스를 추가한다. 이 패스 안에서 _MainTex는 2.2의 지수승으로 샘플링한다. 그리고 반전을 적용한 후 색상을 $\frac{1}{2.2}$의 승수로 반환한다(리스팅 10-10).

리스팅 10-10 감마 공간 프로젝트 내에서의 선형 공간 계산

```
fixed4 frag (v2f i) : SV_Target
{
    fixed4 col = pow(tex2D( _MainTex, i.uv ), 2.2 );
    col = 1 - col;
    return pow(col, 1/2.2);
}
```

특별히 많은 작업을 한 것은 아니지만, 다른 결과물을 볼 수 있다(프로젝트는 감마 공간임을 명심하라). 이 효과의 계산은 선형 공간에서 이뤄진다(그림 10-5 참조).

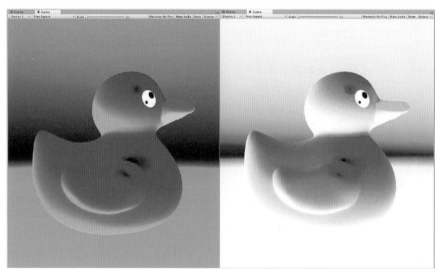

그림 10-5 왼쪽: 감마 공간 반전 효과, 오른쪽: 선형 공간 반전 효과

---

1   옮긴이 말: if 체인에 해당 변수를 추가함을 의미

렌더텍스처 간략 오버뷰

렌더텍스처는 프로그래머가 쓸write 수 있는 텍스처다. 카메라의 타깃으로 하나를 설정할 수 있다. 프로그래머는 에셋인 UI로부터 렌더 택스처를 생성할 수 있다. 또한 프로그래밍적으로 생성할 수 있다.

프로그래밍적으로 렌더텍스처를 생성할 때 렌더텍스처를 반환release하는 것을 잊지 말아야 한다. 이 과정을 수행하는 방법 중 하나는 임시 렌더텍스처를 생성하는 것이다.

```
RenderTexture.GetTemporary(512, 512, 24, RenderTextureFormat.DefaultHDR);
```

이 렌더텍스처를 사용한 후에는 다음 구문을 호출한다.

```
RenderTexture.ReleaseTemporary(someRenderTex);
```

지금까지는 연속적이지 않은(이전 패스의 결과를 사용하지 않은) 후처리 효과만을 고려해왔다. 이것을 사용하는 효과로는 블러와 피사계 심도가 있다. 이 경우에는 임시 텍스처를 사용해 이것을 다음 셰이더에게 인자로서 넘겨줘야 한다. 이것은 이 책의 범위에 해당하지 않는다. 왜냐하면 이를 수행하는데 대부분은 유니티의 후처리 스택을 사용할 것이기 때문이다.

이 장의 초반부에 언급했듯이 OnRenderImage를 사용하지 않는 방법이 존재한다. 리스트 10-11에 방법이 나와 있다.

리스팅 10-11 후처리 효과를 적용하는 다른 방법

```
RenderTexture aRenderTex;
void OnPreRender()
{
```

```
    aRenderTex = RenderTexture.GetTemporary(width,height,bitDepth, textureFormat);
    camera.targetTexture = myRenderTexture;
}
void OnPostRender()
{
    camera.targetTexture = null;
    Graphics.Blit(aRenderTex,null as RenderTexture, material, passNumber);
    RenderTexture.ReleaseTemporary(aRenderTex);
}
```

플랫폼에 따라서 이 방법이 더 빠를 수도 있다. 여기에서 GetTemporary와
ReleaseTemporary를 사용한 것을 볼 수 있다.

▌ 단순 톤 매핑

8장에서 언급한 바와 같이 톤 매핑은 HDR 버퍼를 LDR 버퍼로 우아하게 변환하
는 방법이다. 이 개념은 단순히 값을 클리핑하는 대신 미적으로 아름다운 방법으로
HDR값을 LDR값으로 매핑하는 것이다.

독자가 사용할 수 있는 톤 매핑 오퍼레이터에는 많은 종류가 있다. 하지만 여기에서
는 상대적으로 간단한 방법으로 진행할 것이다. 이 톤 매핑은 존 헤이블(John Hable)
이 Uncharted 2를 개발하면서 발명했다. 그리고 그는 이 방법을 모든 사람이 사용
할 수 있도록 그의 블로그에 게시했다.

우선 신규 불린 값, 신규 if절, 신규 셰이더 패스를 추가해야 한다. 그리고 신규 특성
인 카메라용 노출을 추가한다. 인스펙터 창에서 슬라이더가 나오게 하기 위해 다음
과 같은 코드를 사용한다.

```
[Range(1.0f, 10.0f)]
public float ToneMapperExposure = 2.0f;
```

이것을 선언한 이후에 효과가 활성화됐을 때 이 값을 셰이더에 보내고자 한다. 이를 위해 material.setFloat를 사용해야 한다. 이것을 if 체인 안에 넣을 것이다.

```
[...]
{ else if (ToneMappingEffect) {
    material.SetFloat("_ToneMapperExposure", ToneMapperExposure);
    Graphics.Blit(sourceTexture, destTexture, material, 3);
} else {
[...]
```

그리고 셰이더에 속성을 선언하고, 패스 내의 사용할 곳에 변수를 선언해야 한다. 그리고는 프래그먼트 셰이더에 헤이블 연산을 구현한다.

리스팅 10-12 헤이블 톤 매핑 연산자

```
float _ToneMapperExposure;

float3 hableOperator(float3 col)
{
    float A = 0.15;
    float B = 0.50;

    float C = 0.10;
    float D = 0.20;
    float E = 0.02;
    float F = 0.30;
    return ((col * (col * A + B * C) + D * E) / (col * (col * A + B) + D * F)) - E / F;
}

fixed4 frag (v2f i) : SV_Target
{
    float4 col = tex2D(_MainTex, i.uv);
    float3 toneMapped = col * _ToneMapperExposure * 4;
    toneMapped = hableOperator(toneMapped) / hableOperator(11.2);
    return float4(toneMapped, 1.0);
```

```
}
```

이 셰이더 코드가 꽤 길어졌다. 독자가 정독할 수 있도록 전체 코드를 붙여 놓지 않았다. 책 소스코드를 다운로드한 후 chaper10-posteffects.unity 파일 씬을 열어서 여러분의 최종 결과물이 올바른지 확인해야 한다.

여기에서 톤 매핑 패스 활성화 불린을 체크하면 인스펙터 창에서 노출 슬라이더를 변경할 수 있을 것이다. 슬라이더를 변경해 결과를 살펴보자. 톤 매핑을 켜고 끄는 것 역시 최종 결과물에 어떻게 영향을 주는지 보여줄 것이다.

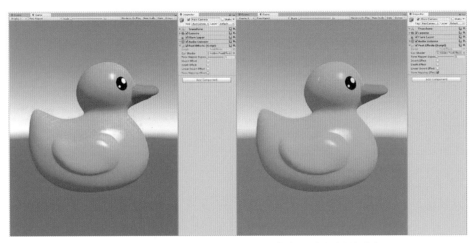

그림 10-6 왼쪽: 톤 매핑 비활성화, 오른쪽: 노출값 1.0의 헤이블 톤 매핑

이제 톤 매핑을 어떻게 구현하는지에 대한 개념 일부를 배웠다. 온라인에 문서화된 다양한 톤 매핑 연산자들이 있다. 그럼에도 불구하고 아마 독자 대부분은 톤 매핑에 강력한 후처리 스택을 사용하고 싶을 것이다. 이것에 대해 바로 다음에 간략히 소개할 것이다.

▎후처리 스택 v1

이 처리 스택은 2017 8월 기준 에셋 스토어에서 사용가능하다. 이것은 후처리 스택의 최초 버전으로 몇 가지 미리 만들어진 효과들을 제공해 이것들을 켜거나 끌 수 있으며 커스터마이징이 가능하다.

이 효과를 얻으려면 에셋 스토어에서 다운로드한 후 카메라에 컴포넌트로 장착하면 된다. 후처리 설정 파일을 생성해야 할 것이다(그림 10-7 참조). 세팅 파일에서 다양한 효과들을 켜거나 끌 수 있다. HDR을 사용하고 있다면(퍼포먼스가 허락한다면 그래야 한다.) 색상 그레이딩Color Grading 효과를 켜라. 거기에는 톤 매퍼가 포함돼 있다. 현실감을 높이는 데 도움을 주는 피사계 심도 또한 고려하는 것이 좋다.

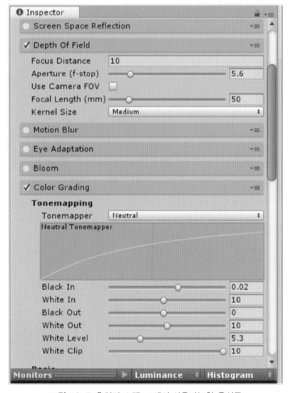

그림 10-7 후처리 스택 v1에서 사용가능한 옵션들

후처리 스택 v2

이 처리 스택은 2017년 8월 기준 GitHub에서 사용 가능하다. 이것은 프로세싱 스택의 두 번째 버전으로 좀 더 많은 융통성을 부여하고 있다. 다양한 트리거와 스크립트를 통해 후처리 효과를 켜거나 끄는 방법을 제공한다. 자신만의 효과를 추가할 수 있으며 앞으로 나올 스크립트 가능한 렌더링 루프와도 호환할 수 있다.

이것을 구하기 위해서는 GitHub 프로젝트의 v2 브렌치를 에셋 폴더에 클론하면 된다. 이 스택을 설정하는 것은 더 복잡하며, 바뀔 가능성이 높다. 따라서 GitHub의 위키와 유니티 매뉴얼 내 설명서를 자세히 읽어야 한다. 프로파일을 생성해야 할 것이다. 다시금 강조하지만 톤 매퍼와 피사계 심도를 포함한 색상 그레이딩을 사용하는 것을 고려하는 것이 좋다(그림 10-8 참조).

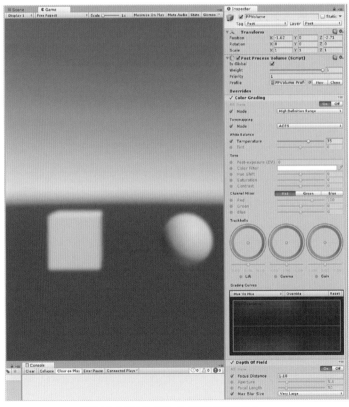

그림 10-8 단순한 씬에 v2 스택을 적용한 모습

▌요약

10장에서는 다양한 종류의 후처리 효과를 C# 스크립트와 이미지 이펙트 셰이더를 사용해 밑바닥에서부터 구현했다. 렌더텍스처를 소개했고 단순한 톤 매퍼를 구현했다. 또한 유니티에서 개발한 두 가지 후처리 효과 스택을 소개했다. 톤 매핑과 색상 그레이딩에는 이것들을 사용하는 것이 좋다.

11장에서는 독자가 구현을 고려해볼만한 몇 가지 유명한 BRDF를 보여 줄 것이다. BRDF를 조사하고 BRDF간 다른 점을 다양한 방법으로 시각화해 보여주는 도구를 소개할 것이다.

BRDF 누가 누구인가?

이제 독자는 물리 기반 셰이딩 원리에 어느 정도 익숙해져 있을 것이다. 그리고 BRDF를 구현할 때 원리를 충족시킬 수 있는 법을 배웠다. 이제는 과거 논문에 묘사된 BRDF에 관한 몇 가지를 살펴 볼 수 있을 것이다.

독자는 이제 자신만의 BRDF를 밑바닥에서부터 구현할 수 있다. 예를 들면 미세면 이론 모델로부터 유도하거나 과거 그래픽스 논문에 기술된 여러 가지 BRDF들 중 하나를 꺼내 선택할 수도 있다.

BRDF 익스플로러

BRDF를 유니티에서 구현하는 일은 어느 정도 수고가 필요한 일이며 다양한 BRDF를 살펴보기 위해, 별도의 툴을 사용할 것이다. 이 툴은 디즈니 연구소에서 개발했었다. 이 툴의 이름은 BRDF 익스플로러다(그림 11-1 참조). GitHub에 오픈 소스로 올라와 있으며 https://github.com/wdas/brdf에서 소스코드를 찾을 수 있다. 컴파일된 버전은 https://www.disneyanimation.com/technology/brdf.html에서 다운받을 수 있다.

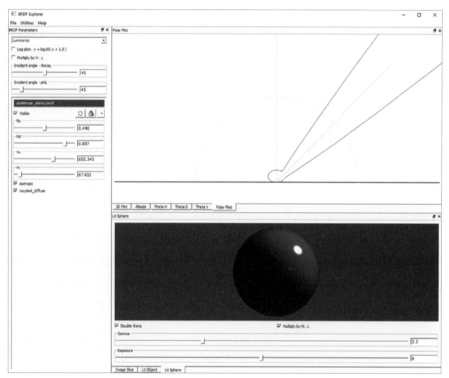

그림 11-1 BRDF를 분석중인 BRDF 익스플로러

BRDF 익스플로러는 다양한 BRDF 구현 및 다양한 분석 방법이 함께 딸려온다. 여기에는 관련 정보를 추출한 그래프와 실시간 및 오프라인 렌더링 BRDF 미리보기가 포함돼 있다. 또한 다양한 BRDF를 동시에 비교해 볼 수 있다. 심심치 않게 그래픽스

연구 논문에는 연구자가 기술한 BRDF 익스플로러 구현이 포함돼 있다. 대부분의 경우에 매우 유용한 툴이며 익힐 만한 가치가 있다. 물리 기반 셰이딩 이론에 관한 장에서 배웠듯이 BRDF에는 입사광 벡터와 같은 공통 파라미터들이 있다.

익스플로러는 이러한 파라미터들과 관련해 BRDF의 동작을 분석한다. BRDF 익스플로러는 분명히 이러한 접근성과 비교의 편의성을 목적으로 개발됐다. 이 프로그램에는 /brdfs라는 서브폴더에 몇 개의 .brdf 파일들이 딸려온다. 각 파일은 GLSL 셰이더 언어의 커스텀 다일렉트custom dialect를 사용해 BRDF를 구현한 것이다.

▌ BRDF 파라미터화

그림 11-2를 물리 기반 셰이딩에 대해 설명한 9장에서 본 기억이 날 것이다. BRDF 익스플로러의 출력을 해석하려면 여기의 각도나 다른 것들이 중요하다. 이것은 BRDF의 공통 파라미터화에 있어서 중요한 것 중 하나다. 두 가지 벡터(입사광 벡터와 반사광 벡터)를 표현하기 위해 네 가지 각도를 사용한다.

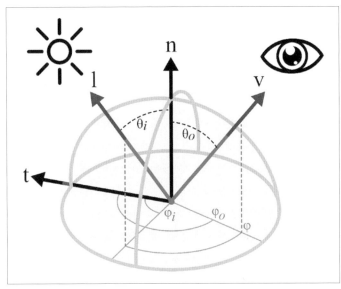

그림 11-2 구형 좌표계를 사용한 오리지널 BRDF 파라미터화

BRDF 익스플로러는 실제의 재질들에서 얻어진 BRDF를 비교하기 위해 만들어졌다. MERL은 간단하면서 무료인 이러한 BRDF들의 데이터베이스다. 이 데이터베이스는 그림 11-2에서 사용한 것과 약간 다른 좌표 시스템을 사용한다. MERL은 구형 좌표계를 사용하지만 입사광 반사광 벡터 기반이 아닌, 입사광 벡터와 반사광 벡터로부터 추출한 두 벡터를 기반으로 한다. 이 두 벡터는 반각 벡터^{halfway vector}와 차이 벡터^{difference vector}다(그림 11-3 참조). 이것을 보통 대안 BRDF 파라미터화^{alternative BRDF parameterization} 혹은 재 파라미터화^{reparameterization}라고 부른다.

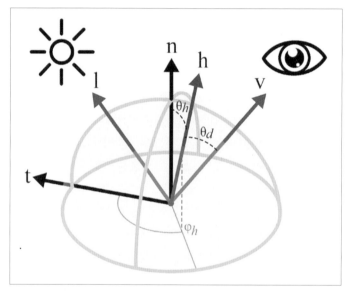

그림 11-3 반각 벡터와 차이 벡터를 사용하는 BRDF 재 파라미터화

이러한 다른 방식을 사용하는 이유는 이러한 각도들로 파라미터화를 하는 BRDF는 획득한 데이터를 더 효율적으로 저장할 수 있기 때문이다. 여전히 등방성^{isotropic} BRDF도 33MB 정도를 차지한다. 여기에서 등방성이란 법선 벡터를 기준으로 회전시키더라도 반사는 변하지 않는 것을 의미한다. 이 데이터베이스의 경우 등방성 BRDF만을 포함해 BRDF값 중 각도 하나를 저장하지 않아도 된다. 이 각도는 ϕ_h이다.

반각은 입사광 벡터와 반사광 벡터를 더해서 구할 수 있다. 반면 차이각^{difference angle}은 더 복잡한 방법을 거쳐야 한다. 한 가지 방법은 반각 벡터가 (0, 0, 1) 벡터가 되게끔 하는 회전을 찾고 그 회전을 입사광 벡터에 적용하는 것이다.

좌표계의 이러한 변화의 결과로 이 반구는 더 이상 법선 벡터를 기준으로 가운데 위치하지 않는다. 획득한 데이터의 일부는 반구 아래로 가기 때문에 검정색으로 보일 것이다. BRDF 익스플로러에서 몇 가지 레버를 다룰 때에나 MERL BRDF를 불러올 때 가끔씩 이러한 현상이 나타날 것이다.

이제 BRDF 익스플로러의 기능들이 얼마나 유용한지 살펴보자.

▮ BRDF 익스플로러의 출력 해석

BRDF를 살펴보고 퐁에 익숙해지도록 하자. BRDF 익스플로러 저장소에는 다양한 버전의 퐁이 포함돼 있다. 우선은 평범한 것을 살펴보자.

퐁

먼저 프로그램의 루트 디렉토리 아래의 `brdf/` 폴더에 *phong.brdf* 파일을 연다. 그러면 BRDF 파라미터가 왼쪽 행에 추가될 것이다. 거기에서 현재 보이는 BRDF를 조절할 수 있다. BRDF의 입력 값을 조작할 수 있고 BRDF를 보이지 않게 만들 수 있다. 모든 것은 해당 행에 위치한다(그림 11-4 참조).

그림 11-4 BRDF 파라미터 창

행의 윗부분에서 thetaL과 phiL 각도를 변경할 수 있다. 이것은 각각 θ_l과 ϕ_l로 인지하면 된다. 이것들은 구형 극 좌표 각도로 입사광을 나타낸다. 평면은 몇 가지 옵션들이 존재한다. 이 옵션 중 가장 중요한 옵션들을 하나씩 살펴보자.

- 평면으로 들어가는 입사광, 각도 θ_l 슬라이더, 0부터 90도까지
- 평면 위를 기준으로 하는 입사광, 각도 ϕ_l 슬라이더, 0부터 360도까지

이 두 슬라이더는 입사광의 위치를 특정 짓는다. 3D 플롯 탭에 실시간으로 변화가 반영될 것이다(그림 11-5 참조).

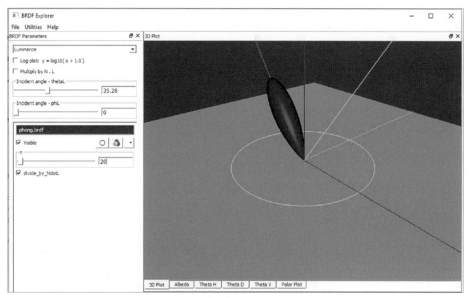

그림 11-5 3D 플롯 패널

phong.brdf 박스에서 다음과 같은 것을 찾을 수 있을 것이다.

- Visible 체크 박스, BRDF를 켜고 끈다.
- n 값, 스펙큘러 멱지수. 0에서부터 100
- N-L로 나누는 체크박스

이러한 옵션들에 변화를 주면서 3D 플롯 패널을 살펴보면 해당 BRDF의 성질이 갖는 효과에 대한 좋은 아이디어를 얻을 수 있을 것이다. 3D 플롯 패널은 구와 함께 입사광 벡터 및 반사광 벡터 그리고 BRDF의 생김새를 보여준다. 예를 들면 퐁은 하나의 스펙큘러 로브가 있다. 이 스펙큘러 로브에 대해서 5장의 스펙큘러 근사와의 유사성을 알아챈 독자도 있을 것이다. 또한 일부 BRDF에는 디퓨즈 로브가 존재한다. 이 또한 5장의 디퓨즈 근사와 유사해 보인다.

phong.brdf의 코드를 살펴보면 자동으로 생성된 슬라이더 및 인터페이스 내의 다른 입력과 관련된 파라미터들을 알게 될 것이다. 해당 코드는 Cg로 돼 있지 않다. 하지만 GLSL도 Cg와 매우 유사하다.

유니티에서 실제로 구현에 들어가기 앞서 본인만의 이론을 시도해 보기 위해 자신만의 .brdf 파일을 생성하거나 기존 것을 수정할 수 있다.

유용한 또 다른 패널로 Lit Sphere 패널이 있다(그림 11-6 참조). 이 패널은 구를 해당 BRDF로 실시간 렌더링한 미리보기를 제공한다. 다시 한 번 말하지만 파라미터를 수정하면 실시간으로 반영된다.

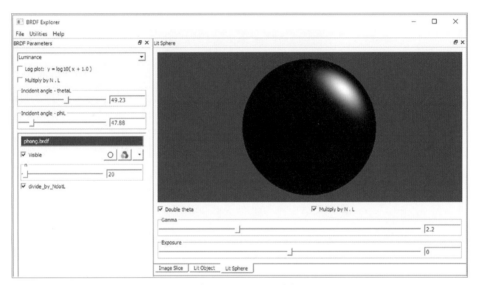

그림 11-6 Lit Sphere 패널

Lit Object 패널에서 BRDF를 더 흥미로운 설정으로 테스트할 수 있다(그림 11-7 참조). Lit Object 패널에서는 오프라인 렌더러로 렌더링을 하며 이미지 기반 라이팅을 지원한다. 여기에서 독자만의 모델(Obj 포맷 지원)과 IBS 큐브맵을 불러올 수 있다. 깔끔한 렌더링을 얻기 위해서는 Keep Sampling 체크 박스를 체크해야 한다.

그림 11-7 Lit Object 패널

BRDF의 다른 파라미터화를 사용하므로, 여기에는 몇 가지 부가적인 각도들이 존재한다. BRDF 익스플로러로 해당 각도에 대한 그래프들을 살펴 볼 수 있다.

- Theta H (θ_h)는 θ_d를 파라미터로 갖는다.
- Theta D(θ_d)는 θ_h를 파라미터로 갖는다.
- Theta V(θ_v)는 ϕ_v θ_v를 파라미터로 갖는다.

이러한 모든 값들의 일반적인 전체적인 뷰는 이미지 슬라이스^{Image Slice} 패널에서 볼 수 있다(그림 11-8 참조). 이미지 슬라이스 패널은 BRDF 캡처에서 얻은 이미지를 포함해 BRDF의 동작을 한눈에 비교할 때 특히 유용하다. 가장 유용한 슬라이스는 ϕ_d =90일 때다. ϕ_d는 반각 벡터 주위의 입사광 각도의 회전 방위각이다.

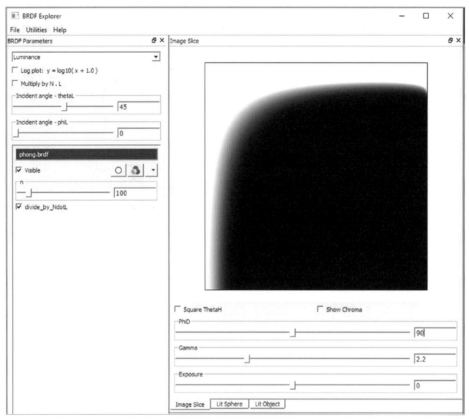

그림 11-8 이미지 슬라이스 패널

이미지 슬라이스의 여러 영역들은 프레넬 반사, 스펙큘러 반사, 그래이징^{grazing} 반사, 레트로^{retro} 반사와 같은 BRDF의 여러 가지 특성에 대응한다(그림 11-9 참조). 이미지 슬라이스 패널은 실생활에서 얻은 이진 BRDF를 다른 BRDF(이진 또는 코드로 구현) 와 비교할 때 특히 유용하다. 8장에서 설명한 바와 같이 BRDF는 모든 빛의 현상을 표현할 수 없다. 따라서 습득된 BRDF는 무지개 빛깔과 같이 원래 물질이 가지고 있는 어떤 측면들을 보여주지 못할 수도 있다.

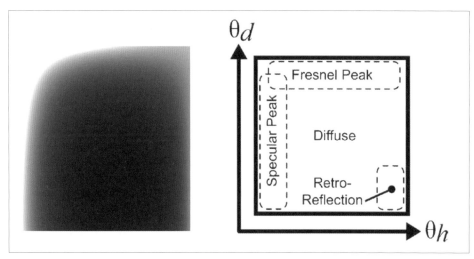

그림 11-9 BRDF 이미지 슬라이스(왼쪽)와 그것을 읽는 방법(오른쪽)

이것으로 퐁에 대한 분석을 마친다.

MERL 데이터베이스

MERL 데이터베이스는 100개의 캡처된 BRDF를 포함하고 있다. 이 모든 것을 https://www.merl.com/brdf/에서 .binary 파일로 다운로드할 수 있다. BRDF 익스플로러는 .binary 파일을 읽을 수 있다. 따라서 코드에서 구현할 수 있는 것처럼 이 BRDF를 살펴 볼 수 있다.

BRDF 비교하기

이미 알겠지만 BRDF 익스플로러로 다양한 BRDF를 추가하고 바꿀 수 있다. 이러한 용도에 가장 유용한 패널은 폴라 플롯^{Polar Plot} 패널이다(그림 11-10 참조). 다양한 BRDF를 여러 가지 색상으로 추적할 수 있기 때문에 쉽게 비교할 수 있다. 3D Plot 패널과 매우 비슷하지만 관련 BRDF가 두 개 이상 있는 경우 더 쉽게 살펴볼 수 있다.

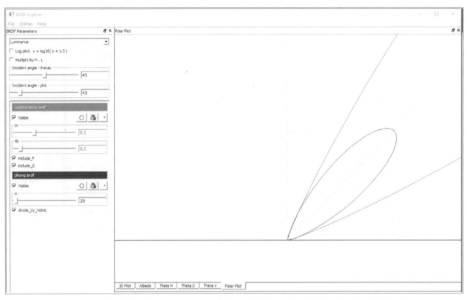

그림 11-10 퐁과 쿡토렌스(Cook Torrance)의 스펙큘러 로브를 보여주고 있는 폴라 플롯 패널

BRDF를 비교하기 위해 필요한 것은 하나 이상의 `.brdf` 혹은 `.binary` 파일을 불러오는 것이다. 그리고 그것들을 Visible 체크박스와 Solo This BRDF 버튼으로 토글할 수 있다. 한번에 비교할 수 있는 BRDF의 개수에는 제한이 없다. 각기 다른 BRDF 로브가 겹치거나 가려질 수 있기 때문에 3D 플롯 패널은 유심히 살펴봐야 한다.

여러 가지 BRDF를 동시에 비교하기 위해 `cooktorrance.brdf` 파일을 불러와보자. 현재 쿡토렌스는 매우 유명한 BRDF다. 유니티 5 버전부터 쓰이기 시작했고, 언리얼 4에서도 사용된다. 물론 다른 엔진에서도 사용한다. 이것은 매우 유연한 BRDF로 이 BRDF 하나로 다양한 종류의 재질을 시뮬레이션할 수 있다.

엔진 내에 BRDF용 간접광을 구현하는 것은 여전히 성가신 일이므로 적합한 큐브 맵 및 광역 조명 모델을 생성하기 위해 관련한 처리가 필요하다. 엔진은 여러 가지를 BRDF를 전부 사용가능하게 하기 보다는 하나를 선택하는 경향이 있다. 엔진 문서에서 BRDF의 실제 이름을 쓰는 것을 거의 찾기 힘들 것이다.

예를 들면, 유니티 5버전에서는 기본 셰이더를 "Standard"해 이름을 가지고 어떤 BRDF를 사용했는지 특정할 수 없다. 플랫폼에 따라 실제로 사용하는 BRDF를 빌린 퐁의 변형, 쿡토렌스, 디즈니 BRDF 등으로 설정할 수 있다. 이를 확인할 수 있는 유일한 방법은 표준 셰이더 코드를 들여다 보는 방법밖에 없다.

실시간 렌더링에 사용하는 BRDF 불완전 리스트

brdf 폴더 아래에 있는 파일들을 빠르게 살펴보다 보면 들어보지 못한 다양한 BRDF 이름을 볼 수 있을 것이다. d_로 시작하는 파일 이름은 미세면 BRDF 용어다. 그리고 g_로 시작하는 파일 이름은 기하 용어다. 이번 절에는 이러한 내용들과 밀접한 것들을 설명한다.

어시크먼 셜리

어시크먼 셜리^{Ashikhmin Shirley}는 이방성^{Anisotropic} BRDF다. 이것은 특히 금속 재질, 기름 레이어, 물 레이어에 적합하다(그림 11-11 참조).

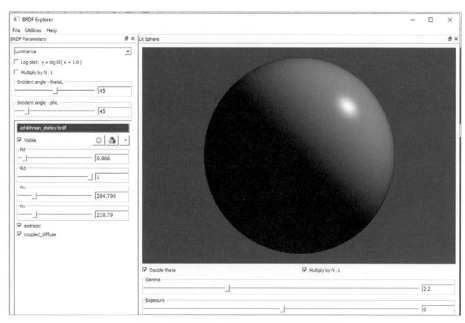

그림 11-11 BRDF 익스플로러의 어시크먼 셜리 BRDF

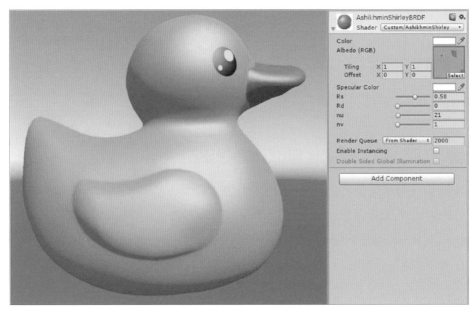

그림 11-12 유니티의 어시크먼 셜리 스펙큘러 BRDF

이 BRDF는 마이클 어시크먼$^{Michael\ Ashikhmin}$과 피터 셜리$^{Peter\ Shirley}$의 이방성 Phong BRDF 모델이라는 2000년도 논문에서 소개됐다.

쿡토렌스

앞에서 언급했듯이 이 BRDF는 매우 유연하다. 이것은 꽤나 자연스럽게 금속, 나무, 플라스틱 등을 시뮬레이션할 수 있다. 이 BRDF는 미세면 이론을 기반으로 한다. 다양한 거친 정도^{roughness}를 갖는 재질들을 시뮬레이션할 수 있다(그림 11-13 참조).

그림 11-13 유니티에서의 쿡토렌스 스펙큘러 BRDF

이것은 1982년 로버트 쿡^{Robert L. Cook}과 캐네스 토랜스^{Kenneth E. Torrance}가 발표한 컴퓨터 그래픽을 위한 반사모델^{A Reflectance Model for Computer Graphics}이라는 논문에 소개됐다.

오렌 네이어

오렌 네이어^{Oren Nayar}는 디퓨즈 전용 BRDF다. 이것은 람버트보다 더 유연하다. 그리고 이것은 디퓨즈 재질에 거칠기를 시뮬레이션할 수 있다. 원래는 달의 비램버트적^{non-Lanbertian} 특성을 모델링하기 위해 개발했다.

여기에는 스펙큘러 요소는 포함돼 있지 않다. 스펙큘러 항을 시뮬레이션하는 재질이 추가적으로 필요하다(그림 11-14 참조).

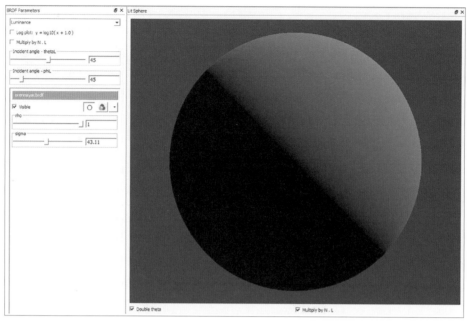

그림 11-14 BRDF 익스플로러에서의 오렌 네이어 디퓨즈 BRDF

이 BRDF는 1994년에 마이클 오렌^{Michael Oren}과 슈리 네이어^{Shree K. Nayar}가 람버트 반사 모델의 일반화^{Generalization of Lambert's Reflectance Model}라는 제목의 논문에서 등장했다.

워드

거의 사용하지 않는 BRDF다. 워드^{ward}는 경험적인 데이터 기반의 BRDF다. 이미 측정된 재질의 이방성 반사 양상에 맞게끔 만들어졌다. 그 결과 금속들을 잘 시뮬레이션할 수 있다.

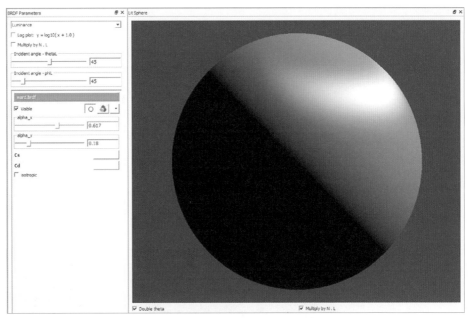

그림 11-15 BRDF 익스플로러에서의 이방성 와드 스펙큘러 BRDF

이 BRDF는 1992년 그레고리 월드$^{\text{Gregory J. Ward}}$가 발표한 이방성 반사 측정 및 모델링 Measuring and modeling anisotropic reflection이라는 논문에서 등장했다.

디즈니

이 BRDF는 디즈니^{Disney}의 3D 애니메이션 영화를 렌더링하기 위해 브렌트 벌리^{Brent} ^{Burley}가 발명했다. 이것은 엄청나게 유연하게 설계됐으며 아티스트들이 사용하기 매우 쉬워 분석하기 흥미로운 BRDF다. 이에 대한 구현은 바이너리 릴리즈에는 포함되지 않았지만 BRDF 익스플로러 GitHub에서 다운로드할 수 있다.

파라미터들을 관찰해보면 직관적인 네이밍을 적절하게 사용했다는 사실을 알 수 있을 것이다. 실제 불분명한 줄임말이나 단일 문자를 사용하는 대신 상당히 적절하게 묘사된 네이밍을 사용했다. 폴라나 3D 플롯 패널을 살펴 볼 때 여러 가지 설정을 시도해 이 BRDF를 사용한 로브 모양의 급격한 변화를 유심히 관찰하길 추천한다(그림 11-16 참조).

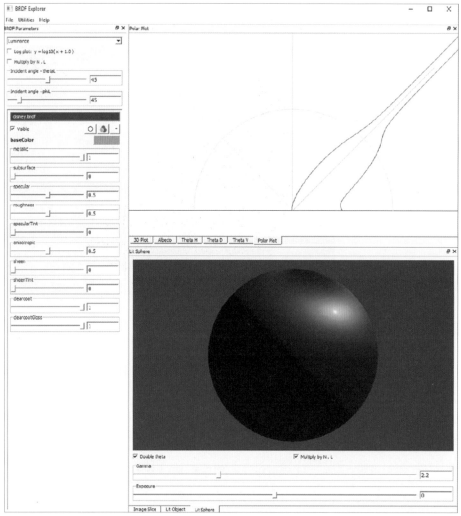

그림 11-16 BRDF 익스플로러에서의 디즈니 BRDF

한 가지 간단한 실험으로 0 메탈릭^{metallic}에서 1 메탈릭으로 변경해보자. 다른 파라미터를 변경하지 않고도 이 파라미터만으로도 재질을 금속처럼 렌더링하게 해줄 것이다.

설정을 변경했을 때 로브 모양 변화에 주목하자. 이 변화는 한 종류의 로브가 아닌 완전히 다른 로브들 사이를 보간하기 때문이다.

이 BRDF는 브랜트 벌리^{Brent Burley}가 디즈니의 물리 기반 셰이딩^{Physically Based Shading at Disney} 강연에서 처음 소개했고 시그래프^{SIGGRAPH} 2012의 영화와 게임 제작에서의 물리 기반 실전 셰이딩^{Practical Physically Based Shading in Film} 과정에서 강연했다.

지금까지 BRDF와 어느 정도 유명한 BRDF에 대해서 알아봤다. 이 프로그램은 매우 유용하다. 필자는 독자가 이 프로그램이 어떤 것들을 할 수 있는지 계속 살펴보길 권장한다.

▌요약

11장에서는 BRDF 익스플로러 프로그램을 소개했으며 BRDF를 확인하고 분석하는 데 유용한지 살펴봤다. 또한 다양한 유명 BRDF를 살펴봤으며 시뮬레이션에 적합한 재질들에 대해서 설명했다.

12장에서는 11장에서 언급한 BRDF들을 유니티에서 구현하는 방법을 살펴볼 것이다.

12장

BRDF 구현하기

9장에서 에너지 보존법칙이 적용되도록 퐁을 수정했다. 11장에서는 구현 가능한 다양한 BRDF를 소개했다. 12장에서는 앞서 살펴본 BRDF 중에 하나를 유니티의 서피스 셰이더로 구현할 것이다.

▌어떤 BRDF를 구현할 것인가?

현재 게임에서 사용하는 가장 유명한 BRDF는 쿡토렌스와 디즈니 BRDF다. 이 둘은 모두 물리 기반 BRDF다. 물리 기반의 정도는 다르다. 디즈니 BRDF는 완전히 물리 기반이라기보다는 원칙을 따르려는 정도다.

디즈니 BRDF를 개발할 때의 주요 목표는 대부분의 재질을 시뮬레이션할 수 있는 BRDF를 만드는 것이었다. 물리와 직관 사이에 모순이 발생한 경우 직관을 따랐다. BRDF 익스플로러로 분석해봤다면 디즈니의 로브가 얼마나 융통성이 있는지 눈치 챘을 것이다.

디즈니 BRDF는 모양이 복잡하게 변형될 수 있는 반면 쿡토렌스의 로브는 특정 모양을 지키면서 크기와 두께를 변화시킬 수 있다. 쿡토렌스는 미세면 이론을 기반으로 한 BRDF의 좋은 예다. 하지만 디즈니 BRDF가 전체적으로 더 흥미로우며 아티스트가 사용할 BRDF를 디자인하는 데 더 훌륭한 예제다. 배움의 흥미와 실질적인 측면에서 구현의 첫 단계를 모두 진행할 것이다. 이는 레퍼런스를 모으는 과정일 수 있다. 완벽한 디즈니 BRDF는 구현하기 꽤나 복잡하기 때문에 BRDF를 구현하는 첫 단계로는 적합하지 않다.

쿡토렌스의 스펙큘러 항과 디즈니 BRDF의 디퓨즈 항을 구현할 것이다. 미세면 BRDF는 스펙큘러 전용이다. 따라서 디퓨즈 BRDF가 필요하다. 거기에는 일반적으로 람버트를 사용한다. 하지만 오렌 네이어와 디즈니 BRDF의 디퓨즈 부분도 좋은 대안이 될 수 있다.

▌레퍼런스 찾기

BRDF를 구현할 때 첫 번째 이슈는 좋은 소스를 찾는 것이다. 오리지널 BRDF 공식을 찾은 이후에 그것을 변형해야 한다. 그리고 레퍼런스 구현(운이 좋다면)이나 다른 사람이 시도한 구현을 찾아야 한다. 오래된 BRDF는 구현된 것들이 상당히 많다. 하지만 특정 플랫폼이나 요구사항에 맞게끔 변형해줘야 한다. 그리고 독자는 그것들을 그대로 믿고 사용하기보다는 얼마나 원래 공식을 따라야 하는지 확인해야 한다.

독자가 찾은 코드 대부분은 BRDF를 구현하기 원하는 플랫폼에 맞춰져 있지 않을 것이다. 따라서 일반적인 셰이딩 언어들을 배워서 구현을 해석할 수 있어야 한다. 셰이딩 언어들은 대체적으로 유사하기 때문에 그렇게까지 많은 시간이 필요하지는 않을 것이다. 셰이더 언어 중에는 HLSL과 GLSL을 가장 많이 사용한다.

참고 자료를 찾는 과정에서 도중에 중단된 레파지토리를 찾을 확률이 있다. 결국 구현하는 사람은 BRDF의 절반을 바꿔야 한다. 그리고 어떤 자료들은 대부분 유용하지만 독자들을 헷갈리게 만들 수 있고 이상한 길로 안내할 수도 있다. 글들Thread을 주의 깊게 살펴봐야 한다. 항상 원래의 논문을 확인하는 습관을 기르자. 이제 레퍼런스들을 모아보자.

쿡토렌스

쿡토렌스 BRDF는 1981년 부근에 연구 논문에서 소개됐다. 매우 인기 있었기 때문에 많은 사람들이 쿡토렌스를 더 깊게 연구했고 개선했다. 이것은 미세면 이론을 기반으로 고안된 것으로 미세면 이론은 그 자체로 매우 광대하다. 우리의 주요 레퍼런스들은 다음과 같다.

- 2012년도부터 2015년까지 매해 시그레프에서 발표한 나티 호프먼의 셰이딩 물리와 수학Physics and Math of Shading by Naty Hoffman 슬라이드 및 강의 노트
- 브라이언 카리스Brian Karis가 시그라프 2013에서 발표한 언리얼 엔진 4에서의 리얼 셰이딩Real Shading in Unreal Engine 4 슬라이드 및 강의 노트
- BRDF 익스플로러에 포함된 쿡토렌스 BRDF의 구현(GLSL)
- 브라이언 카리스 블로거의 아티클 스펙큘러 BRDF 레퍼런스Specular BRDF Reference1
- 다니엘 지메네즈 콰스Danie l Jimenez Kwast의 BRDF 모델 소개Introduction to BRDF Models 논문

---

1 http://graphicrants.blogspot.co.uk/2013/08/specular-brdf-reference.html

다소 심도 있는 다음의 레퍼런스도 포함한다.

- 1981년도 컴퓨터 그래픽스의 반사 모델A Reflectance Model for Computer Graphics 오리지널 논문
- 시그래프 2014에서 에릭 하이츠Eric Heitz의 미세면 이론 기반의 BRDF에서의 셰이딩 마스킹 함수의 이해Understanding the Masking-Shadowing Function in Microfacet-Based BRDFs by Eric Heitz 슬라이드와 강의 노트
- 2017년도 EGSR의 거친 표면을 통과하는 굴절 미세면 모델Microfacet Models for Refraction through Rough Surfaces 논문

지금까지 본 것처럼 AAA 게임 렌더링에 사용된 최근 연구를 포함한 최근의 참고 자료를 사용하고 있다. 만약 독자가 시간이 있다면 한 BRDF의 역사를 살펴봐서 누구에 의해서 그 변화가 생겼는지, 그리고 어디에서 생겼는지에 대한 변화를 추적해보는 것도 좋다. 이를 위한 시그래프 멤버쉽은 매우 귀중하다. 하지만 원한다면 해당 논문들을 구글링해 무료 버전을 살펴 볼 수도 있다. 많은 그래픽스 프로그래머들과 연구자들은 블로그를 가지고 있다. 종종 블로그에 유용한 정보나 논문 및 기술에 대한 설명을 올려놓는 경우도 있다. 18장 리스트를 참조하라.

디즈니

디즈니 BRDF는 2012년도에 브렌트 벌리가 발표했다. 이것은 매우 최근 BRDF다. 즉 오리지널 소스와는 별개로 아직 이에 대한 자료가 많이 존재하지는 않는다. 다음은 우리의 디즈니 BRDF 레퍼런스들이다.

- 브렌 벌리가 디즈니에서 강연한 물리 기반 셰이딩Physically Based Shading at Disney 과 시그래프 2012의 영화와 게임 제작에서의 물리 기반 실전 셰이딩Practical Physically Based Shading in Film 과정의 오리지널 슬라이드와 강의 노트
- BRDF 익스플로러에 들어있는 디즈니 BRDF의 구현(GLSL)

다소 유용한 다음의 레퍼런스도 포함된다.

- 브렌트 벌리가 강연한 시그래프 2015의 디즈니 BRDF의 확장한 하부 표면 산란을 포함하는 BRDF^{Extending the Disney BRDF to a BSDF with Integrated Subsurface Sattering}의 오리지널 슬라이드와 강의 노트
- 세바스티앙 라가르드와 샤를 드 루시에^{Sébastien Lagarde and Charles de Rousiers}가 강연한 시그래프 2015에 등장한 동상을 물리 기반 렌더링으로 표현하기^{Moving Frostbite to Physically Based Rendering}의 오리지널 슬라이드와 강의 노트
- 블렌더용 디즈니 BSDF 구현(C++)

출발은 논문에서부터

이번 절에서는 BRDF의 주요 특징과 공식을 살펴 볼 것이다. 논문에 등장한 몇 가지 공식을 보여줄 것이다. 왜냐하면 특정 시점 이후에 BRDF 구현은 해당 수학을 코드로 변환하는 것으로 귀결되기 때문이다.

조심해라. 이 공식들이 수학적으로 특별하게 멋지거나 하지는 않지만 어찌됐든 수학이 다가온다. 그것들은 단순 덧셈, 곱셈, 뺄셈, 나눗셈, 지수승, 분수, 코사인을 사용한다. 코드 구현에서 내적곱이 될 것이다. 아마도 가장 최악인 부분은 이름 한 글자로 된 변수들이 널려 있고 이것에 익숙해져야 한다는 점이다. 여러분의 정신 건강을 위해 필자는 대부분의 공식에 코드 예제를 포함시켰다.

쿡토렌스 (혹은 미세면) BRDF

8장에서 배운 미세면 이론의 모든 것이 쿡토렌스에 적용돼 있다. 쿡토렌스는 이런 측면에서 미세면 이론이라는 단어와 거의 동의어다. 왜냐하면 쿡토렌스의 뼈대는 더 새로운 "부분들로" 다시 조립되는 동안 결국 재사용되기 때문이다. BRDF는 미세면

이론에서 파생됐다는 사실을 기억할 것이다. 이 미세면 이론에는 다양한 항이 존재한다. D(Distribution, 분포), F(Fresnel, 프레넬), G(Geometry, 기하, 주로 마스킹과 쉐도잉을 다룸) 항에 다양한 근사들을 넣을 수 있다. 예를 들면 프레넬에는 여러 가지 근사법이 존재한다. 거기에는 슐릭^{Schlick}의 근사법이 가장 유명하다. 마찬가지로 기하 항에는 스미스 쉐도잉 함수^{Smith shadowing function}를 근사하는 슐릭의 방법이 유명하다. 동일한 함수를 근사하는 월터의 근사법도 존재하며 그 외에도 다양하다.

그리고 마지막으로 실제 가장 중요한 것은 선택할 수 있는 다양한 분포 함수^{NDF, Normal Distribution Functions, 정규 분포 함수}들이 존재한다는 점이다. 분포 함수에 따라 BRDF의 결과는 크게 달라진다.

몇 가지 유용한 NDF에는 베크만^{Beckmann}, 퐁, GGX가 있다. 쿡토렌스를 구현하기 위해서는 각각의 항마다 각각의 옵션을 선택해야 한다. 일반적으로 이것은 일반적으로 원하는 만큼의 퀄리가 나오면서 동시에 셰이더의 속도가 나오는지에 대한 문제다. 이러한 선택은 대상 플랫폼의 파워에 따라 달라진다.

우리는 가장 일반적인 옵션을 선택할 것이다. 프레넬 항에는 GGX, 슐릭을 그리고 기하 항에는 슐릭을 사용할 것이다. 다음은 8장에서 본 쿡토렌스의 공식이다. 이 공식은 최근 년도 논문에서도 찾을 수 있을 것이다.

$$f(l, v) = \frac{D(h)F(l, h)G(l, v, h)}{4(n \cdot l)(n \cdot v)}$$

D는 분포 함수를, G는 기하 항을, F는 프레넬 항을 의미한다. 이 공식을 통해 이 NDF는 반각 벡터에 의존적이며, 프레넬은 빛 방향 벡터와 반각 벡터에 의존적이고, 기하 항은 빛의 방향 벡터, 시야 방향 벡터, 반각 벡터에 의존적임을 알 수 있다.

이 공식에서 전체적인 용어를 이미 살펴봤다. 이제는 이를 위한 공식을 살펴보자. 먼저 프레넬항의 슐릭 근사법이다.

$$F_{schlick}(F_0, l, h) = F_0 + (1 - F_0)(1 - (l \cdot h))^5$$

이미 눈치챘겠지만 이 공식은 v 혹은 w_0 아니면 밖으로 나가는 빛 벡터를 의미하는 다른 변수들보다는 반각 벡터에 의존적이다. 왜냐하면 이것은 BRDF에서 사용하는 버전이기 때문이다. F_0은 스펙큘러 색상을 의미한다. 프레넬 항을 대충 구현해보면 다음과 같을 수 있다.

```
float SchlickFresnel(float4 SpecColor, float lightDir, float3 halfVector)
{
    return SpecColor + ( 1 - SpecColor ) * pow( 1 - ( dot(lightDir, halfVector )), 5);
}
```

다음은 스미스의 셰이딩 함수에 대한 슐릭 근사법이다. 언리얼 논문의 개선된 버전을 사용할 것이다. 왜냐하면 우리는 NDF로 GGX를 사용할 것인데, 슐릭 근사법이 GGX와 호환성이 좋기 때문이다. 먼저 K를 정의한다.

$$k = \frac{(Roughness+1)^2}{8}$$

코드에서

```
float modifiedRoughness = _Roughness + 1;
float k = sqr(modifiedRoughness) / 8;
```

그리고 이것을 G_1 함수에서 사용한다.

$$G_1(v) = \frac{n \cdot v}{(n \cdot v)(1-k)+k}$$

코드에서

```
float G1 (float k, float NdotV)
{
    return NdotV / (NdotV * (1 - k) + k);
```

```
}
```

이것을 한 번은 빛의 방향 벡터에 적용하고, 한 번은 시야 벡터에 적용한 다음 이 둘을 곱해준다.

$$G(l,v,h)=G_1(l)G_1(v)$$

코드에서

```
float g1L = G1(k, NdotL);
float g1V = G1(k, NdotV);
G = g1L * g1V;
```

마지막으로 NDF, 즉 분포함수 공식이 필요하다. 우리는 GGX를 사용할 것이다. 그리고 다시 한 번 언리얼 논문에서 나온 살짝 개선된 버전을 사용할 것이다.

$$D(h)=\frac{\alpha^2}{\pi\left(\left(n\cdot h\right)^2\left(\alpha^2-1\right)+1\right)^2}$$

코드에서

```
float alphaSqr = sqr(alpha);
float denominator = sqr(NdotH) * (alphaSqr - 1.0) + 1.0f;
D = alphaSqr / (PI * sqr( denominator));
```

지금까지 디퓨즈에 대해서는 언급하지 않았다. 왜냐하면 쿡토렌스에는 디퓨즈가 포함돼 있지 않기 때문이다. 다른 소스를 통해 추가해야 한다. 일반적으로 람버트를 사용하지만 다른 옵션들도 존재한다. 이것을 끝으로 이 BRDF를 구현하는 모든 조각들을 맞췄다. 다음 단계는 구현이다.

디즈니 BRDF

쿡토렌스와 마찬가지로 이번 절에서는 디즈니 BRDF를 전체적으로 살펴볼 것이다. 어떠한 BRDF 구현에도 적용할 수 있는 이 논문에서 가장 중요한 점은 모든 파라미터의 범위는 0에서부터 1까지다. 이는 아주 좋은 생각이다. 많은 BRDF의 파라미터의 범위는 매우 거칠게 변화하는 데 이는 직관적이지 못하다.

이 BRDF에서 많은 파라미터들은 기본적으로 다른 로브 모양 간의 보간이다. 이는 매우 흥미로운 접근이다. 이를 통해 디즈니 BRDF는 실제 재질을 더 다양하게 표현할 수 있다. 공식을 살펴보면 이 BRDF는 비록 직접적으로 미세면 이론을 따온 것은 아닐지라도 미세면 이론에서 영감을 얻었음을 알 수 있다. 따라서 공식을 이루는 다양한 항들이 방금 살펴본 쿡토렌스와 상당히 유사하다. 이 모델의 디퓨즈 부분은 람버트를 개선하려고 했다. 프레넬 슐릭 근사법에 대해서 기억 날 것이다. 다음은 디퓨즈에 사용하는 공식이다.

$$\left(1 - F(\theta_l)\right)\left(1 - F(\theta_d)\right)$$

람버트와 다르게 디즈니 디퓨즈 공식은 프레넬을 사용한다.

$$f_d = \frac{baseColor}{\pi}\left(1 + \left(F_{D90} - 1\right)\left(1 - \cos\theta_l\right)^5\right)\left(1 + \left(F_{D90} - 1\right)\left(1 - \cos\theta_v\right)^5\right)$$

여기에서

$$F_{D90} = 0.5 + 2 \times roughness \times \cos^2\theta_d$$

이 공식들은 오리지널 논문에서 정의된 것들이다. 쿡토렌트에서는 공식과 코드의 차이가 크지 않았지만 디즈니 공식은 실제 코드 구현과 다르다. 왜냐하면 쿡 토렌트에는 다른 로브간 보간이 포함돼 있지 않기 때문이다.

디즈니 BRDF를 대충 구현해보면 다음과 같다.

```
float fresnelDiffuse = 0.5 + 2 * sqrt(LdotH) * roughness;
float fresnelL = 1 + (fresnelDiffuse - 1) * pow(1 - NdotL, 5);
float fresnelV = 1 + (fresnelDiffuse - 1) * pow(1 - NdotV, 5);
float3 Fd = (BaseColor / PI) * fresnelL * fresnelV
```

이것은 경험적 모델이다. 이 모델의 목표는 재질의 거칠기에 따라 다른 행동을 하게 하는 것이다. 부드러운 재질은 약간 어두워져야 하는데, 이를 프레넬 쉐도우로 해결하고, 거친 재질은 살짝 밝아야 한다. 하부표면 파라미터는 디퓨즈 모형과 다른 BRDF를 섞는다. 이 방법은 헨나라헨-크루거^{Hanrahan-Krueger} 하부표면 BRDF에서 영감을 받았다.[2]

다음으로 완벽을 위해 BRDF의 스펙큘러 부분을 정리해 볼 것이다. 하지만 구현하지는 않을 것이다.

D, 즉 분포에서부터 시작한다.

$$D_{GTR} = c / \left(\alpha^2 \cos^2 \theta_h + sin^2 \theta_h \right)^\gamma$$

이것을 일반화된-트로우브릿지-라이즈^{Generalized-Trowbridge-Reitz}라고 부른다. 예측했겠지만 이름에서 따온 것이다. 이 공식은 트로우브릿지-라이즈 분포에서 영감을 받았다. 가장 밝은 부분의 바깥쪽 스펙큘러가 부드럽게 밝기가 감소돼게 해 더 긴꼬리를 만드는게 목적이다. 이전 절의 개선된 쿡토렌스와 마찬가지로 α는 거칠기를 나타내는 파라미터이고 c는 확대 상수다. α = roughness^{2}로 대입하는 것을 선호하는데 결과가 조금 더 선형의 느낌이 나게 하기 때문이다. 시각적 품질이 마치 선형적으로 증가하는 느낌을 만드는 것이 결코 쉽거나 직관적이지는 않다. 예를 들면 우리의 눈이 색상을 인지하는 것은 비선형 방식이다. 어두운 색상의 색조를 밝은 것보다 더 많이 본다.

---

2 헨라헨, 펫, 울프강 크루거의 중첩된 표면에서 하부 표면의 산란에 의한 반사. 컴퓨터 그래픽 및 인터렉티브 테크닉 20주년 콘퍼런스에서 진행. 1993년 시그라프 165-174 페이지. ACM 미국 뉴욕 1993년.

여기에는 세 가지 스펙큘러 로브를 가지고 있다. 하나는 메인 스펙큘러이고, 또 하나는 클리어코팅^{clear coat}을 위한 것이고(둘다 GTR 모델에서 사용한다), 나머지 하나는 광택^{sheen}을 위한 것이다.

광택 스펙큘러 로브는 프레넬 슐릭 모양을 사용한다. 스펙큘러 파라미터는 입사 및 반사의 양을 결정한다. 여기에 가장 일반적인 재질의 범위를 대입한다. 폴리우레탄 굴절률에 따라 스펙큘러 클리어 코트 레이어의 값은 고정돼 있다.

다음으로 프레넬 항이다. 또다시 이것은 슐릭 근사법이다. 더이상 새로운 것은 없다. 다음으로 G항의 GGX로 개선된 버전을 사용한다. G의 클리어 코트 레이어는 고정돼 있다.

▌ 구현

쿡토렌스 스펙큘러를 구현해보자. 추후에 여기에 디즈니 디퓨즈를 추가할 것이다.

속성

속성 블록과 SubShader 블록의 앞부분에서 시작해보자(리스팅 12-1 참조). 필요한 추가적인 속성은 오직 _Roughness다. 만약 우리가 디즈니 BRDF 전체를 구현하려고 했다면, 훨씬 많은 속성들을 여기에 선언했을 것이다. 또한 surf 함수를 뺄 것이다. 왜냐하면 surf 함수에는 멋진 것이 없기 때문이다.

리스팅 12-1 속성, 변수, 스트럭처 그리고 Surf 함수

```
Shader "Custom/CookTorranceSurface" {
    Properties {
        _MainTex ("Base (RGB)", 2D) = "white" {}
        _ColorTint ("Color", Color) = (1,1,1,1)
        _SpecColor ("Specular Color", Color) = (1,1,1,1)
```

```
        _BumpMap ("Normal Map", 2D) = "bump" {}
        _Roughness ("Roughness", Range(0,1)) = 0.5
        _Subsurface ("Subsurface", Range(0,1)) = 0.5
    }
    SubShader {
        Tags { "RenderType"="Opaque" }
        LOD 200

        CGPROGRAM
        #pragma surface surf CookTorrance fullforwardshadows
        #pragma target 3.0

        struct Input {
            float2 uv_MainTex;
        };
        #define PI 3.14159265358979323846f
        sampler2D _MainTex;
        sampler2D _BumpMap;
        float _Roughness;
        float _Subsurface;
        float4 _ColorTint;


        UNITY_INSTANCING_CBUFFER_START(Props)
        UNITY_INSTANCING_CBUFFER_END

        struct SurfaceOutputCustom {
            float3 Albedo;
            float3 Normal;
            float3 Emission;
            float Alpha;
        };

        void surf (Input IN, inout SurfaceOutputCustom o) {
            fixed4 c = tex2D (_MainTex, IN.uv_MainTex) * _ColorTint;
            o.Albedo = c.rgb;
            o.Normal = UnpackNormal( tex2D ( _BumpMap, IN.uv_MainTex ) );
            o.Alpha = c.a;
        }
```

SurfaceOutputCustom 구조체에 주목하자. 이 구조체는 Standard보다 더 적은 수의 멤버변수를 가지고 있다. 우리는 이미 커스텀 라이팅 함수를 surf로 건네줬지만 아직 코드 작성을 시작하지 않았기 때문에 코드는 아직 컴파일되지 않을 것이다. 변수 가운데 _Roughness는 쿡토렌트 스펙큘러와 디즈니 디퓨즈가 사용한다. _Subsurface는 디즈니 디퓨즈만 사용한다. 디즈니 디퓨즈 내에서 선택으로 하부표면 근사를 생략할 수 있다. 하지만 이게 더 낫기 때문에 이대로 진행할 것이다.

여러분이 사용하는 플랫폼에 따라서 끔찍한 셰이딩 오류가 발생하는 것을 방지하기 위해 리스팅 12-1에서처럼 #define으로 변수 PI를 정확하게 선언했는지 확인하자.

커스텀 라이트 함수 구현

쿡토렌스와 디즈니 디퓨즈 구현에 있어서 정보를 압축하는 과정을 시작할 것이다. 우선 서피스 셰이더에서 커스텀 라이팅 구현에 필요한 두 가지 함수를 만들어야 한다. 이 두 함수는 다음과 같다.

- inline void LightingCookTorrance_GI
- inline fixed4 LightingCookTorrance

지금부터 이전 장에서 기존에 작성한 커스텀 GI 함수 중 하나를 복사할 것이다. 어떻게 그것이 동작하는지에 대해서 13장에서 좀 더 자세히 살펴 볼 것이다. 몇 가지 반복적인 작업을 추상화해주는 부가적인 유틸리티 함수들이 필요할 것이다.

필자는 개인적으로 커스텀 라이팅 함수에서 가장 중요한 값들을 계산하고(NdotL 등) 디퓨즈와 스펙큘러를 묶는 것을 선호한다(그림 12-2 참조). 실제 스펙큘러와 디퓨즈 계산은 각각의 자신의 함수에 유지하면 모든 것이 깔끔하게 모듈화된다. 이러한 방식으로 커스텀 라이팅 함수 코드 수정을 최소화하면서 디퓨즈와 스펙큘러를 다른 것으로 손쉽게 교체할 수 있다.

```
inline float4 LightingCookTorrance (SurfaceOutputCustom s, float3 viewDir, UnityGI gi){
    // 필요한 값들

    UnityLight light = gi.light;

    viewDir = normalize ( viewDir );
    float3 lightDir = normalize ( light.dir );
    s.Normal = normalize( s.Normal );

    float3 halfV = normalize(lightDir+viewDir);
    float NdotL = saturate( dot( s.Normal, lightDir ));
    float NdotH = saturate( dot( s.Normal, halfV ));
    float NdotV = saturate( dot( s.Normal, viewDir ));
    float VdotH = saturate( dot( viewDir, halfV ));
    float LdotH = saturate( dot( lightDir, halfV ));

    // BRDFs
    float3 diff = DisneyDiff(s.Albedo, NdotL, NdotV, LdotH, _Roughness);
    float3 spec = CookTorranceSpec(NdotL, LdotH, NdotH, NdotV, _Roughness,
    _SpecColor);

    // 디퓨즈, 스펙큘러, 틴트(광원, 스펙큘러)를 추가한다.
    float3 firstLayer = ( diff + spec * _SpecColor) * _LightColor0.rgb;
    float4 c = float4(firstLayer, s.Alpha);
    #ifdef UNITY_LIGHT_FUNCTION_APPLY_INDIRECT
        c.rgb += s.Albedo * gi.indirect.diffuse;
    #endif
    return c;
}
```

직접적인 방법으로 필요한 대부분의 변수들을 계산하고 디퓨즈와 스펙큘러 함수로
건네줬다. 값들을 오직 한 번만 계산하는 장점이 있고 또한 그 값들이 실제로 어디에
서 사용되는지 강조해준다. 사용하지 않는 변수들을 깜빡하게 되면 코드가 지저분해
질 수 있다.

유틸리티 함수

다음 우선순위는 유틸리티 함수를 작성하는 코드다(리스트 12-3 참조).

리스팅 12-3 다양한 유틸리티 함수들

```
float sqr(float value)
{
    return value * value;
}

float SchlickFresnel(float value)
{
    float m = clamp(1 - value, 0, 1);
    return pow(m, 5);
}

float G1 (float k, float x)
{
    return x / (x * (1 - k) + k);
}
```

sqr은 2의 지수승 함수다. 이 함수를 사용해 코드를 더 가독성있게 만들 것이다. 그리고 SchlickFresnel 근사함수는 디퓨즈와 스펙큘러에서 모두 사용한다. G1 함수가 있는데, 이 함수는 쿡토렌스의 기하 함수에서 사용한다.

쿡토렌스 구현

이제 셰이더의 인프라 구축이 다 됐다. 쿡토렌스 구현을 시작해보자. 거칠기, F_0, 스펙큘러 색상(굴절률을 의미)을 인자로 취하는 별도의 함수를 제작할 것이다. 그리고 함수 안에서 앞 장에서 보았던 공식에 따라 F, D, G 항을 계산할 것이다.

수정된 GGX 분포항

이것을 '수정된'이라고 부르는 이유는 이 GGX는 $\alpha = roughness^2$를 사용해 재파라미터화한 것이기 때문이다. 이 GGX 공식은 상대적으로 구현하기 간단하다(리스팅 12-4 참조).

$$D(h) = \frac{\alpha^2}{\pi \left(\left(n \cdot h \right)^2 \left(\alpha^2 - 1 \right) + 1 \right)^2}$$

리스팅 12-4 수정된 GGX NDF의 코드 구현

```
// D
float alphaSqr = sqr(alpha);
float denominator = sqr(NotH) * (alphaSqr - 1.0) + 1.0f;
D = alphaSqr / (PI * sqr(denominator));
```

이 공식과 코드를 자세히 들여다보면 꽤나 간결하게 공식을 코드로 변환했음을 알 수 있을 것이다.

슐릭 프레넬 항

쿡토렌스에서 이 슐릭 프레넬을 사용한다. 보다시피 이 항의 일부 디즈니 디퓨즈 구현과 겹치는 부분은 중복 코드를 막기 위한 유틸리티 함수로 구현했다. 직관적인 _SpecColor 대신에 F_0을 변수로 사용하면 이 함수와 코드 사이의 유사성을 볼 수 있을 것이다(리스팅 12-5 참조).

$$F_{schlick}\left(F_0, l, h\right) = F_0 + \left(1 - F_0\right)\left(1 - \left(l \cdot h\right)\right)^5$$

리스팅 12-5 프레넬 항의 구현

```
// F
float LdotH5 = SchlickFresnel(LdotH);
F = F0 + (1.0 - F0) * LdotH5;
```

수정된 슐릭 기하항

살짝 복잡한 항이다. 스미스 기하항을 더 잘 따르기 위해 변수 k를 $\frac{\alpha}{2}$로 변경했다. 디즈니 BRDF에는 더 큰 변화가 거칠기에 적용된다. 제곱을 하기 전에 거칠기를 $\frac{Roughness+1}{2}$로 변경한다.

그 결과는 다음과 같다.

$$k = \frac{\left(Roughness+1\right)^2}{8}$$

디즈니 BRDF의 마지막 변화로 이 쿡토렌스 구현과 함께 디즈니 디퓨즈가 조화를 이루게 해야 한다.

$$G_1(v) = \frac{n \cdot v}{(n \cdot v)(1-k)+k}$$

$$G(l,,v,,h) = G_1(l)G_1(v)$$

다시금, 코드 구현(리스팅 12-6 참조)은 상대적으로 직설적이고 몇 절 전의 예제 구현과 꽤나 유사하다. 함수 G_1은 유틸리티 함수라는 사실을 명심하기 바란다.

리스팅 12-6 스미스의 슐릭 근사법 기하 항의 구현

```
// G
float r = _Roughness + 1;
float k = sqr(r) / 8;
float g1L = G1(k, NdotL);
float g1V = G1(k, NdotV);
G = g1L * g1V;
```

쿡토렌스 함수에 넣기

지금까지 모든 항을 전부 구현했으므로 한 함수에 전부 넣어보자(리스팅 12-7 참조).

```
inline float3 CookTorranceSpec( float NdotL, float LdotH, float NdotH,
                                float NdotV, float roughness, float F0)
{
    float alpha = sqr(roughness);
    float F, D, G;

    // D
    float alphaSqr = sqr(alpha);
    float denom = sqr(NdotH) * (alphaSqr - 1.0) + 1.0f;
    D = alphaSqr / (PI * sqr(denom));

    // F
    float LdotH5 = SchlickFresnel(LdotH);
    F = F0 + (1.0 - F0) * LdotH5;

    // G
    float r = _Roughness + 1;
    float k = sqr(r) / 8;
    float g1L = G1(k, NdotL);
    float g1V = G1(k, NdotV);
    G = g1L * g1V;

    float specular = NdotL * D * F * G;
    return specular;
}
```

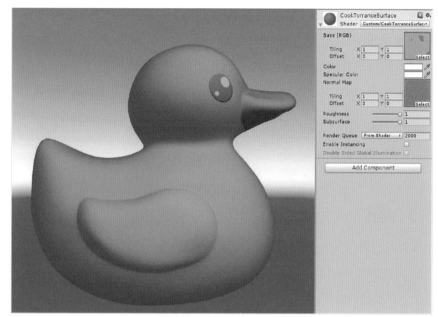

그림 12-1 쿡토렌스 최대 거칠기

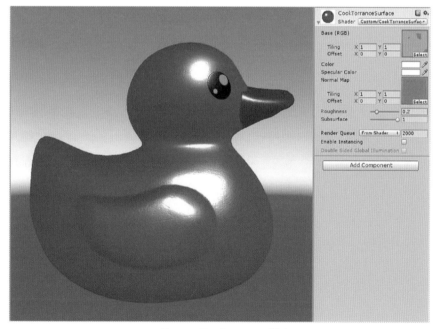

그림 12-2 쿡토렌스 - 0.2가 거칠기

이제 임시 결과를 살펴보자. 그림 12-1에서 스펙큘러가 최대 거칠기일 때 어떻게 보이는지 볼 수 있다. 조금 어둡게 보임에 주목하자. 이는 정상적인 현상으로 아직 디퓨즈가 없기 때문이다. 그림 12-2는 0.2f의 거칠기에서 스펙큘러가 어떤지 보여준다. 작은 하이라이트가 훨씬 밝아져서 물리 기반이 적용될 것을 볼 수 있을 것이다.

쿡토렌스 스펙큘러 구현을 완벽히 마쳤으므로 다음 단계인 디즈니 디퓨즈로 넘어가보자.

디즈니 디퓨즈

디즈니 디퓨즈를 구현하기로 했다. 더 단순한 람버트를 선택할 수도 있지만 이미 람버트는 살펴봤다. 그리고 이것이 더 재미있다. 디즈니 BRDF는 꽤 비싸다. 하지만 디퓨즈는 꽤나 작기 때문에 우리의 목적에 적합하다. 다음은 이 BRDF 세부사항에서 디퓨즈와 관련된 공식들이다.

$$F_{D90} = 0.5 + 2 \times roughness \times \cos^2 \theta_d$$

$$f_d = \frac{baseColor}{\pi} \left(1 + (F_{D90} - 1)(1 - \cos\theta_l)^5 \right)\left(1 + (F_{D90} - 1)(1 - \cos\theta_v)^5 \right)$$

유틸리티 함수의 슐릭 프레넬 함수를 사용할 것이다. 또한 논문에는 존재하지 않지만 BRDF 익스플로러 프로그램에 구현돼 있는 레퍼런스 코드를 고려해야 한다. 리스팅 12-8의 구현 코드를 살펴보면 몇 가지 보간을 사용하고 있음을 알 수 있다. 이것들의 대부분은 단순화할 수 있지만 단순화하지 않을 것이다. 왜냐하면 이 부분은 퍼포먼스와 관련된 부분이 아니고 결과를 더 좋게 해주기 때문이다. 상용 게임에서는 무엇이 충분한 시각적 차이를 만드는지, 무엇이 근사하는 것인지, 나머지를 버릴지에 대한 선택을 가차없이 해야 한다.

리스팅 12-8 디즈니 디퓨즈 구현

```
// 디즈니 디퓨즈
inline float3 DisneyDiff( float3 albedo, float NdotL,
```

```
                        float NdotV, float LdotH, float roughness){
    // 루미넌스 근사
    float albedoLuminosity = 0.3 * albedo.r
                            + 0.6 * albedo.g
                            + 0.1 * albedo.b;

    // hue와 saturation 분리를 위한 luminosity 정규화
    float3 albedoTint = albedoLuminosity > 0 ?
                        albedo/albedoLuminosity:
                        float3(1,1,1);
    float fresnelL = SchlickFresnel(NdotL);
    float fresnelV = SchlickFresnel(NdotV);

    float fresnelDiffuse = 0.5 + 2 * sqr(LdotH) * roughness;

    float diffuse = albedoTint
                * lerp(1.0, fresnelDiffuse, fresnelL)
                * lerp(1.0, fresnelDiffuse, fresnelV);

    float fresnelSubsurface90 = sqr(LdotH) * roughness;

    float fresnelSubsurface = lerp(1.0, fresnelSubsurface90, fresnelL)
                        * lerp(1.0, fresnelSubsurface90, fresnelV);

    float ss = 1.25 * (fresnelSubsurface * (1 / (NdotL + NdotV) - 0.5) + 0.5);

    return saturate(lerp(diffuse, ss, _Subsurface) * (1/PI) * albedo);
}
```

이것은 디즈니 디퓨즈 함수의 최종 버전이다. 이전에 구현한 쿡토렌스와 비교해 볼 때 공식과 코드를 맞춰보는 데 조금 더 어려울 것이다. 이전의 쿡토렌스는 거의 완벽히 맞춰졌다. 주요 기능 조각은 공식으로 환원하기 쉬운 편이지만 나머지는 레퍼런스 구현에 맞췄다.

이제 셰이더는 끝났다. 그림 12-3은 최대 거칠기와 최대 하부표면으로 설정했을 때의 결과를 보여준다. 그림 12-4는 최고 거칠기와 최소 하부표면의 결과를 보여준다.

보다시피 람버트보다 이 디퓨즈가 훨씬 변화가 크고 더 흥미롭다. 하부표면 근사법
또한 꽤나 훌륭하다.

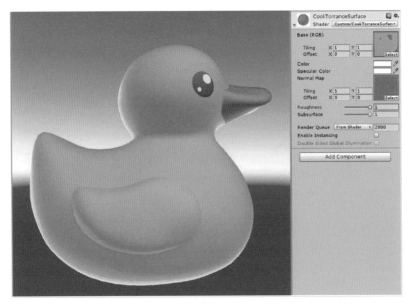

그림 12-3 최대 거칠기와 최대 하부표면으로 설정한 쿡토렌스와 디즈니 디퓨즈

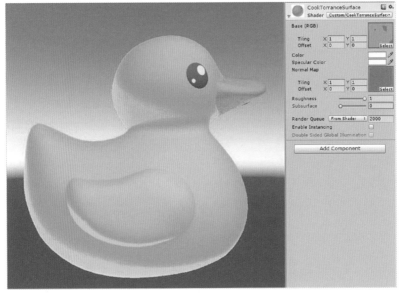

그림 12-4 최대 거칠기와 최소 하부표면으로 설정한 쿡토렌스와 디즈니 디퓨즈

그림 12-5와 같이 완벽을 기하기 위해 거칠기를 낮춘 이후 셰이더도 살펴보자. 제대로 동작하지만 매우 낮은 거칠기에서 하이라이트는 사라진다. 대부분의 경우 _Roughness의 적당한 범위는 0.1f 근방 값으로 낮추는 것이다.

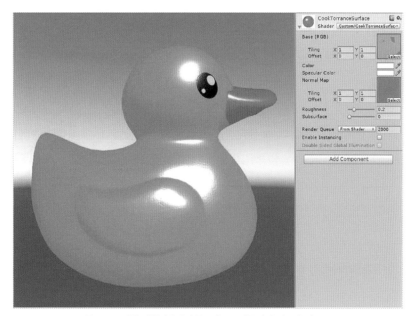

그림 12-5 낮은 거칠기에서의 쿡토렌스 스펙큘러와 디즈니 디퓨즈

디즈니 BRDF 디퓨즈는 세 가지 로브(클리어 코드, 광택, 스펙큘러)가 존재하는 디즈니 BRDF와 함께 동작하도록 개발했다. 그 결과 낮은 거칠기 값에서 너무 어두운 경향을 지닌다. 조금의 수정으로 쿡토렌스 스펙큘러 로브와도 제대로 동작하게 할 수 있다. 하지만 이것은 더 많은 수학과 그것을 BRDF로 만들어야 하기 때문에 이책의 범위를 벗어난다.

하지만 더 복잡한 수학을 파고 들어가지 않더라도 여전히 이에 대해서 무언가를 할수 있다. 프로스트바이트 논문의 수정한 디즈니 디퓨즈 구현을 시도해 볼 수 있다. 이 논문은 하나의 참고자료 중 하나다. 이 논문도 디즈니 BRDF의 여러 가지 로브없이 GGX를 사용했다. 즉 논문 저자들은 디즈니 BRDF 디퓨즈가 낮은 거칠기에서도 너무 어두워지는 것을 원치 않았다. 이 문제를 회피하기 위해 기본적으로 재 정규화를 파고들어 에너지 보존 법칙을 되돌려 놓았다. 더 자세한 정보는 프로스트바이트 논문을 살펴보는 것을 추천한다.

디즈니 디퓨즈의 다른 구현

많은 시간을 들이지 않아도 프로스트바이트 논문의 예제 코드를 변형하고 우리의 인프라에서도 제대로 동작하게 할 수 있다(리스팅 12-9 참조). 프로스트바이트의 인프라는 유니티의 것과는 매우 다르다. 프로스트바이트는 빛의 영역에 초점이 맞춰져 있다. 2017.1 버전의 유니티는 실시간용이 포함돼 있지 않다. 이러한 차이점으로 인해 프로스트바이트 코드는 상당한 수고를 들이지 않는 한 유니티에 바로 적용할 수 없다. 유니티에서 정확히 의도한 대로 동작하도록 수정하기 위해서는 프로스트바이트 논문에 대해 깊은 통찰이 필요하다.

여기의 목표는 디즈니 디퓨즈의 다른 버전을 구현하고 사용하라는 곳에 어느 것이 더 나은지 확인하는 것이다.

리스팅 12-9 프로스트바이트에서 따온 디즈니 디퓨즈 구현

```
float3 FresnelSchlickFrostbite (float3 F0, float F90, float u)
{
    return F0 + (F90 - F0) * pow (1 - u, 5);
}


inline float DisneyFrostbiteDiff( float NdotL, float NdotV,
        float LdotH, float roughness)
{
    float energyBias = lerp (0, 0.5, roughness) ;
    float energyFactor = lerp (1.0, 1.0/1.51, roughness );
    float Fd90 = energyBias + 2.0 * sqr(LdotH) * roughness;
    float3 F0 = float3 (1, 1, 1);
    float lightScatter = FresnelSchlickFrostbite (F0, Fd90, NdotL).r;
    float viewScatter = FresnelSchlickFrostbite (F0, Fd90, NdotV).r;
    return lightScatter * viewScatter * energyFactor;
```

```
    }
[...]
    // 커스텀 라이팅 함수 내부
    float3 diff2 = (DisneyFrostbiteDiff(NdotL, NdotV, LdotH, _Roughness) *
    s.Albedo)/PI;
```

이 디퓨즈 구현을 사용하면 하부 표면 기능이 사라지지만 빛이 좀더 강해진다. 이전
구현과 비교했을 때 여전히 전체적으로 어둡게 된다(그림 12-6, 12-7 참조).

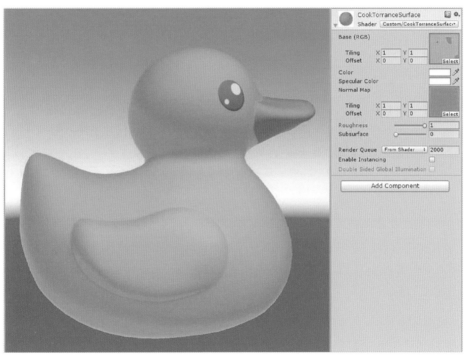

그림 12-6 최대 거칠기로 설정한 디즈니 디퓨즈 프로스트바이트 버전

그림 12-7 거칠기를 0.2로 설정한 디즈니 디퓨즈 프로스트바이트 버전

이 공식을 더 선호할 수도 있다. 이것은 오리지널에 비해서 좀더 가볍다. 이 결정은 여러분의 목적에 달려있다. 여기에서는 일반 서피스 셰이더가 허용하는 것 이상의 디퓨즈와 스펙큘러를 포함하여 동작하는 BRDF를 유니티에서 제대로 동작하게끔 작업할 수 있다. 이를 위해 13장에서 "셰이더 표준 라이브러리^{shader standard library}" 코드 분석을 심층적으로 진행할 것이다.

전부 한곳에 담기

이 셰이더의 거의 모든 부분을 12장에 이미 거의 다 포함시켰다. 꽤나 엄청난 양이므로 이 책에 모든 것을 다 담는 것은 효율적이지 않다. 하지만 책의 소스코드에서 코드 전체를 찾을 수 있다. 이 쉐이드는 크다. 하지만 동작하는 기계가 강력할수록 셰이더는 더욱 더 정교해지고 아름다워질 것이다. 셰이더가 더 복잡할수록 구현의

이 공식을 더 선호할 수도 있다... 셰이더 표준 라이브러리[shader standard library] 코드

결과는 더욱 높아질 것이다.

▌요약

12장에서 쿡토렌스와 디즈니 BRDF를 자세히 살펴봤으며 쿡토렌스 스펙큘러와 디즈니 디퓨즈를 구현했다. 또한 레퍼런스를 수집하고 선택해 BRDF를 구현하는 방법들에 대해서 보여줬다.

13장에서는 유니티 셰이더 하부 시스템의 나머지 부분들과 함께 커스텀 BRDF를 내장하는 방법을 보여줄 것이다. 여기에는 유니티 표준 셰이더 코드의 리버스 엔지니어링 방법이 포함 돼 있다. 하지만 이러한 리버스 엔지니어링은 경고 없이 추후에 변경이 될 가능성이 있다.

표준 셰이더 후킹

서피스 셰이더나 언릿 셰이더를 생성한다고 해서 유니티 렌더링 시스템의 모든 장점들이 자동으로 적용되지는 않는다. 이러한 장점들을 재구현할 수는 있겠지만 많은 노력이 들어간다. 다행히도 BRDF 구현을 해킹해 표준 셰이더 인프스트럭처에 좋은 기능들을 추가할 수 있다. 셰이더를 작성해 자동으로 유니티 표준 셰이더 기능을 사용할 수 있다. 이것이 바로 13장에서 다룰 것이다. 하지만 이러한 하부 시스템이 새로운 버전의 유니티에서도 그대로 유지되리라는 보장은 없다는 사실을 명심하길 바란다.

13장에서는 앞에서 배운 셰이더를 광역 조명과 리플렉션 프로브 그리고 기타 다른 모델로 후킹하는 방법을 소개한다. 어떤 것은 쉽게 가능하지만, 어떤 것은 꽤나 복잡할 것이다. 13장의 실질적인 목표는 독자에게 셰이더 표준 라이브러리를 역공학 reverse-engineer하는 도구를 선사해 독자의 셰이더에도 이것을 다시 적용할 수 있게끔 하는 것이다. 어느 시점에서 높은 확률로 몇 가지 메서드를 변경해야 한다.

▌표준 셰이더 역공학

여기에서 우리가 하고자 하는 것은 표준 셰이더를 분석하고 그 기능을 후킹하는 방법을 이해하는 것이다. 단순히 파일 하나를 보는 것만으로는 충분치 않다. 이 분석은 꽤나 길어질 수 있다는 사실을 유념하길 바란다. 우선 표준 셰이더 중 하나를 살펴보자.

표준 셰이더에는 다양한 버전들이 존재한다. 여기에는 일반 버전, 스펙큘러 설정 버전the Specular setup, 거칠기 설정 버전the Roughness setup이 있다.

리스팅 13-1에 있는 일반 표준 셰이더의 시작 부분을 살펴보자.

리스팅 13-1 기본 표준 셰이더의 시작 부분

```
Shader "Standard"
{
    Properties
    {
        _Color("Color", Color) = (1,1,1,1)
        _MainTex("Albedo", 2D) = "white" {}
        _Cutoff("Alpha Cutoff", Range(0.0, 1.0)) = 0.5
        [...]
    }
    CGINCLUDE
        #define UNITY_SETUP_BRDF_INPUT MetallicSetup
    ENDCG
    SubShader
    {
```

```
Tags { "RenderType"="Opaque" "PerformanceChecks"="False" }
LOD 300
// ------------------------------------------------------------------
// 베이스 포워드 패스(방향성 조명, 자체 발광, 라이트맵 등)
Pass
{
    Name "FORWARD"
    Tags { "LightMode" = "ForwardBase" }

    Blend [_SrcBlend] [_DstBlend]
    ZWrite [_ZWrite]

    CGPROGRAM
    #pragma target 3.0
    // ------------------------------------
    #pragma shader_feature _NORMALMAP
    #pragma shader_feature _ _ALPHATEST_ON _ALPHABLEND_ON _
    ALPHAPREMULTIPLY_ON
    #pragma shader_feature _EMISSION
    #pragma shader_feature _METALLICGLOSSMAP
    #pragma shader_feature ___ _DETAIL_MULX2
    #pragma shader_feature _ _SMOOTHNESS_TEXTURE_ALBEDO_CHANNEL_A
    #pragma shader_feature _ _SPECULARHIGHLIGHTS_OFF
    #pragma shader_feature _ _GLOSSYREFLECTIONS_OFF
    #pragma shader_feature _PARALLAXMAP
    #pragma multi_compile_fwdbase
    #pragma multi_compile_fog
    #pragma multi_compile_instancing
    #pragma vertex vertBase
    #pragma fragment fragBase
    #include "UnityStandardCoreForward.cginc"
    ENDCG
}
// ------------------------------------------------------------------
// 부가 포워드 패스 (1광원 1패스)
Pass
{
    Name "FORWARD_DELTA"
```

```
Tags { "LightMode" = "ForwardAdd" }
Blend [_SrcBlend] One
Fog { Color (0,0,0,0) } // 부가 패스의 안개 색상은 검정으로 해야 한다.
ZWrite Off
ZTest LEqual
[...]
```

이 셰이더는 13장에서 본 셰이더와 다른 구조로 돼 있다. 우선 이것은 심지어 서피스 셰이더도 아니다. 이 책의 전반부에서 본 언릿 셰이더다. 많은 수의 패스들이 다른 서브셰이더로 나눠져 있다. 다른 서브셰이더로 나눠진 수많은 패스가 존재한다는 사실을 눈치챘을 것이다.

이 셰이더의 실제 기능은 .cginc 파일에 담겨있다. 각각의 파일에 각각의 패스가 들어 있다. 이 파일의 패스들은 인클루드 파일에 담겨있는 셰이더 코드를 활성화하거나 비활성화하는 온오프 스위치들의 목록이다.

여기에는 #pragma shader_feature와 #pragma multi_compile_*이라는 두 가지 종류의 스위치가 있다. 이것의 동작을 이해하기 위해서 셰이더는 일반적으로 다양한 버전들로 컴파일된다는 사실을 알아야 한다. 예를 들어 게임 셰이더에 노멀 맵 기능을 추가하는 의미가 없어서 재질의 노멀 맵을 포함시키지 않을 수도 있다. 이에 따라 노멀 맵이 없는 버전과 노멀 맵이 있는 버전 모두 컴파일되고, 적합한 버전을 자동으로 사용할 것이다.

컴파일 버전은 컴파일 대상 플랫폼과 GPU 성능과 같이 다른 변수들에 영향을 받는다. 이 프라그마들은 내장 유니티 변수 및 독자가 선택한 변수에 따라 다양한 버전의 셰이더를 컴파일하는 방법이다.

셰이더 키워드

우리의 스위치를 기술적으로는 키워드라고 부른다. 이 스위치를 재질에 Material. EnableKeyword와 Material.DisableKeyword를 가지고 켜거나 끌 수 있다. 이 매서드들은 대부분 커스텀 재질 인스펙터 GUI 내에서 사용된다. 그리고 일반적으로 이 메서드들은 C#으로 돼 있다.

#pragma multi_compile VARIANT_OFF VARIANT_ON은 두 가지 셰이더를 컴파일할 것이다. 하나는 VARIANT_OFF를 정의해 컴파일할 것이고, 또 다른 하나는 VARIANT_ON을 정의해 컴파일할 것이다. 런타임에서 활성화된 키워드에 따라 어느 하나가 활성화될 것이다. 모든 키워드가 활성화돼 있지 않을 경우 기본 값으로 첫 번째 것을 사용한다. multi_compile 키워드에는 두 개 이상의 키워드를 기술할 수 있다. 밑줄을 사용해 키워드가 정의돼 있지 않음을 의도할 수 있다.

#pragma shader_feature는 셰이더 컴파일 과정에서 사용하지 않은 변형(variants)은 실제 빌드에서 포함하지 않는 다는 점을 제외 하고는 동일하다. #pragma shader_feature SOME_VARIANT는 기본을 정의하지 않는다는 의미인 #pragma shader_feature __ SOME_VARIANT를 줄인 것이다.

표준 라이브러리에는 일부 선정된 multi_compile_*이 포함돼 있다. 그것들 중 상당수(하나를 예로 들면 multi_compile_fwdbase)는 표준 셰이더에서 사용한다. 실제 구현 코드 내에 활성화된 일부 키워드에 종속적인 코드 블록들이 존재한다. 그것들은 #ifdef KEYWORD와 #else 혹은 #endif 사이에 포함돼 있다. 이것은 불필요한 전체 셰이더 코드의 일부를 잘라내고 필요한 경우 포함하는 컴파일러의 선행처리자와 비슷하게 생각하면 된다. 하지만 모든 버전들은 컴파일되고 사용 가능하다.

표준 셰이더 구조체

기술한 것처럼 표준 셰이더는 두 가지의 하위 셰이더로 구성돼 있다. 첫 번째 하위 셰이더는 다섯 가지 패스를 포함하고 있다(FORWARD, FORWARD_DELTA, ShadowCaster, DEFERRED, META). 두 번째 하위 셰이더는 FORWARD, FORWARD_DELTA, ShadowCaster, META 패스만 포함하고 있다.

첫 번째 하위 셰이더는 셰이더 모델 3.0을 타깃^{target}으로 한다. 반면 두 번째 하위 셰이더는 이전 버전인 2.0을 타깃으로 한다. 두 번째 하위 셰이더는 오래된 GPU에서도 동작하겠지만 첫 번째 하위 셰이더에서 몇 가지 기능이 빠져 있다. 여기에서는 두 번째 하위 셰이더를 분석하지 않을 것이다.

이제 각각의 패스를 살펴보자. 우선 리스팅 13-2의 **FORWARD** 패스부터 시작해보자.

리스팅 13-2 첫 번째 하위 셰이더의 FORWARD 패스 전체

```
Pass
{
    Name "FORWARD"
    Tags { "LightMode" = "ForwardBase" }

    Blend [_SrcBlend] [_DstBlend]
    ZWrite [_ZWrite]

    CGPROGRAM
    #pragma target 3.0

    #pragma shader_feature _NORMALMAP
    #pragma shader_feature _ _ALPHATEST_ON _ALPHABLEND_ON _ALPHAPREMULTIPLY_ON
    #pragma shader_feature _EMISSION
    #pragma shader_feature _METALLICGLOSSMAP
    #pragma shader_feature ___ _DETAIL_MULX2
    #pragma shader_feature _ _SMOOTHNESS_TEXTURE_ALBEDO_CHANNEL_A
    #pragma shader_feature _ _SPECULARHIGHLIGHTS_OFF
    #pragma shader_feature _ _GLOSSYREFLECTIONS_OFF
    #pragma shader_feature _PARALLAXMAP

    #pragma multi_compile_fwdbase
    #pragma multi_compile_fog
    #pragma multi_compile_instancing

    #pragma vertex vertBase
    #pragma fragment fragBase
    #include "UnityStandardCoreForward.cginc"

    ENDCG
```

```
}
```

패스 이름을 시작으로 하고 다음은 태그를 명기하고 있다. 이 태그들은 언릿 셰이더를 기억하는지 모르겠지만 바로 그 ForwardBase 패스용 태그다. 다음으로 이 패스가 뒤따라오는 패스와 섞이는 방법을 _SrcBlend와 _DstBlend에 명시한다. 이 속성들은 인스펙터에 숨겨져 있다. 기본 값은 각각 1.0과 0.0이다. 여기에 하드코딩된 숫자 대신 이러한 변수들을 사용함으로써 셰이딩된 메시를 흐리게 만들거나 선명하게 만드는 것이 가능하다.

_ZWrite 변수 또한 숨겨져 있다. 실제 이 패스 코드에는 세팅밖에 없다. shader_feature 프라그마의 리스트가 있고 그 다음 multi_compile_* 프라그마들이 있다. 마지막으로 UnityStandardCoreForward.cginc 파일에 포함된 정점과 프레그먼트 함수를 설정한다. 다른 코드는 없기 때문에 도대체 실제 구현은 어디 있는지 궁금할 것이다. 이에 대한 답은 다수의 include 파일에 있다. 이전에 언급했듯이 이 파일에는 오직 스위치들만 존재한다.

FORWARD_DELTA 패스(리스팅 13-3 참조)는 대부분이 FORWARD 패스와 닮아 있다. 대신 FowardAdd 패스에 적합하게 조금 수정했을 뿐이다. 정점과 프레그먼트 함수가 다르지만 동일한 파일에서 불러온다.

리스팅 13-3 첫 번째 서브셰이더의 FORWARD_DELTA 패스 전체

```
Pass
{
    Name "FORWARD_DELTA"
    Tags { "LightMode" = "ForwardAdd" }
    Blend [_SrcBlend] One
    Fog { Color (0,0,0,0) } // 부가 패스의 안개 색상은 검정으로 해야 한다.
    ZWrite Off
    ZTest LEqual
    CGPROGRAM
    #pragma target 3.0
```

```
#pragma shader_feature _NORMALMAP
#pragma shader_feature _ _ALPHATEST_ON _ALPHABLEND_ON _ALPHAPREMULTIPLY_ON
#pragma shader_feature _METALLICGLOSSMAP
#pragma shader_feature _ _SMOOTHNESS_TEXTURE_ALBEDO_CHANNEL_A
#pragma shader_feature _ _SPECULARHIGHLIGHTS_OFF
#pragma shader_feature ___ _DETAIL_MULX2
#pragma shader_feature _PARALLAXMAP

#pragma multi_compile_fwdadd_fullshadows
#pragma multi_compile_fog

#pragma vertex vertAdd
#pragma fragment fragAdd
#include "UnityStandardCoreForward.cginc"

ENDCG
}
```

이제는 ShadowCaster 패스를 살펴 볼 차례다. 셰이더의 목적 자체가 다르므로 이 패스는 이전 패스와 꽤나 다르다. 그럼에도 불구하고 여전히 그림자를 렌더링 하기 위한 각종 스위치들이 포함돼 있다. 이전 두 패스와는 다른 파일에서 정점과 프레그먼트 함수를 가져온다.

리스팅 13-4 첫 번째 서브셰이더의 ShadowCaster 패스 전체

```
Pass {
    Name "ShadowCaster"
    Tags { "LightMode" = "ShadowCaster" }

    ZWrite On ZTest LEqual

    CGPROGRAM
    #pragma target 3.0

    #pragma shader_feature _ _ALPHATEST_ON _ALPHABLEND_ON _ALPHAPREMULTIPLY_ON
    #pragma shader_feature _METALLICGLOSSMAP
```

```
    #pragma shader_feature _PARALLAXMAP
    #pragma multi_compile_shadowcaster
    #pragma multi_compile_instancing
    #pragma vertex vertShadowCaster
    #pragma fragment fragShadowCaster

    #include "UnityStandardShadow.cginc"

    ENDCG
}
```

여기에서는 DEFERRED 패스를 다루지 않을 것이다. 왜냐하면 우리 셰이더에는 해당 패스를 추가하지 않을 것이기 때문이다. 다음으로 META 패스(리스팅 13-5 참고)를 살펴 볼 것이다. 이 패스는 라이트 매핑과 광역 조명 관련 정보를 수집한다. 이 패스는 이전 패스들과 동일한 패턴을 따른다.

리스팅 13-5 첫 번째 서브셰이더의 META 패스 전체

```
Pass
{
    Name "META"
    Tags { "LightMode" = "Meta" }

    Cull Off

    CGPROGRAM
    #pragma vertex vert_meta
    #pragma fragment frag_meta

    #pragma shader_feature _EMISSION
    #pragma shader_feature _METALLICGLOSSMAP
    #pragma shader_feature _ _SMOOTHNESS_TEXTURE_ALBEDO_CHANNEL_A
    #pragma shader_feature ___ _DETAIL_MULX2
    #pragma shader_feature EDITOR_VISUALIZATION

    #include "UnityStandardMeta.cginc"
```

```
    ENDCG
}
```

두 번째 서브셰이더는 건너뛸 것이다. 왜냐하면 몇 가지 기능을 제외하고 첫 번째 서 브셰이더와 다를 바가 없기 때문이다. 마지막으로 셰이더의 가장 마지막 부분에는 폴백[a fallback]과 커스텀 인스펙터 에디터를 정의한다(리스팅 13-6 참조).

리스팅 13-6 표준 셰이더의 끝부분

```
    Fallback "VertexLit"
    CustomEditor "StandardShaderGUI"
}
```

추후에 우리만의 커스텀 GUI를 만들어 볼 것이다. 이것을 어디에서 설정하는지 기 억해두길 바란다. 여기까지 다양한 패스들을 살펴봤다. 두 번째 서브셰이더 패스들 은 상당히 비슷하므로 건너뛸 것이다.

셰이더 키워드 추적

이제까지 셰이더의 대략적인 모습에 대한 감을 잡았다. 더 깊게 들어가서 셰이더 키 워드에 대해서 알아보자. _NORMALMAP 키워드가 붙은 것들을 추적해 이 키워드가 셰 이더 코드에서 실제로 어떠한 역할을 하는지 살펴볼 것이다. 전체 표준 셰이더 코드 베이스 내에 있는 이것을 찾다 보면, 노멀 맵 기능이 구현돼 있는 곳을 찾을 수 있다. 다음과 같이 다양한 파일에서 찾을 수 있다.

- UnityStandardConfig.cginc
- UnityStandardCore.cginc
- UnityStandardCoreForwardSimple.cginc
- UnityStandardInput.cginc

UnityStandardCoreForwardSimple.cginc에서 간단한 예제를 뽑았다(리스팅 13-7 참조). 이것은 정점 함수에서 사용하는 구조체중 하나다. _NORMALMAP 키워드를 정의한 후 컴파일하면 #ifdef _NORMALMAP 안에 선언돼 있는 멤버들이 포함된다. 만약 정의하지 않으면 빠지게 된다.

리스팅 13-7 표준 셰이더 인클루드 파일에서의 _NORMALMAP 키워드 사용

```
struct VertexOutputBaseSimple
{
    UNITY_POSITION(pos);
    float4 tex : TEXCOORD0;
    half4 eyeVec : TEXCOORD1; // w: 그레이징 항
    half4 ambientOrLightmapUV : TEXCOORD2; // SH 혹은 UV 라이트맵
    SHADOW_COORDS(3)
    UNITY_FOG_COORDS_PACKED(4, half4) // x: 안개 좌표, yzw: 반사 벡터
    half4 normalWorld : TEXCOORD5; // w: 프레넬 항

#ifdef _NORMALMAP
    half3 tangentSpaceLightDir : TEXCOORD6;
    #if SPECULAR_HIGHLIGHTS
        half3 tangentSpaceEyeVec : TEXCOORD7;
    #endif
#endif
#if UNITY_REQUIRE_FRAG_WORLDPOS
    float3 posWorld : TEXCOORD8;
#endif
    UNITY_VERTEX_OUTPUT_STEREO
};
```

더 찾고 싶은 키워드가 있다면 이러한 절차를 따라야 한다. 추측했겠지만 조건별로 컴파일을 하는 것은 이러한 복잡성을 다루는 일종의 꼼수이다. 그리고 더 나은 시스템이나 셰이더 언어가 등장하지 않는 한 이를 피할 방법이 존재하지 않는다.

대체 표준 세이더 구현

지금부터 보일러플레이트 채우기^{the boilerplate-filled}를 시작할 것이다. 표준 세이더 기능에 BRDF를 후킹하는 과정은 지루한 복사 후 붙여넣기를 해야 한다. 우리가 해야 할 일은 표준 세이더 전체를 복사 후 붙여넣기를 한 후에 세이딩을 하는 부분만 변경한다. 이 과정이 원시적으로 느껴질 것이다. 왜냐하면 실제로 원시적이기 때문이다. 그럼에도 불구하고 이런 방식은 제대로 동작한다.

표준 세이더에서 빛의 계산을 담당하는 몇 가지 함수들이 존재한다. 이는 기본적으로 표준 세이더 기계가 최종 세이딩 색상 계산이 필요할 때 호출하는 커스텀 라이팅 함수를 제작하기 위해 수정해야 하는 함수들이다.

리스팅 13-8 BRDF 함수 선택

```
// 사용할 BRDF 기본값
#if !defined (UNITY_BRDF_PBS) // 커스텀 셰이더에서 BRDF를 명시적으로 오버라이딩 허용
    // 저급 셰이더 모델(low shader models)들을 위한 안전망 추가, 이렇게 하지 않으면 셰이더의 컴
      파일이 되지 않을 수도 있음.
    #if SHADER_TARGET < 30
        #define UNITY_BRDF_PBS BRDF3_Unity_PBS
    #elif defined(UNITY_PBS_USE_BRDF3)
        #define UNITY_BRDF_PBS BRDF3_Unity_PBS
    #elif defined(UNITY_PBS_USE_BRDF2)
        #define UNITY_BRDF_PBS BRDF2_Unity_PBS
    #elif defined(UNITY_PBS_USE_BRDF1)
        #define UNITY_BRDF_PBS BRDF1_Unity_PBS
    #elif defined(SHADER_TARGET_SURFACE_ANALYSIS)
        // 셰이더 분석하는 도중에 패스 선행 처리를 한다. 그리고 입력과 출력만 필요하기 때문에 실제
          brdf에 관한 것은 신경 쓰지 않는다.
        #define UNITY_BRDF_PBS BRDF1_Unity_PBS
    #else
        #error something broke in auto-choosing BRDF
    #endif
#endif
```

보는 바와 같이 표준 셰이더에서는 세 가지 종류의 라이팅 함수를 선택할 수 있다.

- BRDF3_Unity_PBS는 셰이더 모델 3.0을 지원하지 않는 플랫폼에서 사용하는 빌린 퐁이다.
- BRDF2_Unity_PBS는 단순화 버전의 쿡토렌스다.
- BRDF1_Unity_PBS는 디즈니 BRDF의 개선 버전이다.

UnityStandardBRDF.cginc 파일에 포함돼 있다. 그리고 하나 혹은 그 이상의 함수에 우리의 BRDF를 맞춰야 한다. 이제 공통 타입 시그니처를 살펴보자.

```
half4 BRDF1_Unity_PBS ( half3 diffColor, half3 specColor, half oneMinusReflectivity,
                       half smoothness, half3 normal, half3 viewDir,
                       UnityLight light, UnityIndirect gi)
```

이 함수들은 모두 동일한 8가지 인자를 취한다. 함수에서 이 인자들을 가지고 색상을 반환하는 BRDF 패키징 작업을 해야 할 것이다. UNITY_BRDF_GGX, UNITY_COLORSPACE_GAMMA, SHADER_API_MOBILE 등과 같은 라이팅 함수에서 사용하는 다양한 방면을 제어하는 유니티 내장 키워드들이 존재한다. 이 중에서 몇 가지만을 예제로 선별해 살펴볼 것이다. 명심하길 바란다. 셰이더를 작동시킬 플랫폼에 따라 더 좋은 퍼포먼스를 내기 위해 다양한 플랫폼에 필요한 다른 키워드들을 지원하길 원할 것이다. 따라서 다른 파일에서는 SHADER_TARGET에 따라 이러한 선택과 호출할 함수들을 구현해야 한다.

간결함을 위해 함수 호출을 하나만 하도록 줄일 것이다. 위의 함수 시그니처를 사용하는 BRDF를 포함하는 함수를 구현해 코드의 나머지 부분과 함께 넣을 것이다.

BRDF 함수 구현

프로젝트에 TestOverwriteInclude.cginc 파일을 작성해 보자. 표준 셰이더 라이팅 함수 수정에 관한 이론 테스트가 가능한 정도의 최소한을 구현할 것이다. 보다시피 리스팅 13-9에서는 UnityStandardBRDF.cginc 파일을 포함하는 것이 핵심이다. 이 파일에는 우리의 라이팅 함수에 대응하는 UNITY_BRDF_PBS를 정의하고 있다. 그리고 이전에 사용한 시그니처와 함께 라이팅 함수가 선언돼 있다.

리스팅 13-9 라이팅 함수를 덮어쓰는 데 필요한 최소한의 코드

```
#ifndef UNITY_OVERWRITE_LIGHTING_INCLUDED
#define UNITY_OVERWRITE_LIGHTING_INCLUDED
#include "UnityStandardBRDF.cginc"
#define UNITY_BRDF_PBS TestBRDF_PBS
half4 TestBRDF_PBS ( half3 diffColor, half3 specColor, half oneMinusReflectivity,
                    half smoothness, half3 normal, half3 viewDir,
                    UnityLight light, UnityIndirect gi)
{
    return half4(1, 0, 0, 1);
}
#endif
```

셰이더가 이 코드를 사용하기 위해서는 신규 셰이더 파일을 생성하고 Standard. shader 파일의 코드를 복사한 후 붙여넣기를 해야 한다. 그 다음 FOWARD와 FORWARD_ DELTA 패스에 모두 #include "UnityStandardCoreForward.cginc" 라인 앞에 TestOverwriteInclude.cginc 파일을 추가해야 한다.

그리고 이게 전부다. 사용할 셰이더를 재질과 함께 선택한다. 그림 13-1은 라이팅 함수에 한 가지 색상만 반환하게 한 결과화면이다.

그림 13-1 라이팅 함수에 단일 색상을 반환한 결과

이 결과는 우리가 덮어쓴 파일을 우선 포함한 것이다. UNITY_BRDF_PBS 함수 정의 (#deifne)를 오버라이딩했다. 거기에는 표준 셰이더의 각종 인클루드와 라이팅 함수 선택이 포함돼 있다. 그 외 나머지 부분들은 오버라이딩하지 않았으므로, 우리가 복사한 표준 셰이더 파일의 나머지 부분들은 여전히 표준 셰이더 코드 그대로 사용한다. 더 많은 것들을(예를 들면 버텍스 셰이더 동작) 변경하고 싶다면, 더 많은 함수를 복사하고 수정해야 한다. 수정한 FORWARD 패스는 다음 리스팅 13-10과 같다.

리스팅 13-10 표준 라이팅 함수를 수정한 FORWARD 패스

```
Pass {
    Name "FORWARD"
    Tags { "LightMode" = "ForwardBase" }

    Blend [_SrcBlend] [_DstBlend]
    ZWrite [_ZWrite]
```

```
CGPROGRAM
#pragma target 3.0

#pragma shader_feature _NORMALMAP
#pragma shader_feature _ _ALPHATEST_ON _ALPHABLEND_ON _ALPHAPREMULTIPLY_ON
#pragma shader_feature _EMISSION
#pragma shader_feature _METALLICGLOSSMAP
#pragma shader_feature ___ _DETAIL_MULX2
#pragma shader_feature _ _SMOOTHNESS_TEXTURE_ALBEDO_CHANNEL_A
#pragma shader_feature _ _SPECULARHIGHLIGHTS_OFF
#pragma shader_feature _ _GLOSSYREFLECTIONS_OFF
#pragma shader_feature _PARALLAXMAP

#pragma multi_compile_fwdbase
#pragma multi_compile_fog
#pragma multi_compile_instancing

#pragma vertex vertBase
#pragma fragment fragBase
#include "TestOverrideInclude.cginc"
#include "UnityStandardCoreForward.cginc"

ENDCG
}
```

이 방법의 동작을 알 것이다. 이전 장의 커스텀 BRDF를 이 형식에 맞춰주면 된다.

BRDF 셰이더 작성하기

다시금 Standard.shader 파일을 CustomStandardShader 파일로 복사 붙여넣기하면서 시작한다. 그 다음 몇 가지 속성, 변수, 인클루드 등을 커스터마이즈해야 한다. 속성은 이전 장의 서피스 셰이더에서 복사할 수 있다. 다만 표준 셰이더 인프스트럭처에서 사용할 수 있는 여러 가지 여분의 속성들을 제거하지 않도록 조심해야 한다.

결과는 리스팅 13-11과 유사해야 할 것이다.

```
Shader "Custom/CustomStandardShader" {
    Properties {
        _Roughness ("Roughness", Range(0,1)) = 0.5
        _Subsurface ("Subsurface", Range(0,1)) = 0.5

        _SpecColor("Specular", Color) = (1, 1, 1)
        _Color("Color", Color) = (1,1,1,1)
        _MainTex("Albedo", 2D) = "white" {}

        _Cutoff("Alpha Cutoff", Range(0.0, 1.0)) = 0.5

        _Glossiness("Smoothness", Range(0.0, 1.0)) = 0.5
        _GlossMapScale("Smoothness Scale", Range(0.0, 1.0)) = 1.0
        [Enum(Metallic Alpha,0,Albedo Alpha,1)] _SmoothnessTextureChannel
        ("Smoothness texture channel", Float) = 0

        [ToggleOff] _SpecularHighlights("Specular Highlights", Float) = 1.0
        [ToggleOff] _GlossyReflections("Glossy Reflections", Float) = 1.0

        _BumpScale("Scale", Float) = 1.0
        _BumpMap("Normal Map", 2D) = "bump" {}

        _Parallax ("Height Scale", Range (0.005, 0.08)) = 0.02
        _ParallaxMap ("Height Map", 2D) = "black" {}

        _OcclusionStrength("Strength", Range(0.0, 1.0)) = 1.0
        _OcclusionMap("Occlusion", 2D) = "white" {}

        _EmissionColor("Color", Color) = (0,0,0)
        _EmissionMap("Emission", 2D) = "white" {}

        _DetailMask("Detail Mask", 2D) = "white" {}

        _DetailAlbedoMap("Detail Albedo x2", 2D) = "grey" {}
        _DetailNormalMapScale("Scale", Float) = 1.0
        _DetailNormalMap("Normal Map", 2D) = "bump" {}
```

```
    [Enum(UV0,0,UV1,1)] _UVSec ("UV Set for secondary textures", Float) = 0

    // 블렌딩 상태
    [HideInInspector] _Mode ("__mode", Float) = 0.0
    [HideInInspector] _SrcBlend ("__src", Float) = 1.0
    [HideInInspector] _DstBlend ("__dst", Float) = 0.0
    [HideInInspector] _ZWrite ("__zw", Float) = 1.0
    }
```

이 셰이더에서 특별히 유용한 부분은 CGINCLUDE 블록이다. 블록 내부에 설정(스펙큘러, 메탈릭 등)할 것을 선언해야 한다. 또한 이 블록에 쿡토렌스 셰이더의 변수들을 둘 장소로 사용해 패스나 커스텀 라이팅 함수가 변수들에 접근하게 할 수 있다(리스팅 13-12 참조).

리스팅 13-12 CGINCLUDE 블록

```
CGINCLUDE
    #define UNITY_SETUP_BRDF_INPUT MetallicSetup
    float _Roughness;
    float _Subsurface
ENDCG
```

이제 CustomBRDFOverrideInclude.cginc라는 또 다른 인클루드 파일을 생성해야 한다. 이전의 TestOverrideInclude.cginc 인클루드 파일 내용을 복사해 붙여넣자. 라이팅 함수는 여전히 CookTorranceSurface.shader 파일의 모든 서포팅 함수들이 필요할 것이다.

SurfaceOutput 구조체를 더이상 직접 접근할 수 없으므로 현재의 인자로 동작하게끔 셰이더의 라이팅 함수를 수정해야 한다. 파라미터들을 이해하기 위해서는 UNITY_BRDF_PBS를 호출하는 환경을 살펴봐야 한다. 이를 위해서는 UnityPBSLighting.cginc 파일을 살펴봐야 한다. 우리가 관심 갖을 만한 함수는 LightingStandardSpecular다. 이 함수는 리스팅 13-13에서 볼 수 있다.

리스팅 13-13 LightingStandardSpecular 함수

```
inline half4 LightingStandardSpecular ( SurfaceOutputStandardSpecular s, half3
                                         viewDir, UnityGI gi)
{
    s.Normal = normalize(s.Normal);

    // 에너지 보존 법칙
    half oneMinusReflectivity;
    s.Albedo = EnergyConservationBetweenDiffuseAndSpecular (s.Albedo, s.Specular, /*out*/
    oneMinusReflectivity);

    // 셰이더는 프리멀티플라이 알파블렌드(pre-multiply alpha-blend)에 의존한다(_SrcBlend
      = One, _DstBlend = OneMinusSrcAlpha).
    // 물리적인 올바른 방법으로 투명을 처리하는 데 필요하다. - 디퓨즈 요소만 알파의 영향을 받음

    half outputAlpha;
    s.Albedo = PreMultiplyAlpha (s.Albedo, s.Alpha, oneMinusReflectivity, /*out*/
    outputAlpha);

    half4 c = UNITY_BRDF_PBS (s.Albedo, s.Specular, oneMinusReflectivity,
    s.Smoothness, s.Normal, viewDir, gi.light, gi.indirect);
    c.a. = outputAlpha;
    return c;
}
```

텍스처에서 알베도가 바로 오지 않음에 주목하자. 하지만 우리가 만든 함수에 도달
하기 전에 이미 몇 가지 에너지 보존 공식을 적용하고 있다. 이는 얼마나 바꾸냐에
따라 결과가 흐트러질 수도 있다. 하지만 이를 변경하는 작업은 더 많은 파일 복사
붙여놓기가 요구되므로, 이대로 사용할 것이다.

비슷한 이유로 SurfaceOutput 구조체를 커스터마이징하지 않을 것이다. 따라서
셰이더는 이미 인클루드된 것을 사용할 것이다. 이는 리스팅 13-14에서 확인할
수 있다.

리스팅 13-14 SurfaceOutputStandardSpecular 구조체

```
struct SurfaceOutputStandardSpecular
{
    fixed3 Albedo;        // 디퓨즈 색상
    fixed3 Specular;      // 스펙큘러 색상
    fixed3 Normal;        // 탄젠트 공간 노말
    half3 Emission;
    half Smoothness;      // 0=거침, 1=부드러움
    half Occlusion;       // 흡수(occlusion) (기본값 1)
    fixed Alpha;          // 투명을 나타내는 알파값
};
```

우리의 라이팅 함수는 완전히 다른 곳에서 호출될 것이므로 우리 변수들을 사용하는 것이 이상할 수도 있다. 이 문제는 앞에서 변수들을 CGINCLUDE 블록에 넣어 해결했다. 더 우아한 해결책을 원한다면, 이 변수들을 SurfaceOutputStandardSpecular 구조체에 넣어 볼 수도 있다.

Glossiness와 같이 메서드의 사용하지 않는 속성의 라벨을 변경해야 한다. 그리고 대신 그것을 사용해 _Roughness를 저장한다. 코드를 포함하는 표준 셰이더 어느 곳이라도 이러한 값들이 어떠한 처리과정을 거칠 수 있으며 결국 변할 수 있다는 사실에 유의해야 한다. 이것이 바로 솔루션은 가능한 단순하게 하고 변수들은 직접적으로 사용하게 하도록 고집하려는 이유다.

커스텀 라이팅 함수로 돌아가서 쿡토렌스 셰이더의 커스텀 라이팅 함수를 복사 붙여넣기를 할 수 있다. 그리고 필요에 맞춰 고쳐야 한다. 노멀^{normal}은 이 함수의 밖에서 정규화되므로 더이상 정규화할 필요가 없다. 이전처럼 동일한 변수 이름을 사용하지 않고 normal과 diffColor를 사용해야 한다(리스팅 13-15 참조).

리스팅 13-15 임시 커스텀 라이팅 함수

```
half4 CustomDisneyCookTorrance_PBS ( half3 diffColor, half3 specColor, half
                             oneMinusReflectivity,
```

```
                                    half smoothness, half3 normal, half3 viewDir,
                                    UnityLight light, UnityIndirect gi)
{
    viewDir = normalize ( viewDir );
    float3 lightDir = normalize ( light.dir );

    float3 halfV = normalize(lightDir+viewDir);
    float NdotL = saturate( dot( normal, lightDir ));
    float NdotH = saturate( dot( normal, halfV ));
    float NdotV = saturate( dot( normal, viewDir ));
    float VdotH = saturate( dot( viewDir, halfV ));
    float LdotH = saturate( dot( lightDir, halfV ));

    float3 diff = DisneyDiff(diffColor, NdotL, NdotV, LdotH, _Roughness);
    float3 spec = CookTorranceSpec(NdotL, LdotH, NdotH, NdotV, _Roughness, _SpecColor);
    float3 diff2 = (DisneyFrostbiteDiff(NdotL, NdotV, LdotH, _Roughness) * diffColor)/PI;
    float3 firstLayer = ( diff + spec * _SpecColor) * _LightColor0.rgb;
    float4 c = float4(firstLayer, 1);
    return c;
}
```

우리는 이처럼 specColor를 사용하지 않을 것이다. 왜냐하면 이 BRDF가 너무 어둡게 되기 때문이다. 단순함을 위해 _SpecColor 변수를 사용할 것이다. #define UNITY_BRDF_PBS CustomDisneyCookTorrance_PBS 코드를 파일의 최상단에 입력해 커스텀 라이팅 함수를 이 함수로 적용해보자. 이 시점부터 셰이더의 재질을 Custom/CustomStandardShader로 설정할 수 있게 될 것이며, 작업한 BRDF가 적용됨을 볼 수 있을 것이다. 하지만 다 된 것이 아니다. 왜냐하면 반사 및 표준 셰이더의 다른 기능들을 사용하지 않고 있기 때문이다.

이를 지원하기 위해 BRDF를 수정할 때 조금의 노력이 필요하다. 방법은 UnityStandardBRDF.cginc 파일로부터 BRDF1_UNITY_PBS 함수를 복사하여 붙여넣는 것이다. 여기에는 많은 기능들이 포함돼 있으며 신경 쓰지 않고 싶지 않은 기능들도 많을 것이다. 따라서 조금 더 간단하게 만들 것이다. 여기에서는 UNITY_HANDLE_

CORRENTLY_NEGATIVE_NDOTV와 _SPECULARHIGHLIHGTS_OFF 기능을 유지할 것이다.

우리의 변수 네이밍 규칙과 표준 셰이더의 네이밍 규칙이 충돌하기 때문에 변수 이름으로 VdotL과 nl을 동시에 보게 될 것이다. 이는 어떻게 보면 어떤 줄이 표준 셰이더에서 왔으며 어떤 줄이 우리의 BRDF를 복사한 것인지 구분하는 데 도움을 줄 수 있다. 리스팅 13-16에서 최종 결과물을 볼 수 있다. 가장 흥미로운 부분은 최종 색상을 조합하는 것이다. 이 부분에서 이 BRDF에서 광역 조명과 반사들이 함께 놓이게 된다.

리스팅 13-16 최종 커스텀 라이팅 함수

```
half4 CustomDisneyCookTorrance_PBS ( half3 diffColor, half3 specColor, half
                                     oneMinusReflectivity, half smoothness,
                                     half3 normal, half3 viewDir, UnityLight
                                     light, UnityIndirect gi)
{
    half3 halfDir = Unity_SafeNormalize (light.dir + viewDir);

#define UNITY_HANDLE_CORRECTLY_NEGATIVE_NDOTV 0

#if UNITY_HANDLE_CORRECTLY_NEGATIVE_NDOTV
    half shiftAmount = dot(normal, viewDir);
    normal = shiftAmount < 0.0f ? normal + viewDir * (-shiftAmount + 1e-5f) :
    normal;
    half nv = saturate(dot(normal, viewDir));
#else
    half nv = abs(dot(normal, viewDir));     // 이 abs 함수는 합성 결과를 제한한다.
#endif

    float VdotH = saturate( dot( viewDir, halfDir ));
    float LdotH = saturate( dot( light.dir, halfDir ));

    half nl = saturate(dot(normal, light.dir));
    half nh = saturate(dot(normal, halfDir));
```

```
    half lv = saturate(dot(light.dir, viewDir));
    half lh = saturate(dot(light.dir, halfDir));

    float3 diffuseTerm = DisneyDiff(diffColor, nl,  nv, LdotH, _Roughness);
    float3 specularTerm = CookTorranceSpec(nl, LdotH, nh, nv, _Roughness, _SpecColor);

#if defined(_SPECULARHIGHLIGHTS_OFF)
    specularTerm = 0.0;
#endif
    specularTerm *= any(specColor) ? 1.0 : 0.0;

    half grazingTerm = saturate(smoothness + (1-oneMinusReflectivity));
    half3 color = diffColor * (gi.diffuse + light.color * diffuseTerm)
                + specularTerm * light.color
                + gi.specular * FresnelLerp (specColor, grazingTerm, nv);

    return half4(color, 1);
}
```

한 가지 어려움은 표준 셰이더에서의 거칠기^{roughness}를 다루는 방식이 우리의 라이팅 함수에서 다루는 방식과 다르다는 점이다. 따라서 부드러운 정도^{smoothness}와 거칠기를 분리하고 부드러운 정도는 셰이더의 반사 처리에만 사용한다. 이 방법에는 동일한 것을 나타내는 변수를 두 개로 유지해야 하는 부작용과 거칠기가 증가함에 따른 스 펙큘러의 감쇄 효과가 자동으로 적용되지 않는다는 부작용이 있다.

그림 13-2와 같이 최종 결과는 완벽하지 않다. 하지만 어느 정도 우리의 목표 대상 에는 충분히 유사하다.

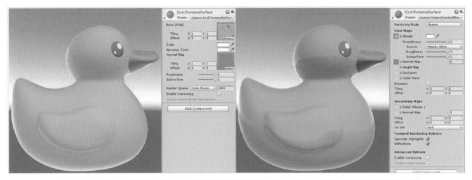

그림 13-2 커스텀 쿡토렌스 서피스 셰이더(왼쪽)와 반사 기능이 있는 커스텀 표준 셰이더(오른쪽)

BRDF 셰이더를 위한 GUI 제작

이제 셰이더가 존재하므로 멋진 GUI를 만들 차례다. 또 다시 표준 셰이더에 구현된 기능을 복사 붙여놓기한 후 수정해야 한다. 이 파일의 이름은 StandardShaderGUI. cs다. 이 파일은 Editor 폴더에서 셰이더 인클루트들과 함께 찾을 수 있다.

두 개의 신규 값 필드가 필요하다. 하나는 _Roughness를, 또 다른 하나는 _Subsurface를 위한 것이다. 부드러운 정도^{smoothness}의 필드를 유지하고 이 필드를 스펙큘러 반사를 켜고 끄는 데 사용할 것이다. 독자가 신규 파일 이름을 CustomShaderGUI.cs로 이름 지었다고 가정하고 클래스 이름도 이에 맞춰 변경했다고 가정한다. 첫 번째 단계는 Styles 섹션에 다음의 두 줄을 추가하는 것이다.

```
public static GUIContent roughnessText = new GUIContent("Roughness", "Roughness
value");
public static GUIContent subsurfaceText = new GUIContent("Subsurface",
"Subsurface value");
```

변수 필드를 보여줄 때 사용할 GUIContent(기본적으로 라벨을 의미)를 선언하고 있다. 그런 후 이 변수 필드들을 위한 두 개의 여분 MeterialProperty를 선언해야 한다.

```
MaterialProperty roughness = null;
MaterialProperty subsurface = null;
```

다음으로 FindProperties(MaterialProperty[] props) 함수에 다음 두 줄을 추가
해야 한다.

```
roughness = FindProperty("_Roughness", props);
subsurface = FindProperty("_Subsurface", props);
```

이 코드는 셰이더에서 MaterialProperty와 실제 변수 이름을 연결시킨다. 마지막으
로 DoSpecularMetallicArea() 함수의 끝부분에 다음 두 줄을 추가한다.

```
m_MaterialEditor.ShaderProperty( roughness, Styles.roughnessText, indentation );
m_MaterialEditor.ShaderProperty( subsurface, Styles.subsurfaceText, indentation );
```

이 코드는 최종적으로 지금까지 설정한 필드들을 그린다. 작성한 셰이더에 이 커스
텀 인스펙터를 사용하기 위해서 셰이더의 마지막 줄을 다음과 같이 바꾼다.

```
CustomEditor "CustomShaderGUI"
```

이게 전부다. 이 셰이더를 사용한 메시를 선택하면 자동으로 이 인스펙터 에디터를
볼 수 있을 것이다(그림 13-3 참조). 코드는 여기에 다시 적기에는 매우 길다. 이 책의
소스코드를 확인해 볼 수 있다.

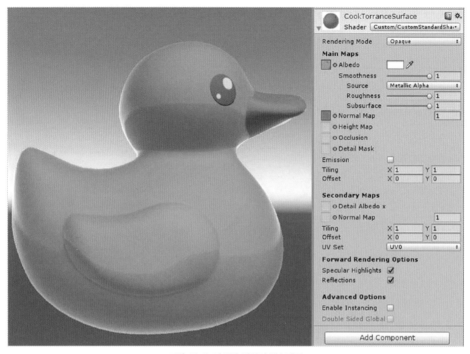

그림 13-3 커스텀 셰이더 인스펙터

▌ 요약

13장에서는 표준 셰이더 코드를 해킹해 원하는 BRDF를 사용하는 방법을 다뤘다. 평범한 서피스 셰이더에는 부족한 표준 셰이더에 포함된 광범위한 기능들에 접근하는 능력을 갖을 수 있었다. 독자는 아마도 새로 구현할 수 있을 것이다. 다만 이 방법이 훨씬 빠르다.

14장에서는 하부표면 산란과 반투명과 같이 우리의 BRDF에서 엄청난 근사 과정 없이 실시간에서는 할 수 없었던 복잡한 빛의 행동을 시뮬레이션하는 데 도움을 주는 좀 더 유용한 고급 기술을 배우고 구현할 것이다.

고급 기술 구현

예전에도 언급했었지만 현재의 GPU로는 빛의 물리적 성질을 실시간으로 정교하게 시뮬레이션하기에는 역부족이다. 그럼에도 불구하고 독자들은 여전히 게임에 사실적이고 인상적인 셰이딩을 넣고 싶을 것이다. 이 문제를 해결하기 위한 거의 실제와 유사한 결과를 줄 수 있으며 산업적으로도 가치가 있는 속임수, 핵, 근사 디자인이 존재한다. 물론 조금의 계산의 비용이 들어간다.

14장에서는 유니티에서 이러한 기술들을 선택하고 구현하는 과정을 설명한다. 여기에서는 빠르게 구현가능해 자세히 들여다볼 수 있는 한 가지 기술을 선택할 것이다. 그 외에도 볼류메트릭 포그$^{volumetric\ fog}$, 에어리어 라이트$^{area\ light}$, 여러 가지 종류의 하부표면 산란과 같이 다양하고 가치 있는 기술들이 존재한다. 이 기술들은 모두 설명하기에는 지면에 한계가 있어 설명하지 않는다.

▍기술을 탐색할만 한 곳

이 책에서 기술들을 설명해 놓은 곳은 여러 군데 있다. 그들 중 일부를 18장에 나열해 놓았다. 다른 일부는 책에 존재하며, 또 다른 일부는 콘퍼런스 무대이다. 그리고 기사도 될 수 있으며, 인터넷의 코드 저장소가 될 수도 있다. 기술을 고안하는 R&D에는 일반적으로 수학적 및 알고리즘적 통찰 그리고 시간이 필요하다. 그렇기 때문에 기술들은 대부분 자금력이 있는 스튜디오에서 일하는 그래픽스 프로그래머나 그래픽스 프로그래밍 연구자들이 발명한다.

14장에서 구현할 기술을 살펴보기 위해 2011년도에 열린 게임 개발자 콘퍼런스로 돌아가 볼 것이다. 그 해에 DICE는 반투명^{translucency}을 가볍게 구현하는 기술을 선보였다. 기 기술은 프로스트바이트^{Frontstbite} 2라는 자체 개발 엔진에 들어 있었다. 그에 대한 내용을 『GPU PRO 2』(A K Peters/CRC Press, 2011)라는라는 책의 한 챕터에 담아 출간했다.

▍반투명 구현

실생활에서 반투명을 체험하는 고전적인 방법은 태양과 같은 강한 빛을 손에 쏘는 것이다. 빛이 살을 투과하고 손가락의 윤곽선이 붉은 빛이 되는 것을 볼 수 있을 것이다. 일반적으로 언제나 시점과 빛 사이의 반투명 재질에서 빛의 일부는 반대편을 통과해 카메라로 도달한다.

피부를 셰이딩하는 데 어느 정도의 반투명 기술이 필요하다. 하지만 그것만으로 충분치는 않다. 피부는 결과에 영향을 미치는 여러 가지 레이어로 구성돼 있다. 반투명 셰이더는 왁스와 같이 레이어와 다른 상호작용을 하지 않는 균질 재질에 더 적합하다.

반투명은 BRDF로 모델링할 수 없다. 반투명 재질과 부닥치는 빛은 표면에서 산란해 광선이 처음 재질과 부닥친 곳과 꽤 멀리 떨어진 지점에서 빠져나온다. 이러한 성질을 정확히 표현하기 위해 양방향 산란 분포 함수[BSDF]나 양방향 표면 산란 반사 분포 함수[BSSRDF]가 필요하다. 이는 광학[optics]에서 제공하는 근사는 충분치가 않음을 의미한다. 표면 아래의 빛이 산란하는 매질은 빛의 전파에 영향을 끼친다. 이를 표현하기 위해서는 용적 산란[volumetric scattering]이 필요하다. 하지만 이 방법은 너무 많은 것을 단순화시킨다. 그리고 몇 가지 특성 값을 참고해 빛의 방향을 구하는 방식으로 메시를 관통하는 빛의 계산만 고려한다. 그리고 이 여분의 빛은 디퓨즈 턴에 추가한다.

속성

반투명 기능은 다음과 같은 특성들이 필요하다.

- Power와 Scale 인자는 각기 다른 방법으로 반투명의 강도를 조절한다.
- Subsurface Distortion 인자는 밖으로 빠져나가는 빛의 방향이 얼마나 왜곡되는지에 대해 영향을 미친다. 이 인자는 표면 노멀을 변화시킨다.
- Thickness 맵은 특정 지점에서 메시의 두께를 나타낸다. 표면 노말을 반전시켜 구한다. 주변 흡수[ambient occlusion]를 계산한 후 주변 흡수 계산 결과를 반전시킨다.
- Subsurface Color는 엄밀히 말해 꼭 필요한 것은 아니지만 테스트 모델에 대비되는 색상을 골라 반투명 계산 결과를 쉽게 볼 수 있게 도와준다. 원논문에서는 주변값[an ambient value]은 색상을 고르는 곳에서 사용한다.

코드 상에서 이러한 속성들이 어떻게 돼 있는지는 리스팅 14-1에서 확인할 수 있다.

리스팅 14-1 이 기능을 구현하기 위해 필요한 속성들

```
_Thickness ("Thickness (R)", 2D) = "white" {}
```

```
_Power ("Power Factor", Range(0.1, 10.0)) = 1.0
_Distortion ("Distortion", Range(0.0, 10.0)) = 0.0
_Scale ("Scale Factor", Range(0.0, 10.0)) = 0.5
_SubsurfaceColor ("Subsurface Color", Color) = (1, 1, 1, 1)
```

구현

신규 서피스 셰이더를 만들고 경로를 Custom/Translucency로 변경한 후 CookTorranceSuface 셰이더를 복사 후 붙여넣기한다. 그 다음 신규 속성들을 셰이더의 속성란에 추가하고 그에 맞는 변수들을 선언해야 한다.

SurfaceOutputCustom 구조체에 Thickness 멤버 변수를 추가해야 한다. 그 다음 두께 맵^{thickness map}을 샘플링하고 서피스 함수의 이 멤버 변수에 적용해야 한다(리스팅 14-2 참조).

리스팅 14-2 수정한 SurfaceOutputCustom 구조체와 서피스 함수

```
struct SurfaceOutputCustom {
    float3 Albedo;
    float3 Normal;
    float3 Emission;
    float Thickness;
    float Alpha;
};

void surf (Input IN, inout SurfaceOutputCustom o) {
    float4 c = tex2D (_MainTex, IN.uv_MainTex) * _ColorTint;
    o.Albedo = c.rgb;
    o.Thickness = tex2D (_Thickness, IN.uv_MainTex).r;
    o.Normal = UnpackNormal( tex2D ( _BumpMap, IN.uv_MainTex ) );
    o.Alpha = c.a;
}
```

다음으로 이 기술 구현은 단순한 몇 줄의 코드로 응축된다(리스팅 14-3 참조). 우선 빛의 방향을 틀고 변형한 방향을 거꾸로 바꾼 벡터와 시야 벡터의 내적을 계산한다. 그리고 그 결과를 속성만큼 늘려준다. 그런 후 두께 맵 및 추가한 색상과 함께 내적의 결과를 사용한다. 여기에는 픽셀별로 반투명 색상을 사용할 것이다. 마지막으로 디퓨즈 항에 최종 결과를 더해준다.

리스팅 14-3 반투명 색상 계산

```
float3 translucencyLightDir = lightDir + s.Normal * _Distortion;
float translucencyDot = pow(saturate(dot(viewDir, -translucencyLightDir)), _
Power) * _Scale;
float3 translucency = translucencyDot * s.Thickness * _SubsurfaceColor;
float3 diff = DisneyDiff(s.Albedo, NdotL, NdotV, LdotH, _Roughness) +
translucency;
```

이 코드는 기술의 예제와 상당히 유사하다. 다만 조금 단순화시켰을 뿐이다. 우리는 커스텀 라이팅 함수 인프스트럭처에서 감쇠를 추출하기는 다소 이상해 감쇠에 대해서는 고려하지 않았다. 스펙큘러 항에 디퓨즈 항을 추가할 때 어느 정도 적용되기 때문에 알베도와 빛 색상에 반투명 값을 곱하는 것도 생략했다.

그림 14-1에서 최종 결과를 살펴볼 수 있다. 두께 맵thinkness map은 실제로는 반전한 주변 흡수 맵inverted ambient occulsion map이 아님에 주목하자. 셰이더가 동작하는 것을 보는 예제는 더 존재한다.

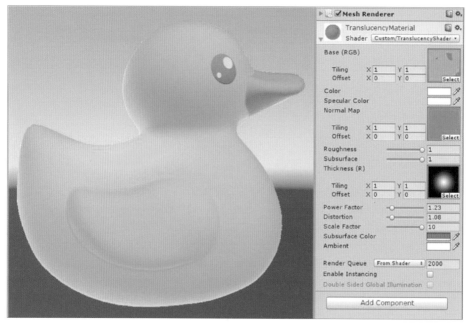

그림 14-1 불투명이 추가된 쿡토렌스 셰이더

지금까지 고급 기술을 살펴봤다. 독자 주변에는 배울 만한 것들이 더 많을 것이다. 많은 것들이 BRDF 바깥에서 동작할 것이며, 이번처럼 대체로 꼭대기에 있다. BRDF로 표현하지 못하는 복잡한 효과를 추가하는 데 이것이 반드시 올바른 방법은 아니다. 목적에 따라 다르겠지만 대체로 이렇게 하는 것이 적당히 잘 동작하는 경우가 많다.

다음으로 이미지 기반 조명 및 반사 프로브 이면에 숨겨진 메커니즘이 어떻게 동작하는지 간략히 다뤄 볼 것이다.

▌ 실시간 반사

유니티 2017.1 버전에서는 실시간 반사^{Real-Time Reflections} 기능이 구현돼 있다. 하지만 항상 그랬던 것은 아니다. 유니티 4에는 이러한 기능이 존재하지 않았다. 따라서 반사 기능이 필요한 경우 밑바닥에서부터 구현해야 했었다. 이번 절에서는 실시간 렌더러에 반사를 구현하는 데 필요한 단계를 요약해 볼 것이다.

독자가 스스로 구현할 필요가 없음에도 불구하고 이를 구현하는 방법을 안다는 것은 몇 가지 장점이 존재한다. 내장된 이미지 기반 조명 및 반사 구현은 유니티 표준 BRDF에서 잘 동작하지만 독자가 구현하고자 하는 신규 BRDF에서는 제대로 동작한다는 보장이 없다. 독자가 구현하고자 하는 BRDF는 내장된 반사 모듈이 사용하는 BRDF와 다를 확률이 높기 때문에 반사 모듈의 결과와 각기 다른 BRDF의 계산 결과와 함께 두는 경우 미묘하게 (혹은 눈에 띌 정도로) 잘못될 확률이 높다.

표준 셰이더는 플랫폼에 따라 세 종류의 각기 다른 BRDF를 사용한다. 각각의 BRDF마다 각기 다른 큐브맵 처리가 구현돼 있지만, 실제로 그것들이 각기 다르게 처리되지 않을 수도 있고, 살짝 벗어난 것을 묵인한 것일 수도 있다.

필자는 반사 프로브 동작의 밑바탕 지식을 알아 둘 만한 가치가 있다고 생각한다. 왜냐하면 그 지식 역시 물리기반 셰이딩을 이해하는 데 필요한 부분이기 때문이다. 독자만의 렌더러를 제작하고 싶다면 이 기능을 밑바닥에서부터 사용해야 한다. 유니티는 반사 프로브의 구현을 기가 막히게 잘 숨겨뒀다.

큐브맵이란?

지금까지는 큐브맵에 대해서 이야기를 하지 않았다. 왜냐하면 유니티 5.0 이상에서는 스카이 박스에서만 사용했으며 기본 설정 값으로도 대부분의 목적에 괜찮았기 때문이다.

큐브맵은 반사를 구현하는 토대다. 기본적으로 큐브맵은 특정 지점으로 들어오는 빛을 잡아^{a capture}놓은 것이다. 이는 방사 조도^{irradiance}의 정의와 상당히 일치한다.

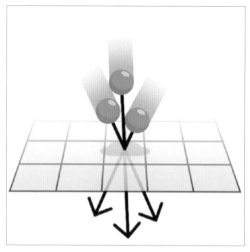

그림 14-2 한 지점으로 들어오는 모든 방향의 빛, 방사조도

큐브맵과 BRDF에서 지금까지 사용한 방사조도의 큰 차이로는 방사 조도는 반구 표면 위에서 측정하는 반면 큐브맵은 씬을 둘러싼 360도를 캡처한 것이다. 큐브맵은 씬을 여섯 번 렌더링해 얻는다. 90도 시야의 여섯 가지의 방향(+X, -X, +Y, -Y, +Z, -Z)마다 정사각형을 만든다. 이들 렌더러를 큐브맵의 규칙에 따라 하나의 이미지로 엮는다(그림 14-3 참조). 여기에는 어떠한 면이 어떠한 면을 바라보는지에 대한 여러 가지 포맷이 존재한다. 이러한 면을 맞추면서 큐브맵을 추출^{export}하는 일은 큐브맵 캡처를 구현하는 데 매우 헷갈리는 부분이 될 수 있다.

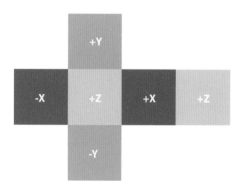

그림 14-3 큐브맵의 레이아웃

큐브맵은 스카이박스와 같이 무한대로 떨어진 거리에서부터 들어오는 빛을 표현하거나 빛이 들어가는 지역을 표현하는 데 사용할 수 있다. 후자의 경우에는 큐브맵 외에도 지역의 크기에 대한 부가 정보를 저장해야 한다.

반사 프로브란?

반사 프로브는 기본적으로 실시간 큐브맵 캡처와 그에 대한 처리를 자동화하는 방법이다. 따라서 반사를 처리하는 데 반사 프로브를 사용할 수 있다. 13장에서는 내장된 변수 gi.specular 콘텐츠를 추가하고 프레넬 상수를 곱해 디퓨즈와 스펙큘러 항에 추가 함으로써 반사를 추가했다.

```
half3 color =   diffColor * (gi.diffuse + light.color * diffuseTerm)
              + specularTerm * light.color
              + gi.specular * FresnelLerp (specColor, grazingTerm, nv);
```

이는 믿을 수 없을 정도로 단순하다. 하지만 많은 것들이 숨겨져 있다. 현재 씬의 큐브맵은 씬 뒤편의 반사 프로브 시점에서 캡처한 것이다. 이 큐브맵은 한 지점으로 들어오는 빛을 나타낸 것이다. 그리고 이것은 디퓨즈 반사인가 스펙큘러 반사인가에 따라 그리고 BRDF에 따라 처리돼야 한다.

만약 독자의 BRDF가 거칠기^{roughness}를 지원한다면 높은 거칠기에서의 반사는 흐려질 것이다. 거칠기의 정도에 따라 다른 레벨의 밉맵을 사용하고 큐브맵의 밉맵에 다른 컨볼루션 함수를 적용해 달성할 수 있다.

또 다른 필요한 기능으로 씬에서 반사 프로브들을 섞는 것이다. 이 기능이 없다면 한 반사 프로브에서 다른 반사 프로브로 넘어가는 게 부자연스러울 것이다. 마지막은 박스 투사$^{box\ projection}$로 매우 유용한 기능이다. 이 기능이 없다면 많은 상황에서 반사의 위치는 반사돼야 하는[1] 위치와 맞지 않을 것이다.

---

1 큐브맵과 박스 투사를 섞는 것에 대한 전반적인 자료는 https://seblagarde.wordpress.com/2012/09/29/image-based-lighting-approaches-and-parallax-corrected-cubemap/ 링크를 읽어보면 된다.

큐브맵 평가

큐브맵을 캡처한 이후 아무것도 처리하지 않은 상태에서는 큐브맵을 사용할 수 없다. 거칠기 값에 따른 필터를 적용하고 시야에 따른 색상을 조절해 더 실감나는 화면을 만들 수 있다. 다른 셰이딩 결과를 압도하는 큐브맵을 사용하는 것은 분명히 물리적으로 올바른 것이 아니다.

필터링된 환경 맵은 반사된 빛에 저장돼야 한다. 이 환경 맵을 만드는 법은 들어오는 모든 빛을 통합하고, BRDF에 곱한 다음 노멀 벡터와 빛 벡터의 코사인 값을 곱한다.[2]

디미타르 라자로브^{Dimitar Lazarov}의 '콜 오브 듀티: 블랙 옵스에서의 물리 기반 셰이딩' 담화의 코스 노트에 이러한 조절을 하는 방법이 묘사돼 있다. 그는 이것을 환경 맵 정규화^{environment map normalization}라고 부른다.[3]

이 코스 노트에 의하면 필터링은 두 부분^{two-fold}이다.

- 각 맵 레벨에는 거칠기의 정도에 따라 크기를 증가시킨 가우시안 필터를 사용해야 한다. 따라서 올바른 맵을 선택해 반사에서의 적당한 수준의 거칠기를 얻을 수 있다. 이는 BRDF가 거칠기를 어떻게 다루느냐에 따라 달라진다.
- 큐브맵을 정규화해 반사에 사용해야 한다. 정규화는 각 텍셀(텍스처의 한 픽셀)마다 레디언스(그림 14-4 참조)를 평균 일레디언스로 나눠서 하는 것이다 (큐브맵을 샘플링 할 때 실시간으로 할 수 있다).

---

2 환경 맵핑을 위한 필터링의 시간에 따른 진화에 대한 더 자세한 정보는 다음 링크를 참조하라. http://jankautz.com/courses/GameCourse/05_EnvMaps.pdf/

3 http://blog.selfshadow.com/publications/s2013-shading-course/lazarov/s2013_pbs_black_ops_2_notes.pdf

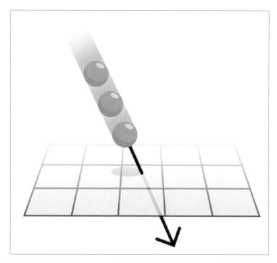

그림 14-4 레디언스(Radiance), 한 방향에서 한 지점으로 들어오는 모든 빛

일레디언스와 레디언스는 서로 연관돼 있다. 일레디언스는 레디언스를 적분한 것과 같다. 반구에 들어오는 빛은 $n \cdot l$ 만큼의 가중치가 있다.

$$Irradiance = \int_{\Omega} Radiance(l)(n \cdot l)dl$$

반사를 구현한 재질의 셰이더에 큐브맵을 사용하기 위해서는, 재질의 거칠기에 따라 어떤 맵을 사용해 샘플링할 것인지 선택해야 한다.

제대로된 맵을 사용해 샘플링을 할 때 해당 지점에 얼마나 많은 양의 빛이 들어오느냐에 따라 값을 조절해야 한다. 앞서 말했듯이 이러한 조절은 실시간으로도 가능하고 오프라인으로도 가능하다. 커스텀 라이팅 셰이더에서 실시간으로 이를 어떻게 하는지 살펴볼 것이다.

큐브맵 프로세싱 프로그램

언급했듯이 지금은 큐브맵 필터링을 실시간으로 하는 것이 일반적이다. 큐브맵을 처리하는 다양한 프로그램들이 있다. 또한 이 프로그램들을 이미지 기반 라이팅(IBL)에 사용할 수도 있다. 프로그램들 중 일부는 오픈소스로 공개돼 있고, 오픈소스는 아니지만 무료인 것도 있고 유료도 존재한다.

오픈소스 프로그램들은 독자가 직접 프로세싱 코드를 읽고 수정할 수도 있을 것이다. 오픈소스 프로그램을 통해 학습할 수도 있으며 독자가 원하는 특정 BRDF에 적용할 수도 있다. 게임엔진에 동일한 메커니즘을 적용하기 전에 사용하는 편리한 테스트 베드가 될 수도 있다.

- cmftStudio: 오픈 소스
- Knald Lys: 유료
- IBLBaker: 오픈소스
- CubeMapGen: 오픈소스이지만 오래됐다.

이것에 대해서 더 깊게 다루지는 않을 것이다. 하지만 이 정도 설명이면 스스로 시작은 물론이고 반사 프로브와 어느 정도 유사한 본인만의 구현을 진행하는 데에도 무리 없을 것이다. 큐브맵 프로세싱 계산에 필요한 수학적인 내용에 관심이 있다면 다음 링크를 참조하라.

http://www.rorydriscoll.com/2012/01/15/cubemap-texel-solid-angle

코드를 살펴보며 이러한 개념들을 조금 구체화해보자.

다음 코드는 유니티 4에서 동작하지만 최근 버전의 유니티에서는 동작하지 않을 수도 있다. 이 코드는 구현할 때 레퍼런스로 제공하는 것이 아니라 코드 관련 아이디어를 제공하기 위해 포함시킨 것이다.

이 기술을 사용하기 전에 라이트 프로브나 이에 상응하는 것을 설정해야 한다. 라이트 프로브 관련 함수를 제공했다. 씬 내의 모든 라이트 프로브에서의 일레디언스를 구면 조화함수spherical harmonics로 인코딩한 결과를 처리하는 함수가 있으며 이 함수를 사용할 수 있다.

프로브를 설정한 이후 반사를 지원하는 커스텀 라이팅 셰이더 코딩을 시작할 수 있다. 우선 큐브맵에 사용할 커스텀 라이팅 셰이더에 반사를 위한 신규 속성과 변수를 선언해야 한다.

```
_Cube("Reflection Map", Cube) = "white" {}

[...]

samplerCUBE _Cube;
```

그리고 커스텀 라이팅 함수에 큐브맵의 추가 float3을 얻는 방법을 제공해야 한다. 이는 SurfaceOutputCustom의 멤버 변수를 추가하면 된다.

```
struct SurfaceOutputCustom {
    [...]
    fixed3 CubeColor;
};
```

또한 버텍스 셰이더에서 월드 공간의 노멀과 월드 공간의 반사 벡터를 계산하고 이를 커스텀 라이팅 함수로 전달해야 한다. 이를 위해 계산 값들에 Input 구조체를 추가한다.

```
struct Input {
    fixed2 uv_MainTex;
    fixed3 worldNormal;
    fixed3 worldRefl;
    INTERNAL_DATA
};
```

이 설정을 마친 다음 surf 함수에서 큐브맵 샘플링을 진행할 수 있다.

이를 위해 BRDF의 거칠기 값을 밉맵 레벨에 맞춰야 한다. 밉맵에 10가지 벨이 존재하고 거칠기 값의 범위는 0에부터 1까지라고 가정해보자. 즉 mip-0은 거칠기 0을 의미하고, mip-1은 거칠기 0.1을 나타낸다. 다음 코드의 $iblLod$는 적당한 밉레벨을 찾는 연산을 의미한다.

```
fixed3 skyR = WorldReflectionVector(IN, o.Normal);
fixed4 cubeColor = texCUBElod(_Cube, fixed4(skyR, iblLOD));
```

샘플링된 큐브맵 색상을 CubeColor CurfaceOutputCustom 멤버에 할당하기 전에 구면 조화 함수에 포함된 일레디언스를 사용해 조정해야 한다.

```
fixed3 local_irradiance = saturate(ShadeSH9 (fixed4(IN.worldNormal,1.0)));
```

최종적으로 CubeColor 멤버변수에 조정한 색상을 설정한다.

```
o.CubeColor = cubeColor / local_irradiance;
```

커스텀 라이팅 함수에서 반사 색상을 사용하는 데 빠진 단계를 완성해줘야 한다. '콜 오브 듀티: 블랙 옵스에서의 물리 기반 셰이딩'의 코스 노트에서 매우 정교하게 최적화된 독자의 필요에 따라 차용 가능한 환경 BRDF 함수가 존재한다. 또는 주석[4]와 주석[5]를 살펴보길 바란다.

커스텀 라이팅 함수에서 필요한 데이터를 환경 BRDF 함수에 전달해 간접 스펙큘러를 계산한 후 이를 최종 색상에 추가하면 된다.

---

4 다양한 코드 예제와 함께 여러가지 논문에서 가져온 IBL에 대한 요약: https://chetanjags.wordpress.com/2015/08/26/image-based-lighting/

5 4.9 절 이미지 기반 빛(Image Based Lights)을 참조: https://seblagarde.files.wordpress.com/2015/07/course_notes_moving_frostbite_to_pbr_v32.pdf

```
fixed3 indSpec = EnvironmentBRDF(_RoughnessS, NdotV, linearSpecColor) *
s.CubeColor; //Fresnel?
[...]
return fixed4(firstLayer + indSpec), 1);
```

간접 스펙큘러에 프레넬을 포함하지 않았다. 하지만 이를 추가한다면 결과는 향상될 것이다. 반사 시스템 전체를 만들 때 뿐만 아니라 셰이더 코드에 가장 필요한 핵심이기도 하다. 독자는 여전히 박스 투영이라던가 프로브를 배치하고 큐브맵을 캡처하는 시스템과 프로브를 섞는 시스템을 구현해야 할 것이다. 독자에게 어떻게 진행할 것인가에 대한 아이디어를 충분히 제공했기를 희망한다.

▌ 요약

14장에서는 실시간으로 구현이 불가능한 (적어도 GPU가 더 발전할 때까지는) 현상을 근사화하는 기술을 구현하는 절차에 대해서 배웠다. 이를 진행하면서 독자에게 유용할 만한 기술들을 어떻게, 어디에서 선별하고 구현하는지 살펴봤다. 14장에는 또한 이미지 기반 라이팅 구현의 간략한 개요를 포함했다.

15장에서는 독자의 셰이더를 아티스트가 사용하기 쉽게 해주는것에 필요성에 대해 이야기할 것이다.

3부
셰이더 개발에
대한 조언

◈◈◈

이제 독자는 숙련된 셰이더 개발자다. 따라서 이제는 좋은 코드를 작성하는 기술과 쓸만한 셰이더를 작성하는 기술을 반영할 차례다. 개발자가 저지르는 가장 일반적인 실수는 아티스트로 하여금 개발자가 만든 셰이더를 사용하지 못하게 하는 것이다. 3부에서는 문제 있고 느린 셰이더를 디버깅하고 프로파일링(profile)하는 방법을 배울 것이다.

그리고 우버셰이더(ubershaders)로 만드는 방법을 배울 것이다. 그것이 복잡한 셰이더 시스템을 제작하는 데 있어서 맞닥뜨리는 몇몇 큰 문제를 해결하는 솔루션이 될 수 있는지 알아볼 것이다. 게임과 영화 산업에 대한 가장 최첨단 및 최신 정보를 찾는 법을 배울 것이다. 끝없는 진보의 물결을 따라 잡을 수 있을 것이다.

15장

아티스트가 사용할 셰이더 제작

◈◈◈

물리 기반의 완벽함을 추구하면서 아티스트 관점의 사용자 경험은 다소 간과하기 쉽다. 복잡한 BRDF의 설정은 매우 복잡하다. 그리고 독자가 작성한 셰이더를 전달받을 아티스트는 셰이더를 어떻게 사용할지에 대한 지식을 독자만큼 가지고 있지는 않을 확률이 높다.

▌디즈니 BRDF의 UX

블렌더의 싸이클과 같이 가장 최근 게임엔진과 오프라인 렌더러에 사용하는 BRDF

들은 디즈니의 BRDF에 대한 노력에 영감을 받았다. 디즈니의 BRDF는 대부분의 재질을 지원하고 디즈니의 예술가 집단이 쉽게 사용한다.

만약 독자가 작은 규모의 스튜디오에서 일한다면 사무실의 아티스트들이 있는 곳으로 건너가서 독자가 방금 만든 셰이더를 의도한대로 아티스트들이 사용하게 할 수 있을 것이다. 하지만 15명 이상의 근무자가 존재하는 스튜디오에서 일한다면, 거의 불가능에 가까울 수도 있다. 여기에서 독자에게 필요한 점은 셰이더 조작을 가능한 직관적으로 만들어서 거의 대부분이 자체적으로 설명이 되게끔 하는 것이다. 하지만 이러한 목적을 어떻게 달성할 것인가? 우선 하지 말아야 할 것을 살펴보자. 이것이 올바른 길로 인도해 줄 수 있을 것이다.

▌ 일반적인 문제 #1: 너무나도 많은 세팅

셰이더에 포함된 각각의 세팅은 사용자에게 어느 정도 인지적 부하를 필요로 한다. 탄력성 및 세분화된 조작을 명분으로 삼다가 사용자의 호감을 산산조각 내기 쉽상이다. 사용 가능한 세팅이 많아질수록 세팅들의 대부분은 사용되지 않을 확률이 높다. 세팅들의 결과를 확인하는 데 너무 많은 시간이 걸릴 가능성이 높기 때문이다.

특히 세팅 입력들을 정리하지 않고 BRDF를 작성하는 경우 이러한 현상으로 빠지기 쉽다. 예를 들어 독자는 거칠기로 스펙큘러 BRDF를, 그리고 디퓨즈로 OrenNayar BRDR를 사용하고 싶다고 가정해 보자. 스펙큘러와 디퓨즈의 거칠기를 맞추는 방안이 없는 경우 OrenNayar는 거칠기 변수와 디퓨즈의 거칠기를 분리해야 한다. 그러한 방안을 마련해 두 가지 변수를 하나로 정리한다.

필자는 디즈니 BRDF의 미덕을 찬양함에도 불구하고 이 BRDF를 구현할 때 "너무나도 과도한 세팅 값" 지점 근처에 갔다.

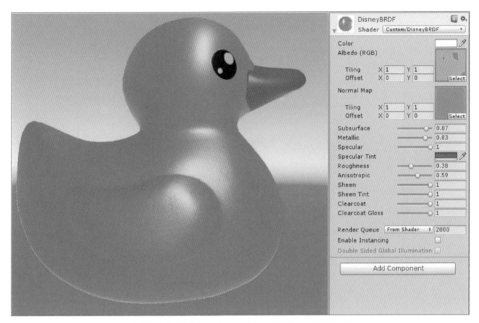

그림 15-1 디즈니 BRDF, 너무나도 과도한 세팅 값의 유혹

▌일반적인 문제 #2: 불분명한 세팅 값의 효과

어떤 세팅 값을 조절하면 다른 세팅 값이 영향을 받을 수 있다. 일례로 Ashikhmin Shirley BRDF에서는 Rs, Rd, nu, nv 네 가지의 세팅 값이 있었다(그림 15-2 참조).

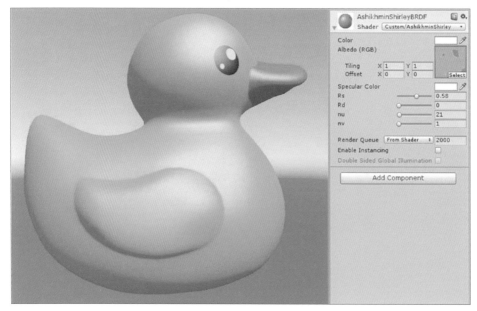

그림 15-2 변수의 네이밍이 역할과 관련이 없음에 주목

관련 문서를 읽어보지 않고서는 이러한 이름들이 거의 아무런 의미가 없다. 그리고 이는 출발점으로는 그다지 훌륭하지 않다. 더 최악인 것은 Rd를 조절해봐도 이 변수의 유용함을 알기 어렵다는 점이다.

또한 대부분의 경우 하나의 세팅 값이 눈에 보이는 무언가가 존재하지 않으면, 코드에 그냥 고정 값으로 두거나 완전히 제거하고 싶을 지도 모른다. 아티스트는 이 두 가지 경우를 모두 겪지 않아야 한다. 그리고 이는 다음 공통 문제점인 세팅 값 의존성으로 향한다.

▌일반적인 문제 #3: 세팅 값 의존성

이 문제는 원하는 효과를 만들다 보면 발생한다. 다양한 속성들을 변경해야만 한다. 이러한 변경의 고리는 오류로 이어지기 마련이고, 문서화의 필요성이 대두된다. 그리고 이는 아티스트의 마음속에 혼란과 좌절이 남게 된다.

이 문제를 완전히 없애는 것은 불가능할지도 모른다. 하지만 라이트 세팅 값의 상호작용과 셰이더 세팅의 특정한 값 혹은 범위는 결과에 뚜렷한 영향이 없을 것이라던 가와 같이 필요한 것들을 나열해 적어도 더 좋은 문서를 만들어 볼 수는 있을 것이다.

▍ 일반적인 문제 #4: 텍스처에 불분명한 정보 유입

텍스처에 단순히 세 가지 채널을 사용하고 있다면 남아있는 채널에 반사도나 거칠기와 같은 다른 무언가를 넣고 싶은 유혹에 빠질 수도 있다. 무엇을 할지에 대한 것이 명확하다면 괜찮다. 하지만 이게 분명하지 않으면 해당 채널은 제멋대로인 데이터로 채워지거나, 혹은 무시해야 할 것이다. 그리고 게임의 여러 군대의 특정 씬에 국한된 버그가 나올 가능성도 있다. 이러한 버그를 디버깅하는 것은 엄청나게 어려울 수도 있다.

얼마전에 유니티 표준 셰이더에도 몇 가지 모호성이 존재했었지만 제대로 고쳐졌다. 스펙큘러 셋업에서는 여전히 부드러운 정도에 대한 값을 알베도 텍스처의 알파에 둘지 스펙큘러 텍스처의 알파에 둘지에 대한 선택 사항을 기억해야 한다(그림 15-3 참조).

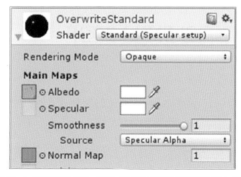

그림 15-3 무심코 지나치는 경우, 버그를 양산할 잠재성을 지닌 세팅 값

일반적인 문제 #5: 이상한 범위

값의 범위를 제공하는 세팅 값의 경우 특정 범위가 아티스트 관점과 연관성이 존재하지 않으면 0에서 1 사이의 범위를 고수하는 것이 낫다. 임의의 범위는 혼동을 가져올 수 있으며 더 많은 오류를 초래하게 된다. 그림 15-4를 참고하라.

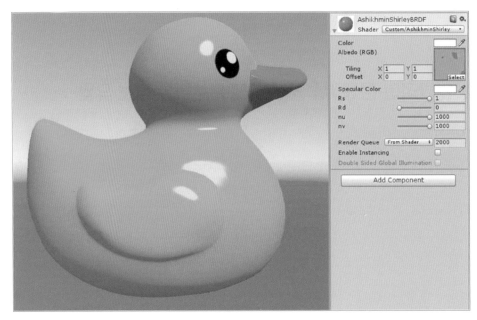

그림 15-4 이 셰이더의 각기 다른 범위에 주목하라. 0에서부터 1까지 그리고 1에서부터 100까지

좋은 예시: 블렌더의 디즈니 BRDF

리얼타임, 오프라인 렌더러를 막론하고 다양한 렌더러에서 디즈니 BRDF를 구현하고 있다. 오프라인 렌더러는 일반적으로 아티스트에 초점이 맞춰져 있고 실시간으로 동작해야 할 필요가 없는 까닭에 거의 제한사항이 존재하지 않는다. 이러한 점이 오프라인 셰이더를 좀 더 사실적이고 사용자 친화적인 실시간 셰이딩을 구현하는 영감

을 얻는 데 좋은 원천으로 작용하게 한다.

많은 오프라인 렌더러는 값비싸고 종종 세팅하기 복잡하다. 마야나 3DS Max와 같이 이러한 렌더러들을 지원하는 비싼 3D 프로그램이 필요할 수도 있다. 디즈니 BRDF를 잘 따른 구현 내용이 포함돼 있으면서도 쉽게 구할 수 있는 렌더러가 존재한다. 이것은 Cycles라고 부르고 블렌더에 포함된 오픈소스 물리 기반 렌더러다.

그림 15-5에서 Cycles에 구현된 디즈니 BRDF를 볼 수 있다. 여기에서 사용된 세팅 값들의 네이밍과 이러한 세팅 값들이 다른 것들에 비해 어떻게 사용하는지 그리고 이들로 하여금 BRDF를 친숙하게 하는지 주목하자.

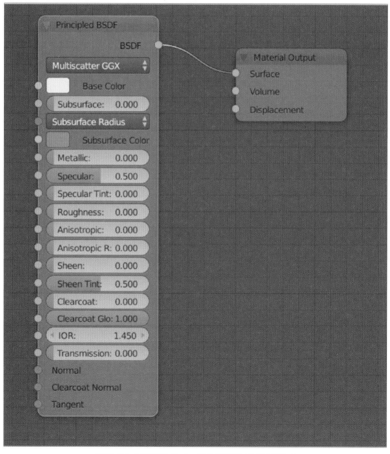

그림 15-5 블렌더 Cycles에서 구현한 디즈니 BRDF

▌ 요약

15장에서는 라이팅 모델을 개발할 때 발생하는 몇 가지 일반적인 사용성 관련 문제를 나열했다. 그리고 이것들을 피하는 방법에 대해서 이야기했다.

16장에서는 다시금 복잡성에 대해 얘기할 것이다. 하지만 이번에는 코드쪽에 관한 것이다.

우버셰이더가 셰이더 내에 다양하고 많은 변형이 필요한 환경에서 어떠한 식으로 확약하는지에 대해서 얘기할 것이다. 그리고 유니티 표준 셰이더에서 이 기술을 어떻게 사용하고 있는지 보여 줄 것이다.

복잡도와 우버셰이더

⬡⬡⬡

표준 셰이더의 커스텀 라이팅 모델을 해킹하는 장을 읽으면서 눈치챘을 것이다. 일단 기능 위에 새로운 기능을 만들고, 능력이 다른 다양한 플랫폼 지원에 대한 필요성이 생기기 시작하면 셰이더 코드의 복잡도는 급격히 증가한다.

대부분의 셰이더 시스템의 특성에는 유연함이 요구되는 반면 언어 자체로는 실제 유연함에 대한 지원이 부족하다. 유니티는 C#으로 셰이더를 작성하는 실험을 진행 중이다. 이에 따라 미래도 바뀔지 모른다. 하지만 지금으로서는 CG 언어의 내장 기능, 즉 pragma와 ifdef를 억지로 사용하고 일반적으로 우버셰이더라고 알려진 것을 제작하는 것이 최선이다.

우버셰이더란?

우버셰이더는 필요한 모든 기능을 포함하고 컴파일 타임(런타임이 아니다. 런타임은 매우 비싸다!)에 기능들을 켜고 끄는 모놀리식 셰이더다.

조금이라도 다른 셰이더를 계속해서 다시 작성하고 싶지 않다면 우버셰이더를 사용해야 한다. 게임에 필요한 셰이더를 밑바닥에서부터 새로 작성하기 시작한다면 이러한 방법으로 많은 양의 반복 코드가 양산된다. 반복된 코드는 다른 셰이더 코드의 업데이트를 어렵게 한다. 한 셰이더에 개선점에 생기면 모든 예전 셰이더들에 비슷한 코드를 의도적으로 적용하는 노력을 해야만 한다. 그러는 동안 아티스트는 선택해야 할 셰이더가 과도하게 많아지고 그 결과 시간 낭비와 혼란을 초래하게 된다.

이러한 문제를 해결하기 위해서 `.cginc` 파일들에 존재하는 모든 셰이더들의 공통되는 기능들을 정리하고 싶을 것이다. 정리를 하다 보면 `ifdef`를 사용해 셰이더 코드의 재사용을 극대화할 수 있을 것이다.

이러한 정리 작업의 결과 기능을 모두 가지고 있는 라이브러리 코드와 온 오프 스위치의 저장소로서의 역할만 하는 하나의 `.shader` 파일이 남을 것이다. 씬에서 셰이더를 사용하기 위해서는 하나의 셰이더 파일이 필요하다.

표준 셰이더

표준 셰이더는 우버셰이더다. 수많은 인클루드 파일과 `idef`를 사용해 켜고 끄는 것으로 구성된 메인 셰이더 파일을 볼 수 있다(리스팅 16-1 참조).

리스팅 16-1 표준 셰이더의 첫 번째 서브셰이더에 포함된 첫 번째 패스

```
SubShader {
    Tags { "RenderType"="Opaque" "PerformanceChecks"="False" }
    LOD 300
```

```
// ------------------------------------------------------------------
// 베이스 포워드 패스(방향성 조명, 자체 발광, 라이트맵 등)
Pass
{
    Name "FORWARD"
    Tags { "LightMode" = "ForwardBase" }

    Blend [_SrcBlend] [_DstBlend]
    ZWrite [_ZWrite]

    CGPROGRAM
    #pragma target 3.0
    #pragma shader_feature _NORMALMAP
    #pragma shader_feature _ _ALPHATEST_ON _ALPHABLEND_ON _ALPHAPREMULTIPLY_ON
    #pragma shader_feature _EMISSION
    #pragma shader_feature _METALLICGLOSSMAP
    #pragma shader_feature ___ _DETAIL_MULX2
    #pragma shader_feature _ _SMOOTHNESS_TEXTURE_ALBEDO_CHANNEL_A
    #pragma shader_feature _ _SPECULARHIGHLIGHTS_OFF
    #pragma shader_feature _ _GLOSSYREFLECTIONS_OFF
    #pragma shader_feature _PARALLAXMAP

    #pragma multi_compile_fwdbase
    #pragma multi_compile_fog
    #pragma multi_compile_instancing

    #pragma vertex vertBase
    #pragma fragment fragBase
    #include "UnityStandardCoreForward.cginc"
    ENDCG
}
```

기억할 지도 모르겠지만 이 셰이더는 심지어 서피스 셰이더도 아니다. 이 셰이더는
언릿 셰이더다.

우리는 지금까지 표준 셰이더 코드의 가장 복잡한 부분에서 떨어져 있었다. 왜냐하

면 이것들을 수정하는 것은 시간 소모가 클 수 있기 때문이다. 하지만 이것 중 일부를 여기에서 살펴 볼 것이다.

리스팅 16-2에서 사용할 버텍스와 프레그먼트 함수를 선택하는 코드를 볼 수 있다. 독자는 이렇게 생각할 수도 있다. "하지만 저건 메인셰이더에서 #vert와 #frag 프라그마를 사용할 때 결정되는 것이 아닌가?" 그 말이 맞을 수도 있고 틀릴 수도 있다.

저것은 하나의 선택이고, 이것은 컴파일 시간에 강제되는 또 다른 선택이다. 셰이더의 UNITY_STANDARD_SIMPLE 버전용 frag와 vert 함수 집합, 노멀을 위한 집합, 더 특색 있는 집합이 있다. 그리고 그것들은 각기 다른 .cginc 파일에 들어있다.

리스팅 16-2 어떠한 버텍스, 프레그먼트 함수를 사용할지에 대한 선택

```
#ifndef UNITY_STANDARD_CORE_FORWARD_INCLUDED
#define UNITY_STANDARD_CORE_FORWARD_INCLUDED

#if defined(UNITY_NO_FULL_STANDARD_SHADER)
#    define UNITY_STANDARD_SIMPLE 1
#endif

#include "UnityStandardConfig.cginc"

#if UNITY_STANDARD_SIMPLE
    #include "UnityStandardCoreForwardSimple.cginc"
    VertexOutputBaseSimple vertBase (VertexInput v) { return
      vertForwardBaseSimple(v); }
    VertexOutputForwardAddSimple vertAdd (VertexInput v) { return
      vertForwardAddSimple(v); }
    half4 fragBase (VertexOutputBaseSimple i) : SV_Target { return
      fragForwardBaseSimple Internal(i); }
    half4 fragAdd (VertexOutputForwardAddSimple i) : SV_Target { return
      fragForwardAddSimple Internal(i); }
#else
    #include "UnityStandardCore.cginc"
    VertexOutputForwardBase vertBase (VertexInput v) { return
      vertForwardBase(v); }
```

```
    VertexOutputForwardAdd vertAdd (VertexInput v) { return vertForwardAdd(v); }
    half4 fragBase (VertexOutputForwardBase i) : SV_Target { return
      fragForwardBaseInternal(i); }
    half4 fragAdd (VertexOutputForwardAdd i) : SV_Target { return
      fragForwardAddInternal(i); }
#endif
#endif // UNITY_STANDARD_CORE_FORWARD_INCLUDED
```

프라그마를 사용해 어떠한 함수를 사용할지에 대해 정의할 때 직접적으로 그 함수를 지정하는 대신 컴파일 시간에 다른 두 가지 함수 집합 중에 다른 선택으로 가게끔 흐름을 제어한다.

이는 꽤 인상적인 코드이긴 하지만 따라가기 어렵고 수정하기 어려울 수도 있다. 인클루드 파일에서 어떤 부분의 어떤 것을 수정할 때마다 어떠한 ifdef가 영향을 받을지에 대해 고려해야 한다.

그리고 만약 조심하지 않으면 그 시점에 수정하고 있는 것이 아닌 다른 패스를 깨뜨릴 수 있다. 독자가 만약 이러한 조합을 유닛 테스팅과 같은 도구 없이 수행한다면 얼마나 이 우버셰이더가 작업이 까다로울 수 있는지 맛 보게 될 것이다.

CG와 같이 복잡함을 다루는 도구가 없는 언어로 작성한 모든 우버셰이더를 꽤나 잘 요약한 것이다. CG가 개발될 때만 하더라도 CG는 GPU 어셈블리 언어의 대체제였고, 셰이더의 길이는 제한돼 있었다.

▍셰이더에서 복잡도 문제를 일으키는 요인

셰이더의 복잡도는 여러 기능 중 일부만을 지원하고 좀 더 저렴한 근사법을 사용해야 하는 다양한 플랫폼을 지원하면서 발생했다. 이러한 플랫폼의 차이는 꽤나 엄청나다. 유니티는 Direct3D, OpenGL, OpenGL ES, Vulkan 등 다양한 버전을 지원한다.

유니티의 "마법"은 콘솔부터 모바일 폰, 고사양 PC에 이르기까지 매우 다양한 플랫폼의 손쉬운 지원과 관련돼 있다. 하지만 실제로는 이러한 각각의 플랫폼은 셰이더 지원 측면에서 많은 신경을 써줘야 한다. 그렇지 않으면 유니티 셰이더 시스템의 극히 적은 부분만을 사용하게 되는 것이다.

또한 특정 플랫폼에 한정된 버그들이 존재한다. 이런 것들 역시 고려가 돼야 한다.

리스팅 16-3의 Lighting.cginc의 예와 같이 유니티 셰이더 코드베이스에 이러한 흔적들을 곳곳에서 찾을 수 있다.

리스팅 16-3 Lighting.cginc의 특정 플랫폼에 한정된 버그 예

```
// NOTE: some intricacy in shader compiler on some GLES2.0 platforms (iOS)
needs 'viewDir' & 'h'
// to be mediump instead of lowp, otherwise specular highlight becomes too
bright.
```

▌ 우버셰이더 가챠(Gotcha)

언급했듯이 이러한 셰이더 작성 스타일에는 세심한 주의가 요구된다. 인클루드에 발생하는 어떠한 변화에도 어떠한 플랫폼에서는 문제가 눈덩이처럼 커질 수 있다.

또 다른 복잡성의 결과로는 생성된 셰이더의 엄청난 개수다. 이는 프로젝트의 컴파일 속도를 늦추기도 한다. 전체 우버셰이더는 컴파일돼 엄청난 수의 특정 플랫폼 전용 셰이더가 된다. 켜고 끌 수 있는 다양한 define과 기능의 조합은 폭발적으로 많은 여러 가지 종류의 조합을 생성한다.

우버셰이더 장점

지금까지는 대부분 우버셰이더가 얼마나 복잡한지 그리고 얼마나 다루기 어려운 지에 초점을 맞췄다. 하지만 우버셰이더의 유일한 대안은 독립 셰이더를 무수히 만드는 것뿐이다. 그리고 이 역시 좋은 방법은 아니다.

엄청난 수의 셰이더는 아티스트가 어떤 셰이더를 선택해야 하는지에 대한 파이프라인에서의 혼란을 초래한다. 우버셰이더가 존재한다는 것은 셰이더에 대한 선택이 적다는 것이고 그 적은 셰이더들에 대한 옵션을 다뤄야 함을 의미한다.

우버셰이더가 존재한다는 것은 코딩 시간의 절약을 의미한다. 셰이더의 성능 향상을 하기 위한 셰이더 변종 전체를 업데이트하기 위해 몇 가지 파일만 수정하면 되기 때문이다. 업계는 우버셰이더를 쓰는 추세다. 우버셰이더가 현 시점에서는 손쉬운 사용과 복잡도 사이의 트레이드 오프에 대한 최선의 선택일 확률이 높다.

요약

16장에서는 우버셰이더가 무엇이고 어떻게 사용하는지와 복잡함을 제어하는 방법에 대한 팁을 포함한 우버셰이더의 전체적인 모습을 살펴봤다.

16장에서는 더 나아가 사용할만한 도구들과 몇 가지 주목할만한 것들을 포함해 셰이더를 디버깅하는 방법을 설명할 것이다.

17장

셰이더가
정상작동하지 않을 때

◈◈◈

독자의 자랑스러운 라이팅 모델을 작성했다. 하지만 독자의 기기에서 혹은 다른 사람의 기기에서 끔찍하게 잘못 동작하고 있다. 혹은 독자의 기기에는 발생하지만 대상 플랫폼에 배포하면 사라지는 설명할 수 없는 버그가 발생했다. 이들 중 어떠한 것이라도 독자에게 발생했다면, 우아하고 고통스러운 셰이더 디버깅 세계에 온 것을 환영한다.

디버깅은 독자의 개발 환경과 분리되는 단계가 많아질수록 어마어마하게 어려워진다. 디버깅하는 대상 플랫폼이 독자가 사용하는 PC와 동일하면 더 쉽다. 독자가 목표로 하는 기기의 종류가 다른 경우에는 컴파일하고 배포해야 한다. 그리고 디버거를 원격으로 접근해야 한다. 또한 플랫폼의 파편화도 문제다. 예를 들어 독자가 안드로이드 게임을 개발하고 있다고 가정해보자. 안드로이드의 파편화는 악명 높기로 유명하다. 독자가 가지고 있지 않은 장비들에 존재하는 그래픽 버그들을 받을 것이다. 이런 경우에는 디버깅을 하는 것은 불가능하다.

17장에서는 셰이더를 디버깅 및 프로파일링하는 데 사용하는 몇 가지 툴과 기술들을 살펴 볼 것이다.

▮ 일반적인 트릭

디버깅 도구 없이 할 수 있는 디버깅은 셰이더를 수정해보는 것이다. 그렇게 해 셰이더의 다른 부분으로 입력을 시각화한다. 예를 들면, 독자의 셰이더가 잘못됐거나 들어오는 데이터가 잘못돼 있을 수도 있다. 어쩌면 FBX 파일로 변환하다가 노멀 맵 혹은 3D 모델이 깨져서 인식되지 않았을 수도 있다.

셰이더가 다른 씬에서 동작하거나 다른 모델에 적용될 때 데이터가 실제로 제대로 됐는지 확인하는 것은 좋은 느낌으로 첫 단추를 낀 것이다. 그렇지 않으면 독자는 존재하지도 않는 버그를 잡는 데 몇 일을 낭비할 지도 모른다. "pinches"와 같은 노멀 맵들 사이의 불연속성은 셰이딩에 있어서 매우 골치 아프고 모델에 흔히 있는 문제다. 모델의 노멀들을 보기 위해 셰이딩된 모델을 보는 대신 특정 셰이더를 사용해볼 수도 있다. 그리고 그것들이 어떻게 생겼는지 직접 살펴보는 것이다(리스팅 17-1 참조).

리스팅 17-1 노멀 값들을 시각화하는 셰이더

```
Shader "Custom/UnlitShaderDebugNormals"
{
    SubShader
    {
        Pass
        {
            CGPROGRAM
```

```
#pragma vertex vert
#pragma fragment frag

#include "UnityCG.cginc"

struct appdata
{
    float4 vertex : POSITION;
    float3 normal : NORMAL;
};

struct v2f {
    float4 vertex : SV_POSITION;
    float3 worldNormal : TEXCOORD0;
};

v2f vert (appdata v)
{
    v2f o;
    o.vertex = UnityObjectToClipPos(v.vertex);
    float3 worldNormal = UnityObjectToWorldNormal(v.normal);
    o.worldNormal = worldNormal;
    return o;
}

fixed4 frag (v2f i) : SV_Target
{
    return float4(i.worldNormal*0.5+0.5, 1.0f);
}
ENDCG
        }
    }
}
```

이 셰이더는 어떠한 라이팅도 계산하지 않고, 단순히 노멀 값들을 시각화할 것이다. 이것이 어떻게 보일지는 그림 17-1을 참조하라.

이미 눈치챘을지도 모르겠지만 이것은 언릿 셰이더다. 이는 서피스 셰이더를 만들어서 이 작업을 하는 것은 꽤나 불편하기 때문이다. 독자는 커스텀 라이팅 모델로 노멀값들을 시각화하는 것을 구현해야만 한다. 입력 자료 구조에 적어도 하나의 멤버 변수를 유지해야 하고, 광역 조명 함수를 구현해야 한다.

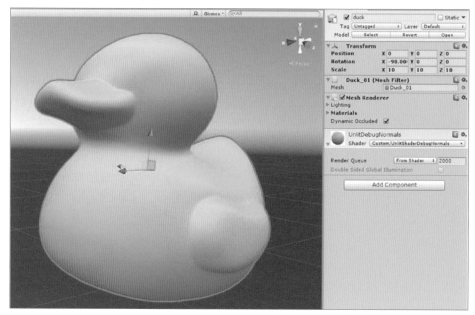

그림 17-1 오리 메시에 적용한 노멀 맵 디버깅 셰이더

멀티패스 이미지 효과를 상상해보자. 패스들 가운데 어느 지점에서나 에러는 발생할 수 있으므로 우선 특정 패스인지 범위를 줄여야 한다. 스크립트를 변경해 중간 패스를 화면에 출력할 수도 있다. 사용 가능하다면 또한 프레임 디버깅을 사용 할 수도 있다.

▍ 디버깅 도구

우선 고려해 봐야 할 도구는 유니티에 포함돼 있다. 유니티 프레임 디버거다(그림 17-2 참조).

윈도우 → 프레임 디버거를 선택해 열 수 있다. 각각의 렌더링 단계를 살펴보고 메시, 셰이더 속성 등을 확인할 수 있다. 렌더링 단계의 어느 부분으로도 바로 이동이 가능하다. 복잡한 씬이 있는 경우 매우 유용하게 사용할 수 있다.

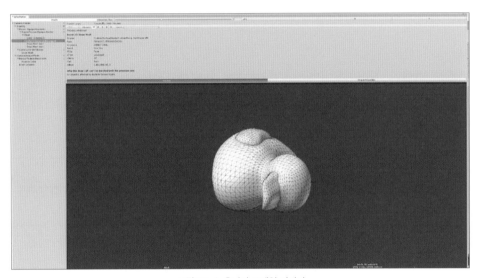

그림 17-2 유니티 프레임 디버거

아쉽게도 이 프레임 디버거를 모든 플랫폼에서 사용할 수 있는 것은 아니다. 최소한 iOS와 WebGL에서는 이 도구를 사용할 수 없다. iOS에서는 이와 XCode 버전의 동일한 도구인 OpenGL ES 프레임 디버거를 사용해야 한다. 프레임 디버거는 렌더러가 수행하는 작업을 정확히 확인하고 바로잡는 툴이다.

살펴봐야 할 것은 셰이더 속성 검증, 메시 정합성 확인, 특정 셰이더의 어떤 패스가 렌더링했는지 확인, 렌더텍스처 확인, 런더링 순서 검증, 스크린이 정리되는 시점 확인이다.

독자가 대상으로 하는 플랫폼에 존재하지 않거나 이 외에도 다른 기능을 원해서 내장 프레임 디버깅 툴 대신 다른 것을 사용하고 싶다면 대상 플랫폼에 따라 다양한 다른 프레임 디버깅 툴이 존재한다.

RenderDoc은 인기있는 유니티와 연동되는 PC 도구다. 프레임을 디머깅하기 위해 RenderDoc을 사용하고 싶다면 게임 탭에 오른쪽 마우스 버튼을 클릭하고 RenderDoc 불러오기를 선택하면 된다. RenderDoc 아이콘이 프레임 스케일 슬라이더 옆에 보일 것이다. 해당 아이콘을 클릭하면 RenderDoc이 열리고 프레임을 캡처한 것이 담겨 있을 것이다.

RenderDoc을 통해 파이프라인 상태, 레스터라이즈가 하는 일에 대한 정보, 텍스처 샘플러, 버텍스 셰이더에 입력된 정보, 프레임 통계 등등 어마어마한 양의 정보에 접근할 수 있다(그림 17-3 참조). 시도해보고 여러 가지 가능성들에 대해서 탐험해 볼 만한 가치가 있다.

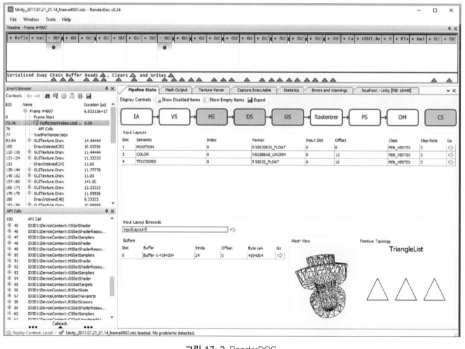

그림 17-3 RenderDOC

그 외에도 비주얼 스튜디오 그래픽스 디버거, 테그라 그래픽스 디버거, 엔비디아 NSight, GPU PrefStudio 등 독자의 플랫폼에 따라 다양한 것을 사용할 수 있다.

▌생성된 셰이더 코드 살펴보기

독자가 Cg로 작성한 것과 실제 배포 대상 플랫폼에서 돌아가는 코드가 반드시 일치하는 것은 아니다. 독자의 코드는 여러 단계를 거쳐 프로그램의 의미가 바뀌게 된다. 특히 독자가 동시에 여러 가지 플랫폼을 지원하려고 할 때 더욱 그렇다. 문제를 특정할 수 없을 경우 실제 돌아가는 플랫폼의 생성 및 컴파일된 코드를 살펴보는 것이 좋다.

독자가 작성한 셰이더 및 인클루드한 .cginc 파일들로부터 생성된 최종 코드를 셰이더를 클릭한 후 인스펙터에서 살펴 볼 수 있다. 그림 17-4는 옵션들을 보여준다. 이 셰이더는 서피스 셰이더다. 이 옵션들을 선택해 각 플랫폼 별로 중간에 생성되거나 컴파일된 코드를 볼 수 있다.

그림 17-4 셰이더의 컴파일된 코드 획득

컴파일된 코드는 훨씬 저 수준이며 이해하기 꽤나 어려울 수도 있다. 따라서 이는 최후의 보루로 남겨 두고 싶을 지도 모른다.

퍼포먼스 프로파일링

가끔은 셰이더가 원하는 대로 동작하지만 이것이 너무 느릴 때가 있다. 이를 위해 전체 씬의 일반적인 성능을 측정하고 싶을 때가 있다. 이럴 때에는 유니티 프로파일러 사용을 고려할 수 있다(그림 17-5 참조).

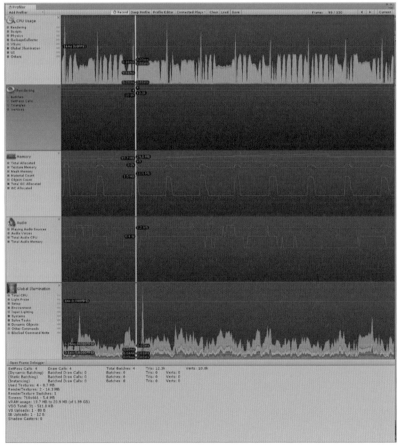

그림 17-5 유니티 프로파일러

이 프로파일러는 게임의 다양한 서브시스템의 성능을 분석한다. 셰이더 부분을 주로 분석하고 싶다면 렌더링과 광역 조명 부분에 신경 쓰면 된다. 렌더링 프로파일러에서 확인할 수 있는 몇 가지 정보를 살펴보자.

- **배치의 개수:** 유니티는 가능한 많은 오브젝트를 조합해 현재 렌더링 세팅의 변화를 최소화하려고 한다. 세부적으로는 배치를 종류에 따라 나눌 수 있다 (정적, 동적, GPU 인스턴싱). 적을수록 좋다.
- **드로우콜의 개수:** 드로우콜이란 그래픽스 API를 호출하는 것이다. 이를 통해 객체 데이터가 전달돼 렌더링된다. 적을수록 좋다.
- **SetPass 콜의 개수:** SetPass 콜은 CPU에서 GPU로 보내는 정보다. 적을수록 좋다.
- **삼각형/정점의 개수:** 용어 자체에서 유추할 수 있다. 화면에 올려진 기본 요소들이 급격하게 높게 올라가는지 살펴보는 것이 좋다.

  * 얼마나 많은 VRAM을 사용하고 있는지 확인
- **렌더러 텍스처의 개수, 사용 메모리, 스위치 횟수:** 렌더 텍스처는 후처리에 사용하고 이미지를 GPU에서 처리할 때에도 사용한다. 만약 활성화된 렌더텍스처가 많다면 대부분의 VRAM을 사용할 것이다.
- 그림자 캐스터^{shadow casters}의 개수
- 전송한 정점 버퍼 객체^{vertex buffer object}의 크기와 개수

일반적으로 이러한 종류의 모든 항목들의 숫자를 가능한 한 작게 유지하고 싶을 것이다. 하지만 얼마만큼 이러한 항목들을 허용 가능한지는 실제 독자가 타깃으로 하는 플랫폼에 달려 있다. 이 항목들 중에 일부 항목은 다른 것들에 비해 극적인 효과가 나타날 수도 있다. 예를 들면, 모바일 게임 개발은 다른 항목에 비해 드로우콜에 매우 민감할 수 있다.

게임의 최적화를 결정하는 핵심 이슈 중 하나는 게임이 CPU에 치중돼 있는가 혹은 GPU에 치중돼 있는가다. 왜냐하면 각각 다른 접근법이 필요하기 때문이다. 유니티 프로파일러의 CPU 사용 부분에는 각 프레임마다 수행되는 모든 작업이 밀리초 단

위와 프레임 시간 점유 비율로 나열돼 있다. Render.Mesh가 나올 때까지 Camera. Render를 파고 들어갈 수 있다. 독자의 셰이더를 사용하는 테스트 씬을 만들고 싶을 수도 있다. 이 작업으로 셰이더가 어떤 일을 하는지 쉽게 확인할 수 있다. 하지만 이는 역효과가 날 수도 있다. 일부 성능 문제는 단순한 씬에서는 사자지고 큰 씬의 특정 컨텍스트에서만 생길 수도 있기 때문이다. 만약 독자가 만들고 있는 게임이 GPU에 치중돼 있고, 셰이더가 너무 느리다고 판단했다면 프레임 관련 도구를 파는 것이 좋다.

모든 셰이더 디버거가 독자의 셰이더 성능에 관한 유용한 정보를 제공해 줄 것이라고 생각하면 안 된다. RenderDoc에서는 이벤트 브라우저 툴 바에 Time Duration for the Drawcalls 옵션(시계 아이콘)을 선택해 드로우콜마다 걸리는 시간을 확인할 수 있다.

또 어떤 도구에서는 별로 유용하지 않은 프레임 퍼센트만을 확인할 수도 있다. 그리고 심지어 다른 도구에서는 시간에 대한 정보가 전혀 없는 경우도 있다. 사용하고자 하는 상황에 맞는 사용 가능한 도구들에 대한 연구를 해야 한다. 그리고 가능한 한 많이 배워서 알아둬야 한다.

과도한 드로우콜을 사용하고 있다고 생각하면 유니티에 가능한 한 한 번에 메시들을 배치할 줄 알아야 한다. 예를 들면 움직일 필요가 없는 모든 GameObject를 static으로 설정해야 한다. 그리고 다른 재질을 사용하는 메시는 동시에 배치가 불가능하므로 가능한한 메시들에 동일한 재질을 사용해야 한다.

▌요약

17장에서는 셰이더의 프로파일링과 디버깅에 도움을 주는 다양한 도구와 도구로부터 뽑아낼 수 있는 데이터와 몇 가지 유용한 디버깅 기술을 살펴봤다.

18장에서는 게임 및 그래픽스 산업에서 새로운 발견 및 발명의 끝이 없는 흐름을 쫓으면서 최신 지식을 유지하는 방법에 대해 얘기할 것이다.

18장

최신 트렌드 따라잡기

게임 업계는 자비 없는 진보를 끊임없이 지속하고 있다. 작년에 독자에게 발생한 극복할 수 없는 문제들은 지금에 와서는 동료 게임 개발자가 극복했을 확률이 높다. 독자는 어떻게 게임 개발 관련 그래픽스 프로그래밍의 최신 기술을 따라잡을 것인가?

▌ 콘퍼런스

이러한 진보를 따라잡는 방법 중 하나는 게임 콘퍼런스에 참석하는 것이다. 아니면 적어도 콘퍼런스 대담 영상들을 시청하는 것이다. 그래픽스 프로그래머들과 유니티 개발자와 관련 있는 몇 가지 주요 콘퍼런스는 다음과 같다.

- Game Developer Conference(GDC라고 함): 보통 미국에서 개최된다. 이 콘퍼런스는 논란의 여지가 없을 정도로 세계에서 가장 연관성 있는 게임 개발 콘퍼런스다. 참석하는 데 비용이 많이 들긴 하지만 주로 트리플 A 개발자들이 참석한다. GDC Vault를 구독(일년에 약 400불 정도다)하면 콘퍼런스가 끝난 이후 해당 영상들을 얻을 수 있다.

- Siggraph: 이 콘퍼런스는 온전히 그래픽스 이노베이션에 초점이 맞춰져 있다. 보통 북미에서 개최된다. 주로 그래픽스 프로그래머, 그래픽스 연구자, 아티스트들이 참석한다. 이 콘퍼런스에는 애니메이션 페스티벌이 포함돼 있다. 참석하는 데 비용이 저렴하지 않다. 하지만 1년에 약 45달러 정도의 Siggraph 회원이라면 이 콘퍼런스의 영상 자료와 논문을 얻을 수 있다.

- Unite: 유니티는 매년 여러 가지 행사를 주관하는데 다양한 대륙에서 개최한다. 주로 북미, 암스테르담, 일본, 인도, 호주에서 개최한다. 모든 행사는 완전히 유니티에 관한 것이다. 비용은 적당하고 적어도 한 번쯤은 독자가 사는 곳과 너무 많이 떨어져 있지는 않을 것이다. 영상 자료는 종종 온라인에서 공개적으로 포스팅된다.

- Digital Dragons: 연마다 열리는 게임 개발 콘퍼런스로 폴란드 크라쿠프에서 개최 된다. 상당 부분이 다수의 게임 출시 후기game postmortems를 포함한 그래픽스 프로그래밍에 관한 이야기로 돼 있다. 참가 비용은 저렴하다. 그리고 영상 자료는 공개적으로 온라인 상에 포스팅된다.

- Eurographics: Siggraph의 유럽판 버전이다. 역시 저렴하지는 않으며 다소 연구 부문에 치중돼 있다.

이 외에도 다양한 게임 개발 콘퍼런스들이 존재한다. 대부분은 위에서 언급한 콘퍼런스만큼은 그래픽스에 초점이 맞춰져 있지 않다. 또한 GPU Technology 콘퍼런스와 같이 GPU쪽 관련 부분에 초점을 맞춘 다른 콘퍼런스들이 존재한다.

▌ 서적

최근 트리플 A 게임에 사용하는 최첨단 그래픽스 프로그래밍 기술은 매년 책, 논문, 기사로 집대성되고 있다. 지금까지 다양한 시리즈들이 존재한다.

- 『GPU Gems』(Addison-Wesley)(1~3권)
- 『ShaderX』(Charles River Media)(1~7권)
- 『GPU PRO』(A K Peters/CRC Press)(1~7권)
- 『GPU Zen』(Bowker Identifier Services)

위 책들은 모두 구입해서 읽어볼 가치가 있다. 하지만 이 책들은 주로 고급 기술들에 관한 것들이므로 주의하길 바란다.

▌ 온라인 커뮤니티

슬랙, 레딧, 디스코와 같은 몇몇 온라인 커뮤니티에는 게임 개발자와 그래픽스 프로그래머들이 모여있다. 그중 일부로는 유니티 포럼, 그 중 특히 graphcis-experimental-previews뿐만 아니라 /r/GraphicsProgramming/ 서브 레딧과 /r/Unity3D/가 존재한다.

▌ 웹 사이트

어마어마한 양의 관련 콘텐츠가 인터넷에 존재한다. 그 중 전부는 결코 아니지만 몇 가지를 나열했다.

- https://blog.selfshadow.com/publications/: 다수의 시그래프 재질들의 모음

- https://labs.unity.com/: 유니티 랩은 유니티의 최근 연구를 모아 놓았다.
- http://filmicworlds.com/
- http://aras-p.info/
- https://seblagarde.wordpress.com/
- http://c0de517e.blogspot.co.uk/
- http://blog.tobias-franke.eu/
- https://bartwronski.com/
- http://bitsquid.blogspot.co.uk/
- http://casual-effects.blogspot.co.uk/
- http://kesen.realtimerendering.com/
- http://graphicscodex.com
- https://www.scratchapixel.com/

▌소셜 미디어

다수의 그래픽스 프로그래머들은 트위터 계정을 가지고 있으며 트위터에 연구/게임/테스트 관련 새로운 스크린샷을 포스팅한다. 다음은 임의의 순서로 임의로 추출한 팔로잉할만한 사람들의 목록이다.

- @shadercat & @doppioslash: 필자와 필자의 셰이더캣 계정이다. 여기에 신규 아티클과 필자가 접한 그래픽스 프로그래밍에 관한 멋진 것들을 포스팅한다.
- @SebLagarde: DICE/Frostbite와 Dontnod의 전 시니어 그래픽스 프로그래머였으며 유니티의 렌더링 리서치 디렉터다.
- @zalbard: 유니티 랩의 PBR 프로그래머
- @thefranke: 유니티 테크놀러지의 GI 그래픽스 원숭이

- @EricLengyel: 게임 개발과 수학의 저자이자 http://sluglibrary.com, http://opengex.org, @TombstoneEngine, @The31stGame의 창시자
- @kenpex: 낮은 렌더링 테크니컬 디렉터, 밤은 창의적인 코더, 사진사. 종종 c0de517e에 작성한다. 내 의견은 내 것이 아니다.
- @sehurlburt: 그래픽스 엔지니어이자 기업가, @richgel과 함께 이항 기반 (At Binomial making Basis) 텍스처 압축 개발, 전 오큘러스, 유니티 근무. VR/C++/그래픽스
- @nlguillemot: 게임 개발, 렌더링, GL, DX, C++. 빅토리아 대학에서 그래픽스
- @Reedbeta: 실시간 그래픽스 및 게임 프로그래머. 아마추어 바이올린 연주가이자 물리학자. 싸이언스픽션 너드, 고양이 아빠, 커피 중독자.
- @baldurk: @RenderDoc의 창조자-발칸, D3D11, D3D12, OpenGL 그래픽스 디버거. 전 유니티, Crytek UK 근무
- @iquilezles: 대부분 그래픽스, 수학, 이미지에 관련된 일을 한다.
- @self_shadow: 루카스 필름의 고급 개발 그룹의 시니어 렌더링 엔지니어
- @eric_heitz: 유니티 기술 연구 과학자
- @KostasAAA: @RadiantWorlds의 리드 그래픽스 프로그래머. @SkySaga: Infinite Isles에서 근무중. 전 Blitz 게임스튜디오와 Rare 근무
- @aras_p: 유니티(http://unity3d.com)에서 코드 배관공 및 개발 툴 엔지니어 개인 작업은 http://aras-p.info http://ask.fm/aras_pr에서 문의
- @FilmicWorlds: 존 허블의 계정. 게임에서 선형 라이팅을 유행시킨 장본인. Uncharted 시리즈를 만들고 있다.
- @MichalDrobot: Infinity Ward의 Principal 렌더링 엔지니어 - 개인적인 잡담, 개인적 의견
- @BartWronsk: 구글 Daydream의 소프트웨어 엔지니어. 이전에는 소니 산타 모니카, 유비소프트 몬트리얼, CD Projekt Red에서 근무했다.

이 계정들은 개인 계정임을 명심하라. 그래픽스 프로그래밍에 대해 많은 트윗을 한 사람만 포함하려고 했지만, 거기에 대한 보장은 하지 않는다.

▍ 결론

그렇다. 마지막 장이고, 이 책의 끝부분이다. 부디 독자에게 유용한 여정이었기를 바란다. 더 좋은 게임과 더 좋은 아트를 만드는 데 독자가 여기서 습득한 지식을 사용할 수 있을 것이다.

이 책에 어떠한 피드백이 있다면 트위터 @doppioslash나 @shadercat로 남겨 주길 바란다.

찾아보기

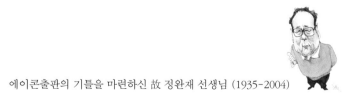

에이콘출판의 기틀을 마련하신 故 정완재 선생님 (1935-2004)

유니티 물리 기반 셰이더 개발

기본 개념부터 커스텀 라이팅 시스템 구현까지

발 행 | 2019년 4월 30일

지은이 | 클라우디아 도피오슬래시
옮긴이 | 최 동 훈

펴낸이 | 권 성 준
편집장 | 황 영 주
편 집 | 이 지 은
디자인 | 박 주 란

에이콘출판주식회사
서울특별시 양천구 국회대로 287 (목동)
전화 02-2653-7600, 팩스 02-2653-0433
www.acornpub.co.kr / editor@acornpub.co.kr

ISBN 979-11-6175-289-1
ISBN 978-89-6077-144-4 (세트)
http://www.acornpub.co.kr/book/physically-unity-shader

이 도서의 국립중앙도서관 출판시도서목록(CIP)은 서지정보유통지원시스템 홈페이지(http://seoji.nl.go.kr)와
국가자료공동목록시스템(http://www.nl.go.kr/kolisnet)에서 이용하실 수 있습니다.(CIP제어번호: CIP2019015399)

책값은 뒤표지에 있습니다.